学术文库　媒介文化研

城市公共艺术
在地性实践与媒介化拓展

Urban public art: local practices and mediated expansion

鲍海波　童妍　王利民 著

中国出版集团有限公司
世界图书出版公司
西安　北京　上海　广州

图书在版编目(CIP)数据

城市公共艺术:在地性实践与媒介化拓展／鲍海波,童妍,王利民著. —西安:世界图书出版西安有限公司,2024.1
ISBN 978-7-5232-1030-7

Ⅰ.①城… Ⅱ.①鲍… ②童… ③王… Ⅲ.①城市—景观—关系—文化传播—研究—西安 Ⅳ.①G127.411 ②TU-856

中国国家版本馆 CIP 数据核字(2024)第 007578 号

城市公共艺术:在地性实践与媒介化拓展
CHENGSHI GONGGONG YISHU: ZAIDIXING SHIJIAN YU MEIJIEHUA TUOZHAN

著　　者	鲍海波　童妍　王利民
策划编辑	赵亚强
责任编辑	符　鑫
美术编辑	吴　彤
文字校对	王乐怡
出版发行	世界图书出版西安有限公司
地　　址	西安市雁塔区曲江新区汇新路 355 号
邮　　编	710061
电　　话	029-87233647(市场营销部)　029-87234767(总编室)
网　　址	http://www.wpcxa.com
邮　　箱	xast@wpcxa.com
经　　销	新华书店
印　　刷	西安浩轩印务有限公司
开　　本	787mm×1092mm　1/16
印　　张	19.25
字　　数	250 千字
版　　次	2024 年 1 月第 1 版
印　　次	2024 年 1 月第 1 次印刷
书　　号	ISBN 978-7-5232-1030-7
定　　价	78.00 元

版权所有　翻印必究
(如有印装错误,请与出版社联系)

前　言

　　20世纪80年代以来，公共艺术在世界范围内快速发展。位于美国纽约联邦广场的《倾斜的弧》的建成，以及其在争议中最终被拆除，被视为当代艺术史上重要的公共艺术事件；由华裔建筑设计师林璎设计的位于华盛顿中心区的越战纪念碑更是引起广泛讨论。这些作品或者艺术事件颇具代表性地体现了一种朴素的"公共"观，如艺术家塞拉所言的"交通流量"，即在某一区域，以创作者的艺术表达为核心，将公众的审美引入一个由艺术品营造的话语空间。

　　改革开放后的中国，伴随着大众文化的兴起和公民文化权利意识的逐步增强，这种为人们带来丰富的感性直观体验的公共艺术也发展迅速。特别是进入新世纪以来，我国各项社会、文化建设呈跨越式发展：城镇化建设加速、信息传播渠道多元、工作与生活节奏加快、文化生活日趋丰富等。此种情况下，公共艺术就不只是公共空间的一种装饰性物品，而是和其他艺术形式一样，以其所营造的审美乌托邦来满足人们的精神文化需求，并因其走出象牙之塔而形成特有的"公共性"与公众建立起密切的联系。就现有的公共艺术形式而言，不是只通过某一种艺术样式，而是普遍采用丰富多彩的艺术形式和艺术语言来呈现，诸如雕塑、绘画、摄影、书法、园林景观；还可以是建筑、公共设施、地景艺术、装置艺术、水体艺术、灯光艺术；也可以是影像艺术、行为艺术、表演艺术、高科技艺术；等等。的确，就近年来的公共艺术发展来看，其造型包括水景造型、灯光造型、烟雾造型、动态的装置和造型，以及多媒体、水泊和山体边坡的保护与装饰等。

西安作为十三朝古都，有着浓厚的历史文化底蕴，在这样一座一砖一瓦都充满着历史气息的城市里，到处都可以看到承载历史记忆与传承文化血脉的公共艺术作品。与此同时，西安作为现代化与国际化大都市，实现了公共艺术与历史传承相结合，并将其融入城市建造，走进寻常生活，建构了穿越古今、联通中外、跨越文化、联结时空的城市公共空间。为此，我们选择西安具有典型性和代表性的城市公共艺术作为研究对象，将其置于媒介文化的视域之下，以一种特殊的媒介及其表征体系来讨论公共艺术问题，如"丝路群雕"的内在价值及其传播途径，大雁塔民俗大观园泥塑的艺术呈现，大雁塔北广场音乐喷泉的文化表达，小雁塔广场主题彩塑的文化传承，大唐不夜城公共演出的象征符号选择，城市建筑立面灯光秀的媒介价值，地铁壁画的媒介符号表征，顺城巷涂鸦艺术的符号演绎以及校园涂鸦艺术的多重媒介效用等。

与以往的研究对象及内容有所不同，我们将学术视野投向城市公共艺术，将其视为媒介文化的一种特有形态，仔细观察它的在地性实践与媒介化路径，以及媒介功能拓展的领域与范围等。在万物皆媒的时代，公共艺术既作为现代艺术的重要组成部分，也是以一种重要的媒介类型——公共艺术媒介来呈现。以此为中介，艺术信息得以传播，审美体验可相互激活，公共话语实现交流，公共空间进一步扩大，艺术共同体得以重新建构。总之，作为媒介的公共艺术不仅具有艺术特有的特征与功能，其媒介功能也相应得到进一步拓展，如文化信息传播功能、意识形态承载与召唤功能、社会文化记忆功能、公共空间生产功能以及社会共同体的建构功能等。

与以往的研究目的一致，我们以学术的方式深切关注着当下的现实世界，本研究成果正是这份关注的阶段性呈现。在此意义上，我们期望做到以下几点：一是能够对公共艺术实践活动有一定的理论阐释意义，从而避免公共艺术实践仅仅成为设计者的主观意旨呈现，其艺术表达与展示方式应该与公众观赏实践形成有效互动，使之成为真正意义上的艺术共同体；二是能够对城市管理与建设有一定的参考价值，对城市规划和管理部门如何更好、更完美地将这些美轮美奂的艺术载体深度融入城市有所助益；三是能够使公众对城市公共艺术有更加深入的理解，它不仅是一种重要的艺术类型，也是媒介及其表征体系的一种特有的形态。

当然，学术理想与学术实践之间往往存在着相当大的距离，这个差距在大多数时候其实是难以弥合的。但我们相信，持之以恒的学术追求和坚持不懈的学术探索一定会缩小这种差距。好在我们的研究在拓展媒介文化研究领域方面又跨出了重要的一步，也希望这是一种有益的探索。在接下来的研究中，我们还会不断探索，勉励前行！

目　录

第一章　表征起点："丝路群雕"之艺术本土化实践及其文化传播

2 ／ 一、丝绸之路的艺术表现形式

5 ／ 二、西安"丝绸之路群雕"及其艺术空间构成

9 ／ 三、"丝绸之路群雕"的内在价值及其传播

20 ／ 四、"丝绸之路群雕"以系统性的设置丰富丝路文化的景观

23 ／ 五、结　语

第二章　泥塑大观：城市公共艺术的多元化表达与在地性实践

25 ／ 一、历史性表现与知识性传输

29 ／ 二、民俗文化的展现及地域性建构

35 ／ 三、话语性呈现与指导性建构

40 ／ 四、结　语

第三章　唐风浩荡：小雁塔广场主题彩塑的历史文化承载及价值彰显

43 / 一、小雁塔广场历史风貌与现代建筑相得益彰

47 / 二、作为历史文化载体的小雁塔广场唐风彩塑

58 / 三、作为公共艺术的小雁塔广场唐风彩塑及其价值彰显

65 / 四、小雁塔广场唐风彩塑的未来愿景

68 / 五、结　语

第四章　大唐魅夜：不夜城公共演出的文化内涵及其价值发挥

70 / 一、大唐不夜城的地缘背景与文化选择

74 / 二、表演形式与历史文化元素相融合

77 / 三、公共演出与街区环境及氛围互文

78 / 四、公共演出意义及其符号价值

82 / 五、结　语

第五章　城市光舞：建筑立面的灯光秀及其媒介价值

85 / 一、作为媒介的建筑立面对城市环境的建构

87 / 二、建筑立面灯光秀的发展演进

90 / 三、历史文化建筑立面的艺术使用及其"在地性"实践

94 / 四、地标性建筑或高层建筑的"炫酷外衣"

97 / 五、城市灯光秀媒介文化的意蕴

104 / 六、结　语

第六章　塔影水舞：公共艺术的空间变奏和文化表达

107／一、大雁塔北广场水舞的符号表征

113／二、作为公共艺术的大雁塔北广场水舞及其价值

120／三、大雁塔北广场水舞的文化生产及其意义

129／四、以公共文化服务焕发城市新活力

135／五、结　语

第七章　地铁"画"语：艺术媒介的叙事对城市形象的塑造

136／一、西安地铁 1 号线站点壁画的叙事内容

142／二、西安地铁 1 号线站点壁画的叙事方式

149／三、西安地铁 1 号线壁画艺术对西安城市形象的塑造

155／四、结　语

第八章　动静之间：移动与固定的媒介勾连及其意义再生产

158／一、以写实再现、浪漫表达与元素组合的图像叙事

162／二、古朴沉稳与盛世明艳相辉映的图像色彩

164／三、"新丝路之旅"凸显核心城市的新标识

166／四、在固定的壁画和移动的地铁之间演绎着动与静的变奏

171／五、城市形象与城市空间意义的再生产

175／六、结　语

第九章　穿越古今：墙面艺术的美感及其媒介符号表征

176 / 一、地铁壁画艺术的历史文化性表达

179 / 二、壁画艺术构建浪漫的"地下世界"

182 / 三、壁画艺术对城市形象的建构路径

187 / 四、城市形象对地铁壁画艺术的地域性表达

190 / 五、结　语

第十章　流动艺廊：西安地铁 4 号线壁画的媒介文化表达

195 / 一、"艺术长廊"的视觉呈现与实地探究

205 / 二、从物质到媒介：地铁壁画的公共艺术媒介属性

213 / 三、空间的生产：地铁 4 号线文化长廊的媒介功能拓展

220 / 四、结　语

第十一章　以艺化境：皇城西路墙绘的城市传播及其文化认同

221 / 一、从墙绘艺术叙事到城市公共空间生产

227 / 二、从公共空间再书写到集体记忆建构

230 / 三、墙绘艺术对社区空间形象的影响

236 / 四、皇城西路墙绘艺术对公共空间建构的意义

239 / 五、结　语

第十二章 缝合景致：顺城巷涂鸦的空间生产与记忆建构

241 / 一、城市公共空间建构中的涂鸦艺术

245 / 二、顺城巷仿唐彩绘墙的艺术价值与功能

251 / 三、墙绘涂鸦与城市记忆的同频共振

256 / 四、涂鸦在城市空间建构中的多重价值

263 / 五、结　语

第十三章 文化"越轨"：涂鸦艺术的空间建构与符号演绎

266 / 一、城市涂鸦艺术演进过程及其多元认知

269 / 二、城市涂鸦本土化与个性化诉求

270 / 三、"大华·1935"的空间建构与"在地性"实践

273 / 四、"大华·1935"涂鸦墙越轨文化的符号表达

275 / 五、结　语

第十四章 共绘"红"图：特殊场域中公共媒介的文化意义与多重效用

277 / 一、大学生表达自我与关切社会的共同载体

285 / 二、校园涂鸦的"在地性"实践与"创新性"发展

288 / 三、校园涂鸦的艺术特征与符号表征

291 / 四、结　语

295 / 后　记

第一章 表征起点：
"丝路群雕" 之艺术本土化实践及其文化传播

丝绸之路，在狭义层面上是指由德国地理学家李希霍芬所界定的西汉时由张骞出使西域开辟的以长安为起点，经甘肃、新疆，到中亚、西亚、南亚，并联结地中海地区的陆上通道；广义层面是指以"丝绸"标识和命名的连接亚洲、欧洲、非洲的物质交流之路和文化交融之路，是人类经过几千年共同拼搏所开拓出来的历史发展之路。

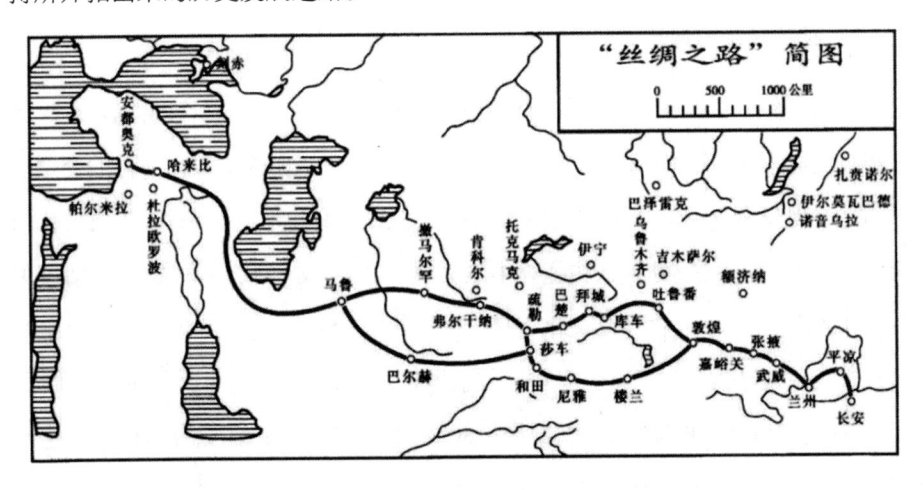

图1-1 "丝绸之路" 简图

一、丝绸之路的艺术表现形式

对于这条连接人类物质文明与精神文明的通道，诸多学科的学者在自己的研究领域内都已进行了较为详尽的研究，产生了丰硕的研究成果。同时，丝绸之路的艺术表现也囊括了多种艺术形式，广泛涉及建筑、雕塑、绘画、织物染缬和服饰艺术、乐舞艺术、陶瓷及其他器物工艺美术、民族民间艺术、文学等艺术类别。它们反映了丝绸之路沿线地区和国家的艺术及其相互交流与影响的整体风貌。不少艺术形态，正是因为丝绸之路的交流和相互影响才得以生成、变异、创新、传播，进而发扬光大，成为构成丝绸之路艺术的新样态和多姿多彩的新景观。由此，人类艺术史上许多重要的现象和概念范畴都与丝绸之路艺术发生联系。它们构成了人类历史上延续时间最长、延展空间最大的具有共同体特点的艺术世界和审美对象。

1. 丝绸之路的服饰文化

丝绸是丝绸之路上最重要的流通商品之一。作为纺织品的丝绸，大多数最终都被制成了各种服饰用品，因此，丝绸的流通必然促进了服饰文化的交融。服饰是展现丝绸之路沿线人们物质和精神生活最普遍的形式之一。在相当长的历史时期内，丝绸之路这条古道将中国文化、印度文化、波斯文化、阿拉伯文化和古希腊文化、古罗马文化连接起来，[1] 其沿线民众有着各自典型的服饰穿戴方式、装扮习俗、审美喜好、流行渠道等文化特征。这些带有不同民族、不同地域色彩的服饰，以符号化的方式透视出穿着者的生活环境、生产

---

[1] 鲍志成. 古代丝绸之路的历史作用概论 [J]. 文化艺术研究, 2015, 8 (3): 20-30.

方式、风俗习惯、宗教礼仪、技术水平、审美风尚等信息。

2. 丝绸之路的乐舞文化

古丝绸之路分为陆路丝绸之路和海上丝绸之路。陆路丝绸之路是指中国与中亚、西亚等民族地区以及希腊、罗马等国的交往之路；海上丝绸之路是指东亚、东南亚以及阿拉伯地区各国之间的交往之路。历史文献显示，在古丝绸之路乐舞文化交流史上，曾有过许多不同民族的乐舞交流事例，也出现过许多宗教乐舞传播的盛况。从表面上来看，东西方乐舞艺术的形态迥然不同，实际上它们之间又有着互相牵连、纠缠不清的渊源。如中国的先秦时期，同西方的乐舞交流尚处于间接性的接触性交流。到了公元前2世纪，汉武帝派张骞出使西域后，乐舞艺术交流日益频繁，中国与西域各国的乐舞交流形成了一个高潮，推动了汉代乐舞交流的发展。

3. 丝绸之路的壁画艺术

敦煌壁画是我国古代壁画的重要代表之一。唐朝的盛世大繁荣为敦煌壁画提供了优质的时代发展环境，使敦煌壁画的风格更加大胆、色彩更加明艳。与此同时，敦煌壁画独树一帜的民族性风格也是盛唐时期繁华之景的一种充分体现。敦煌壁画中由民族性风格所延伸出的独特美感，折射出我国古代壁画艺术的魅力所在。[1] 经过数百年岁月的洗礼，敦煌壁画从唐朝传承到现在，依旧拥有独特的美感。作为我国优秀文化遗产的重要代表，无论是敦煌壁画所呈现出的民族性风格，还是其珍贵的艺术性价值，都值得我们进一步钻研。

---

[1] 郭晓英. 以敦煌壁画为例分析中国古代壁画艺术的民族性风格——评《敦煌与丝绸之路文明》[J]. 中国教育学刊，2022（2）：115.

4. 丝绸之路的绘画艺术

绘画是丝绸之路文化交流的重要艺术形式。丝绸之路中国西北段上的和田、楼兰、库车、吐鲁番、敦煌等地区的历史遗存和考古发现，有力地证明了丝绸之路上以绘画艺术为主线的艺术交流。关于丝绸之路的绘画艺术研究也说明了这一点。从20世纪50年代此项研究的起步阶段，到90年代丝绸之路绘画艺术研究的全面展开，以及20世纪90年代以后，国内外研究呈现多元化趋势，大量文献证实了东西方国家以绘画艺术来表现丝绸之路。其中，以敦煌为代表的绘画艺术研究成果比较集中，以佛教造型与绘画艺术为典型的研究成果比较突出，以考古发现解读器物承载绘画艺术属性的研究成果比较深刻。

5. 丝绸之路的雕塑艺术

20世纪70年代到80年代，伴随着改革开放，人们对文化和艺术的追求越来越迫切。在城市文明的发展和建设中，作为公共艺术的一种形式，城市雕塑的规划和建设受到了重视。在此机遇之下，雕塑家马改户于1984到1987年在西安创作并完成了大型石刻"丝绸之路群雕"。西安是丝绸之路的起点，在古代中外经济文化交往中具有重要的枢纽和中心位置，汉唐两代尤为突出，特别是唐王朝作为中国封建社会最强盛的历史时期，其定都长安的历史意义非同一般。"丝绸之路群雕"的选题及立意极为准确，特别是在艺术表现手法上融合了汉唐雕塑艺术的优点，使雕塑表现出来的气质雍容华贵、气宇轩昂、凝重古朴，非常符合古城西安的精神面貌。

现如今，随着丝绸之路历史文化的发扬光大，人们不难发现：每一种艺术传播媒介都有着不同的物质手段和通道，从而表现出各自不同的媒介形态及其运作的基本规律。例如：绘画、雕塑、书法、摄影、工艺美术、建筑等艺术是运用色彩、线条、形体、图像、造型等视觉符号的通道来传播艺术信息的；音乐、广播艺术及口头讲述的故事、传说是运用语音、乐音、音响等听觉符号来传播艺术信息的；电影、电视、戏剧、舞蹈、曲艺、杂技是综合运用画面、色彩、肢体动作、语音、音响、乐音等视觉符号和听觉符号来传播信息的。各种艺术传播媒介都有各自的特征，所传递的艺术传播符号也有不同的表现形式，还有许多是将现代科技手段与悠久的历史文化相结合，不断向世界传播中国的璀璨文化，并展现出伟大的中华民族自强不息的奋斗精神。

二、西安"丝绸之路群雕"及其艺术空间构成

古长安曾经是历史上多个王朝的建都之地，也是闻名中外的丝绸之路的起点。在汉唐时期，由于国家的富强统一、经济文化的空前发展和对外交流的不断扩大，名贵的中国丝绸被源源不断地运往西方。后来，人们称这条东西方交流之路为丝绸之路，它沟通中西长达一千多年之久，是传播友谊的和平之路，是经贸往来的黄金之路。

1. "丝绸之路群雕"的概况

20世纪80年代，改革开放取得了丰硕成果并极大推动了时代的进步。在此时代背景下，艺术性地表征历史悠久、沟通中西的丝绸之路，尤其是丝绸之路的起点就极具象征意义。1987年是丝绸之路开创2100周年，为了让后人将古人开创丝绸之路的伟大壮举铭记于心，时任西安美术学院雕塑系主任的马改户教授受西安市政府委托，从1984年起，历时3年时间设计并创作了大型

纪念性雕塑"丝绸之路群雕",并用花岗岩放大刻制,最终在大庆路西端宽阔的绿化带中落成。雕塑坐落之地曾经是唐代长安城著名的西门——开远门遗址。在古长安,开远门与皇城"安福门"相连,西有通往西域的大道,是长安旅人、西域客商们西出阳关的必经之路。可见,此处正是丝绸之路真正意义上的原始起点。

图1-2 丝绸之路群雕(局部)

"丝绸之路群雕"的创作者马改户先生是我国著名的雕塑家。作为根植于我国西北地区沃土的雕塑艺术家,他本身即受到该地区得天独厚且丰富的历史文化底蕴的影响。"丝绸之路群雕"的创作灵感来源于他几十年来对中国古代精品石刻的研究和对生活深入地观察、体会,以及对中国文化深刻的理解。他曾言:"进入老境后,我对中国的民族雕塑艺术,尤其是汉唐雕塑艺术产生了很大兴趣,不断地研究和学习,并把学习民族艺术的体会在自己的创作中有所体现。学习民族艺术,首先是学习那种把握总体,重视大的艺术效果的造型能力。为了强调总体效果,我在处理手法上往往采取圆雕、浮雕、线刻相结合的压缩法，使雕塑的总体形象显得明确有力，单纯而不琐碎。"① 雕塑家的艺术积累必将转化为现实的艺术作品。

对"丝绸之路群雕"的具体描述，一是它坐落的具体位置：陕西西安市区西部大庆路与枣园东路三岔口，城西客运站向东一站路，103 路、104 路、106 路、108 路等 20 余条公交线路站点——"丝路群雕"站，下车便是。二是雕塑群的视觉识别："丝绸之路群雕"长 55.9 米，宽 3 米，高 7 米，石雕材质选用陕西陇县关山的花岗岩石料，总计使用石料 350 余立方米，由 760 余块半立方米大小的石块刻制、组装而成。根据石料的块度尺寸，雕塑分 6 个水平层，第一层的高度为 100 厘米，其余各层均为 80 厘米。这组群雕刻画的是跋涉于丝绸之路上的一队骆驼商旅，由 3 个汉人、3 个"胡商"，大小 14 峰骆驼、两匹马和 3 只长毛狗组成。雕塑群虽只刻画了 3 个汉人、3 个"胡商"的形象，但连绵起伏、浑然一体，将丝绸之路上各国商贸往来的历史高度地概括、表现了出来，展示出一支西域驼队满载丝绸、瓷器、茶叶等商品物资即将西行的宏大场景。

在这 50 多米长的构图设计中，艺术家借助富有节奏感、流动感的沙梁轮廓线，在突出塞外古城残垣断壁形象特点的同时强调一个"长"字，并根据驼队的行进姿态，强调其疏密组合和高低起伏的变化。驼队外轮廓线的节奏、运动变化给人高低起伏、连绵不断的运动联想和形式美感。作品展现出的一起一落、一虚一实，是搏动着的永不停歇的生命节奏。作品中的人物、驼队和马匹的疏密组合，有机地呈现出形连、意连、气韵连的审美意象。

"丝绸之路群雕"刻制完成、安装到位后，陕西省电视台对其全程跟踪报道，并制作了丝绸之路纪念专题片。1987 年，我国著名理论家王朝闻先生

---

① 苗鹏. 国之大匠——马改户 l 西为用，中为体——马改户先生访谈 [J]. 雕塑，2020（3）：54 - 59.

参观并赞扬"丝绸之路群雕"。1988年，台湾雕塑家李再铃曾对"丝绸之路群雕"评价道："在横贯西安市东西的那条大马路西段，也就是'丝绸之路'的起点处，倒真的踏踏实实地做了一件够壮丽、够雄伟的大作品。""丝绸之路群雕"在现代城市雕塑发展史上具有里程碑式的意义，其创作成就为世人瞩目，曾荣获"新中国城市雕塑建设成就奖"。

2. 公共艺术空间环境之营造

我国学者袁运甫认为"公共艺术是艺术家与环境外在形态和风格指向协调一致的艺术语言进行创作的比较特殊的大型艺术形式，它是为公共建筑、环境及群众性、活动性场所和设施进行设计和制作完成的大型艺术。它包括壁画、雕塑、园林以及城市景观的综合设计等内容"。①《美术百科大辞典》也将公共艺术等同于环境艺术、景观艺术，认为它是"一门以环境的艺术为要旨，由雕塑、建筑、城市规划以及行为科学、文化人类学等多学科交叉而成的新兴艺术学科"。②

"丝绸之路群雕"作为一种形体空间的艺术，它由精神和物质相互作用后有机形成，具有独特的空间表现形式。创作者对中华民族悠久历史文化的满腔热爱，转化为气势磅礴的雕塑群，以艺术的形式抒发了创作者的人生态度和艺术思想。在具体创作的过程中运用大自然赋予人们的一切表现形式构成特有的敏感情绪和视觉角度，将艺术生命注入艺术作品，并因充沛的情感和被历史所承认而存续，这样的艺术品既充分吸收了艺术的审美特征和造型语言，又还原了原始自然生命形态。黑格尔在《美学》一文中指出"艺术家不应该先把雕

---

① 吴士新. 中国当代公共艺术研究[D]. 北京：中国艺术研究院，2005.
② 宋学玲. 大众文化视野下城市公共艺术的新发展——以上海城市公共艺术为例[J]. 艺术科技，2014（11）：188+192.

刻作品完全雕好，然后再考虑把它摆在什么地方，而是构思时就要联系到一定的外在世界和它的空间形式和地方部位"。①

当前形势要求公共艺术集中展示形态与空间，以满足某种功能的需要。公共艺术承载着更多信息，相应的公共艺术设计必然集中于信息，体现着时间优于空间的概念。时空性是时间性与空间性，时间和空间在现实中是作为一个整体存在的。公共艺术作为连接时空的媒介，对于在地性的历史传承有着积极的意义。其时空性的创作观念具体包括：根据不同地域中社会文化的构成脉络和基本特征，寻找地域传统的公共艺术体现和发展机制；以演进发展的观点来看待地域的传统文化，将地域传统中最精髓的部分与公共艺术现实及未来发展相结合，使之获得可持续的价值，结合全球文明的最新成果，用最新的工艺技术和信息手段来诠释和再现古老文化的精神内涵；力求反映更深的文化内涵与实质特征，弃绝标签式的符号表达。位于陕西西安市区西部大庆路与枣园东路三岔口的"丝绸之路群雕"就是一个典型的公共艺术代表性雕塑。

三、"丝绸之路群雕"的内在价值及其传播

一般意义上，公共艺术有多重价值，如文化认识、文化教育、文化传承、文化商品和审美价值等。其中公共艺术的审美价值尤为重要，它是通过民众对公共艺术品的欣赏、参与，从而产生相应的审美感受与审美体验。一方面人们欣赏、体验公共艺术品可以愉悦身心，促进其健康发展；另一方面可以形成稳定的审美文化心理，提升自身的审美能力，增强审美文化的修养。与此同时，公共艺术也以此为基础实现了自身审美文化传播的功能。

---

① 孙欣. 基于互动的公共艺术——影响当代公共艺术创作的环境因素研究［D］. 北京：中国艺术研究院，2010.

公共艺术审美文化功能的实现，必须通过一系列的审美环节来完成。[①] 首先是大众对公共艺术作品产生一定的审美情绪。这个阶段应属于感性的审美体验，是对公共艺术品的直觉认识。其次是审美能力的培养，这一阶段属于审美文化传播的较高级阶段。营造高尚的审美境界是公共艺术审美文化传播的最高级阶段，通过审美情绪的产生，审美认知及审美能力的提升，最终会形成公众的高尚审美境界。

对于本章论述的"丝绸之路群雕"的审美价值及其传播等问题，具体包括以下几个方面：

1. "丝绸之路群雕"的艺术特色

"丝绸之路群雕"所表现的是一队即将启程西去的官方驼队向长安城告别的情景。骆驼的造型本身就具有雕塑艺术语言特点。

一是吸收汉唐的雕刻特点，将圆雕、浮雕、线刻有机结合起来。群雕只求神似，不拘泥于细节，这种既自由又凝练的手法，从上到下、由写实到写意、由具体到概括，增强了作品的整体感和厚重感，同时既保持了岩石的自然美，又富于雕刻的艺术美，它一直作为中国传统雕塑的主要表现手法，流传至今。

众所周知，汉代石刻壁画数量众多，分布极广，造型上的显著特点是以石为地，以刀代笔。线条是造型最主要的手段，不仅表现出了物象的形状，而且表现出了物象的态势，使所有形象都处于变化的瞬间，对于阴刻的壁画石尤为显著，这一点在"丝绸之路群雕"上也有很明显的体现。在"丝绸之路群雕"中，从最高点到大约二分之一处为圆雕，观看时站在不同角度可以

[①] 刘洋.公共艺术的文化传播功能研究［J］.赤峰学院学报（哲学社会科学版），2018，39（3）：114－117.

看到人物前后左右的立体画面，下半部分为浮雕，人物衣饰、行李箱和动物的毛发等运用线刻的雕塑手法。雕塑下半部分动物四肢的刻画稍显夸张，动物四肢的刻画和基座的巨型石块融为一体，更使得雕塑下半部分比较沉重，给人以步履艰难的印象，使观者感受到沙漠之旅的漫长和艰辛，从而使得雕塑从整体上呈现出浑厚统一、简洁明快又不失古典韵味的浪漫主义气息，表现出当时大唐王朝气宇轩昂的气魄。

二是呼之欲出的人物刻画。"丝绸之路群雕"中的人物或者动物形象的创造具有汉唐风韵的类型化特点。群雕中刻画了3个汉人和3个"胡商"，人物造型柔和圆润，人物的面部特征鲜明，表情温和生动，变化微妙，透露出大唐遗韵。汉人头戴软巾帽，留有长髯或不留胡须，身穿唐服。人物塑造吸收、融合了唐俑饱满的形体造型特征，手法概括洗练，体现了中国艺术的写意特征，注重神似、不拘泥于细节的刻画。胡人头戴披肩式长帽和新疆少数民族的圆顶瓜皮帽，留着八字胡和络腮胡，眉骨很高，少数民族的面部特征较明显，身上挂着具有异域特色的水壶。

图1-3 "丝绸之路群雕"人物图

6 人中有 2 名汉官和 1 名卫士，另外 3 名 "胡商" 以新疆的塔吉克族老人、维吾尔族老人和哈萨克族少年这三种在外貌特征上区别比较鲜明的人物为依据进行创作。走在驼队最前面的 "胡商" 老人腰间挂着一个扁瓷酒瓶，是一位乐观、友善、风趣的兄弟民族老人形象。"胡商" 对西域的风土人情、语言、地理概况更为熟悉，有利于更为真实地呈现作品内容。老人身边的狗卷起尾巴，低头在地上边走边闻，这是狗记路的习惯动作。狗后面的骆驼背上载着一位年轻 "胡人"，正在转身回头眯眼笑着和那位汉官亲切交谈。驼队中间有两条藏狗正在戏耍，等待后面未动身的主人。再往后，又一位头戴风帽、魁梧健壮的少数民族老人坐在驼背上，紧跟其后塑造了两骑富有汉唐风格的良马造型，骑马的汉官和卫士正在回首打恭向古城告别，庄重的面容和神情给人不负重托之感，他们是驼队的主要负责人。①由此可以看出，"丝绸之路群雕" 中三位 "胡商" 的人物形象是马改户先生根据 1940 年代在新疆创作《民族大团结》时对各个不同民族的观察和记忆所创作的。他选择了形象比较鲜明的维吾尔族、塔吉克族和哈萨克族为依据来创作 "胡人" 的形象，骆驼队里的小骆驼和长毛狗等细节都是其小时候的生活体验。

三是栩栩如生的动物刻画和细节描绘。唐代雕塑除人物以外，还有马、骆驼、牛、羊等其他动物，尤其是马的塑造，展现了雄壮而生机勃勃的动物形象。"丝绸之路群雕" 在刻画动物时也同样融合了汉唐雕塑的优点和特色。汉马的雕塑特征是相对偏瘦，手法简洁；唐马的塑造特点是圆润、肥硕，手法概括。"丝绸之路群雕" 在刻画动物时，上半部分借鉴汉马的塑造特点，马的面部相对偏瘦；下半部分借鉴唐马的塑造特征，丰肥圆润；然后将两种

---

① 潘玥.《丝绸之路》群雕的景观分析 [J]. 当代艺术，2009（1）：77-79.

不同的风格在同一对象身上进行融合，将这两种特点有机结合。鞍马造像从头、颈、身体向下逐渐延伸，动物四肢逐渐丰满圆润起来，同时逐渐弱化其具体形象，使其最终和花岗岩融为一体，完成从写实手法到写意手法的过渡，给人耳目一新的感觉。为了满足观众近距离观赏雕塑的心理和愿望，加强了一些细节处理，如在十四峰骆驼中塑造了两峰幼驼，稍大一点儿的跟在妈妈身后，另一峰出生不久的幼驼伏卧在妈妈背上的箩筐里，增加了情节的变化，丰富了艺术效果。

四是跌宕起伏的整体造型。由于这座雕塑建在道路中间的绿化带，考虑到大部分观众是在移动的过程中来观赏雕塑的。因此，驼队被一字排开，拉得很长，台座很低，强调了长途跋涉的"长"字，同时这也和雕塑周围环境中的长街、树木相协调，而低台座处理则是为了让驼队融于人流之中。在群雕构图设计中，借助于连绵不断、富有节奏感和流动感的沙梁轮廓线，易使人联想到驼队走路的姿态和节奏。通过对骆驼进行疏密组合和高低起伏的处理，强调了驼背外轮廓线的节奏、运动变化，给人以高低起伏、连续不断的运动联想和形式美感，增强其整体效果。同时，这样处理也便于加工石刻，使其艺术风格和汉唐雕刻特点协调一致，兼顾城市大型石刻的整体效果和要求。

五是吸收中国园林镂空借景的表现手法。中国的古典园林不拘面积大小，但求在有限空间内获得无限的意境，这就要巧妙地借取园林内外的景物。所谓"借景"就是将视线所及范围内的美景，组织到园内或景区内，以丰富园林景色，扩大园林空间。"丝绸之路群雕"吸收中国园林镂空借景的表现手法，巧妙运用空透洞孔的处理手法，使之更加圆雕化，既是体积上的需要，也避免了视觉上的堵塞感，增强了审美情趣，体现了东方艺术的写意性，使雕塑在具有浑厚体量感的同时，又有灵活的视线通透性，增加其亲切感和丰富感。镂空处可以看见雕塑两边的街景和花园林木四季的景色，和谐地将雕塑以外的景色纳入视野之中，春夏秋冬、阴晴雨雪以及过往的车辆和行人，静景、动景相结合，使得雕塑更加富有生命力。

2. "丝绸之路群雕"的历史文化内涵

"丝绸之路群雕"建立于20世纪80年代，坐落于古城西安开远门附近的遗址之上。开远门是隋唐长安郭城西城墙最北的一座城门。门内有我国最早的基督教教堂景教寺。作为隋唐长安郭城西面的通衢大门，开远门见证过许多重要的历史事件。作为隋唐长安丝绸之路的起点，其距长安城的国际贸易市场西市仅有两坊的距离，门外竖有里程碑"立堠"，上题"西极道九千九百里"，不言万里，表示远游之人不为万里之行。"丝绸之路群雕"的选址意在通过新的雕塑讲述过去的历史。

开远门作为古代丝绸之路的起始地，曾见证了无数往来的中外商人，见证了丝绸之路连接亚欧非三大洲的重要地位。在漫长的历史长河之中，丝绸之路散发着独属它的光辉。首先，丝绸之路顺应了东西方商贸往来的现实需求。从考古资料上看，公元前6世纪至公元前5世纪，希腊已经传入来自中国的丝绸等物品。欧洲、中亚和我国中原地区的经贸往来推动了丝绸之路的形成。其次，中亚和欧洲先后出现的两大帝国，为打通东西方之路奠定了基础。公元前6世纪中期，波斯帝国崛起，经过一系列战争成为横跨亚欧非三大洲的庞大帝国，奠定了东西方进一步交流的基础。公元前334年，亚历山大东征，灭掉波斯阿赫门王朝之后，希腊将中亚地区纳入自己的统治范围。随着亚历山大东征，大量希腊人和马其顿人迁到东方，大大促进了古代欧洲和中亚同我国中原地区的经贸往来和文化交流。最后，汉朝出于军事战略需要，迫切希望与西域大月氏等国建立联盟以"断匈奴右臂"，客观上正式开辟了古代丝绸之路。公元前138年，汉武帝派遣张骞作为使者出使西域，意图说服大月氏与西汉一起攻打匈奴，结果张骞没有完成这一战略任务，却无意中开辟了通向西域的通道，被司马迁评价为"凿空"之行。"丝绸之路群雕"不仅包含着古代丝绸之路贯穿东西、促进交流的情感，更包含着对当前以及未来中国走向世界的一个美好期许。

历史证明，丝绸之路从经贸合作开始最终走向了文化合作，且这种合作是在交换中合作，在合作中共存、共谐、共荣。虽然古丝绸之路最初是在东西方缺乏联系的情况下，人们出于商业或边疆安全的考虑，自发形成的一种交流行为。但在漫长的人类历史长河中，丝绸之路所发挥的积极作用不仅促进了沿线各国的经贸发展，打通了古代亚、欧、非国家之间互通有无的商贸大道，而且体现了其独特的文化价值，促进了世界各民族的融合与认同，构建了人类最具普适性的核心价值，形成了人类历史最悠久、价值影响最深远、时空跨度最广阔、内涵最丰富的丝路文化。今天，新丝绸之路则是在经济全球化时代，东西方文明为扩大互利发展的一种自觉意识和有计划的区域合作，是在新的历史条件下对古丝绸之路的继承、创新和发展，也可以认为新丝绸之路是让古丝路文明之花在当代"一带一路"社会背景下重现美丽和芬芳。新丝路继承古丝路的文化意蕴，以儒家仁爱道德与"和合"思想为理论指导，主张以文化人、以德服人、推己及人，坚持仁义礼治、和而不同、以和为贵的理念，在各国间的不同文化面前，采取尊重、包容、吸纳的共生、共谐与共荣的思想。

3. 历史文化传承与播撒

丝绸之路开辟至今已有两千多年历史，它既是古代东西方商贸物流的大动脉，也是古丝绸之路途径的各国和各地区政治、经济、文化交流沟通及巩固边疆、发展西北经济和文化的纽带。关于古丝绸之路的文化意义，著名学者季羡林曾经这样说："在全人类历史上，影响深远、持续时间很久的大的文化体系只有几个，这就是中国文化体系、印度文化体系、闪族伊斯兰文化体系、希腊罗马西欧文化体系，而这四大文化体系汇流的地方只有一个，这就是中国的新疆地区。其所以能够在这里汇流，则需要归功于贯穿全区的丝绸之路。"① 在丝绸之路上，华夏文化以极大的宽容性把古代世界的几个文明中心——中国、印度、埃及和巴比伦联系在一起，从而使佛教、基督教、伊斯兰教三大宗教得以传播并发扬光大，在文化交流方面已远远超过丝绸和其他商品交流的意义，因而丝绸之路也是东西方文化交流的桥梁和纽带。

现如今，"丝绸之路群雕"在历史文化的传承与撒播方面，首先是促进了多民族文化的交流与融合。古丝绸之路从长安开始，横穿整个欧亚大陆的腹地，向西一直延续到东罗马帝国的首都君士坦丁堡，长度长达 7000 千米。生活在这一区域的中国古代少数民族有匈奴、突厥、回纥、党项、乌孙、哈萨克族等，各个民族早已建立了自己成熟的部落。自从张骞出使西域开始，西域地区逐步加强了与中原的政治、经济来往，借助丝绸之路这一平台，促进了各民族文化间的交流。各个民族间越来越多的接触及沟通，促进了各民族人民情感的升温，不同文化的交汇也碰撞出耀眼的火花。公元 8 世纪以后，

---

① 李明伟. 丝绸之路贸易史研究 [M]. 兰州：甘肃人民出版社，1991：10.

中亚伊斯兰文化浪潮波及中国西北，回纥、哈萨克等民族成为信仰伊斯兰教的民族。在那个时期，还有一部分通过丝绸之路移居中国西北的阿拉伯人、波斯人和中亚民族，以及当地民族间的融合，由此形成回、东乡、撒拉、保安族等后伊斯兰化民族。[①] 今天中国西北地区主要的少数民族同这些民族有直接的渊源关系，原因在于在丝绸之路使用期间，各少数民族与汉民族间文化交融频繁。从文化内涵方面分析，既包含着自身民族祖先固有的文化特征，又凝聚着在丝绸之路上与其他民族的经济、文化进行交流时所形成的独特个性。

此外，丝绸之路在促进不同民族文化融合的同时，还促进了不同宗教的传播，其中佛教和伊斯兰教传播的时间最长、范围最广、影响最深。[②] 中国的西北地区基本处在汉文化、印度文化、伊朗文化、波斯文化、阿拉伯文化、希腊罗马文化等古代文明中心的交叉地带，也是众多文明交汇的中心。在航海兴盛之前，西北地区是东西方交通和商路的必经之地，也是文化传播和交汇的要道。宗教作为一种古代哲学思想和文化艺术的表现形式，也是人类思想文化交流的重要内容，必然随着东西方经济商贸的交流而在此交汇之地传播。

其次，丝绸之路印证了不同艺术间的交融。艺术源于生活而又高于生活，是人类活动在精神层面的结晶，有文学、音乐、美术等多种表现形式。在丝绸之路这条经济贸易道路上聚集的各个国家和地区的人，在进行商品交换的同时，也增进了各个国家和地区间不同艺术的交融。20 世纪五六十年代组织开展的少数民族历史、语言和文学的调查活动，其中也包括丝绸之路沿线的少数民族聚居区。该项活动抢救了大量丰富多彩且历史悠久的中国少数民族文学作品，开启了中国少数民族文学研究的新篇章。其中以少数民族神话最为典型，

---

① 李明伟. 古丝绸之路与西北民族的凝聚 [J]. 西北民族研究, 1994 (2): 41-47.
② 马通. 丝绸之路上的穆斯林文化 [M]. 银川：宁夏人民出版社, 2000: 89.

填补了中国神话的诸多空白。丝绸之路西域的少数民族神话包括自古以来生活在西域丝绸之路区域各少数民族先民的创作，是他们对世界起源、自然现象和社会生活等原始理解的最早记录。其中不同的民族存在情节相似的神话作品，从文学中反映的故事也有相似的情况。

丝绸之路沿途各民族在音乐方面也存在交融。杜亚雄等在近40年研究丝路音乐所著的《丝绸之路的音乐文化》一书中，用曲谱形式呈现了生活在丝绸之路沿途的中外民族的音乐，展示了各民族音乐之间的相互影响、吸收和交融。① 同样，最能代表丝绸之路在美术和造型艺术方面造诣的是敦煌莫高窟，现如今，对敦煌的研究已然形成了一门成熟的学科——敦煌学。莫高窟是古丝绸之路宗教文化传播发展的凝聚点，有总面积高达44830平方米的彩色壁画和数以万计的佛像，向世人展示了古丝路因经济、宗教之间的交流繁荣而带来的不同民族及宗教艺术间的碰撞。

最后，丝绸本身连通了东西方，提升了人类的审美意识，并影响着世界。丝绸织物不是人类最先买卖交换的物品，却是将人类交流链条延伸最远的物品，也是最接近人类审美意识共通性的物品。丝绸将物质享受与审美体验完美结合，赢得了当时世界的普遍欣赏，拓展了人类的审美视域，也提升了人类对物质审美的品位。丝绸在人类历史上第一次将东西方连为一体，具有划时代意义。丝绸之路艺术史的建构，需要重新认识丝绸的审美属性及其交流对世界的重大影响，重新评价丝绸提升人类审美意识及连接世界的多维价值。丝绸不仅五彩缤纷，有红、紫、黄、绿、棕、蓝等颜色，还有云气纹、鸟兽纹、几何纹、动植物纹、人物骑猎纹等各种类型的花纹。丝绸不仅是织物衣

---

① 杜亚雄，周吉. 丝绸之路的音乐文化 [M]. 北京：民族出版社，1997：3.

料，还是古代财富和身份的象征，是可以作为货币进行支付的硬通货，也是影响帝国时代多项政策的重要因素。丝绸经过中亚、中东远销到地中海的罗马帝国，影响了罗马的经济发展、社会时尚，甚至政治决策。丝绸及蚕丝的生成和来源还被西方人想象、猜度、编成故事，赋予神秘的象征意义。

丝绸丰富了西方人的艺术视域和审美感受，被罗马的帝王达官、贵妇名媛视为稀缺宝物，并使他们沉迷其中。汉代丝绸之路的开通，将融合了艺术要素的丝绸贸易，从中原到河西走廊和北方草原，经西域和中亚，延伸到南亚、西亚，直到地中海。中亚特别是波斯是中国丝绸的主要市场和集散地。经过漫长里程、多个环节、多个民族将东西方联系起来，这样的艺术链条背后必有其不寻常的内在动力，有多维度的价值追求的杠杆在推动。丝绸本身实用性与审美性统一，物质性与精神性融合，构成人与物的合理价值关系，而这一关系具有普遍性。这正是柔软的丝绸能够打通东西方联系的原因，是丝绸之路艺术具有物的审美属性的标志之一，也是丝绸之路艺术史与一般艺术史逻辑起点的区别所在。

丝绸之路艺术在交流、融合、吸收和本土化的过程中走向鼎盛。公元6世纪和7世纪，大唐帝国、拜占庭帝国和阿拉伯帝国三足鼎立，艺术上也形成了各自的特点，异彩纷呈、交相辉映。到公元9世纪前后，欧亚大陆先后有大唐帝国、阿拉伯帝国、拜占庭帝国、吐蕃帝国、回纥帝国、查理曼帝国等大帝国。突厥西进欧洲和南下中原，使世界更加动荡，冲突更加激烈，文化更加复杂，丝绸之路艺术在冲突与交融中进入繁荣鼎盛时期。开放包容、东西方互动使丝绸之路艺术全面繁盛。人是艺术的传播者，也是艺术传播的载体。丝绸之路上东来西往、南北穿梭的人员流动，推动了艺术的深度传播和交融。

四、"丝绸之路群雕"以系统性的设置丰富丝路文化的景观

西安城市西郊的雕塑主题多以反映丝路文化为主，"丝绸之路群雕"的选址正如前文所述，具有纪念性的意义。大庆路作为城市往西的一条主轴线路，往东有张骞出使西域的雕塑，往南是大唐西市，最终雕塑所在的位置在大庆路林带的尽头，唐长安城西门的"安远门遗址"。

在西安早期的城市规划和发展布局中，西郊大型工厂林立。如今随着周边老厂的衰败，繁华远去，现在多是安静的居民区。大庆路是20世纪学习苏联城市规划建设方式修建的，道路断面为两板块的道路形式，宽90米左右。雕塑主创者撰文写道："当年这组雕塑建在西安市未央路西端林尽北头，在西安市区的西大门处，从咸阳以西来的车辆，在这个转弯处，就首先看到这组大型石刻。在选点上虽然距市中心较远，但作为一组具有特定意义的特定历史文化内涵的城市雕塑，所处环境也是其重要的组成部分，必须与整个环境有机结合，不能任意放置，这是一条很重要的因素。"① 雕塑入口门楼具有走出"国门"西去的象征意义。车辆可在门楼外雕塑入口处停留、调头。整座雕塑高低起伏、错落有致，分别呈现不同的动态和姿势排列，人们从不同角度欣赏雕塑作品的同时，也会有不同的感受。人们可以通过斑马线到林带中央近距离观看雕塑，或者在马路对面观看。如若想在林带中央观看，可以穿过该区域设置的一个大门入口，进入雕塑所在的空间。因此，从当时建成的雕塑体量高度和可供观赏的视点角度，以及周围的环境空间来看，雕塑的选址是比

---

① 潘玥.《丝绸之路》群雕的景观分析 [J]. 当代艺术, 2009 (1): 77-79.

较得当的，也达到了预期的艺术效果。并且，整个雕塑所处的空间是一个可供居民、游客长时间停留的地方，周围锻炼、休息的人走到这一空间内，享受到的是独特的氛围。据统计，至少有16条线路的公交车在此以"丝路群雕"命名，一方面体现了雕塑影响力之大、范围之广，另一方面反映了雕塑已经融入人们的日常生活中。

可见，"丝绸之路群雕"与环境协调一致且相互融合。从该作品的创作思想、文化内涵、构图形式、内容到艺术风格和表现手法等来说，它不仅与西安特有的悠久历史、深厚的文化底蕴和城市格调相一致，而且还与雕塑周围的自然环境融合在一起。群雕位于马路中心的一个狭长的小型园林中央，作品的构图形式狭长，队列一字排开，恰好与园林的整体外形相匹配，充分体现了雕塑与自然生态环境相适应的特点，达到了与自然生态和谐共生的艺术效果。因此，创作者本着与生态融合的态度，充分尊重历史，尊重社会环境，本着互相开放、互相依赖、相互生发的互动关系，并通过借景来营造氛围，通过心理诱导的方式达到与景呼应、互为衬托的审美目的。所以，此群雕既与西安的城市文化相统一，又与周围环境、建筑、街道、园林等相协调。其定位、体量尺寸、材质、内容形式以及色彩肌理等都与雕塑影响力范围内的基调相协调，使之成为城市整体环境中的一部分。

如果按照《交往与空间》的观点来看，能够吸引人们驻足停留、继而引发各种各样的人进行社会交往的空间，是设计得很成功的空间。各年龄段的人们喜欢爬上雕塑、亲身融入，小孩子在家人的协助下爬上雕塑，青少年骑坐在雕塑凹处，成年人也要爬上去合影。在公共空间景观设计中，设计元素的公众参与性相当重要。一座设置在公共空间中的城市雕塑，虽然不是孩子的玩具，但参与性方面的意义不可低估。如果观赏者能参与其中，就会因参与而增添了乐趣；另一方面，能骑在石马上照相就在一定程度上增加了停驻时间，使得参观游览者有更多的时间和机会可以近距离感受和体悟"丝绸之路群雕"的魅力。

在此必须强调的一点是："丝绸之路群雕"在丰富文化景观的同时，还以在地性的实践扩充丝路文化的内涵。"丝绸之路群雕"的建设在整个西安市的公共艺术中，具有划时代的意义。这不只因为"丝绸之路群雕"是陕西省西安市的第一座大型雕塑，同时也因为它展现了更为丰富的丝路文化。首先，作品本身作为纪念性雕塑，它的首要职能便是纪念历史事件，此件作品坐落于丝绸之路起点，在对人物细节的刻画，以及整体的把握，包括最后如何自然地融入公共环境之中的处理方式都可以作为同类作品的典范，是我国具有里程碑意义的纪念性雕塑之一。其次，对于作品所在的公共环境来说，丝绸之路的起点西安也需要一个标志性的事物来纪念其独特的历史地位，"丝绸之路群雕"的出现便恰到好处。每天来往的人都会有意无意地观赏到这个作品并引发联想，这便是纪念性雕塑在公共环境中的作用。对于拥有悠久历史的古城西安来说，其城市的各个方面都已被现代化不断影响。人们随处可见由钢筋混凝土构建的建筑以及各种富含科技感的新型产品，这样会使我们眼中的城市缺乏特色及灵魂。所以当今城市比以往更加需要人性化因素的出现来平衡机械美学的影响，纪念性雕塑的出现便是将这座城市的人或事保存、记录，并展示出来，将城市的"魂"注入其中，提升城市的形象以及软实力，让城市更有特色，也让城市中的人民更有归属感。所以无论是对于雕塑本身抑或创作者，还是所处的城市，都从各个方面发挥自己的优势，强强合作，同时也互利共赢，将丝路精神完美地表现出来，并传播出去。

纪念性雕塑主要在于记录并复述人和事。在信息化迅速发展的今天，纪念性雕塑存在的价值更加重要。因为城市即人文的放大，所以它更渴望一些事物来平衡和展现城市的形象以及灵魂，而注入城市灵魂的纪念性雕塑正好可以发挥其所长。"丝绸之路群雕"能在现如今的社会屹立不倒，甚至再次燃烧自我价值，便体现了丝路精神和纪念性雕塑二者都是历史流传下来的优秀文化精魄。

五、结　语

"丝绸之路群雕"的建造，对于古代以及现代中国来说，是对古代丝绸之路文化的传播与意义的传承。对于十三朝古都的西安来说，"丝绸之路群雕"是一座展现西安历史地位的主要雕塑之一。历朝历代，古称长安，现为西安，几千年来有着相较于其他城市更加浓厚的历史文化氛围。

公共艺术作为最好的现代历史书之一，通过复刻、还原曾经的辉煌，让人民铭记那个时刻，铭记在千年前的某一天，正是从这里开始书写丝绸之路的故事与传奇。

第二章 泥塑大观：
城市公共艺术的多元化表达与在地性实践

随着近些年城市公共空间的建设以及城市文化形象的塑造，城市公共艺术越来越被人们所熟知。城市公共艺术的建设不仅仅是作为物质形态的公共空间艺术品的建设，同时也满足了人们精神与文化的需求。城市公共艺术可以说是城市文化的一个重要象征，它是以彰显城市特色为主要目的，采用多种媒介基质为载体进行艺术创作，并以特定的艺术形态为表达形式的艺术种类。大雁塔广场的陕西民俗大观园泥塑就是西安比较典型的代表性城市公共艺术。它根植于陕西历史悠久的泥塑文化传统，很好地展示关中平原、渭北高原等地具有代表性的民俗风情。作为城市公共艺术中重要的艺术种类，它为人们提供了了解地域民俗风情的机会。作为一种媒介符号，它也传播了西安的民俗文化，推动了西安城市文化形象的塑造。本章主要从陕西民俗大观园泥塑这个城市公共艺术品的各类形象表征入手，通过客观展现和浅层符号结合的空间与时间维度，分析它的历史与现实的对话以及多重意义的建构，以阐述泥塑作品作为一种典型的公共艺术在城市公共空间中所具有的特殊功能。

一、历史性表现与知识性传输

陕西民俗大观园位于西安大雁塔北广场西苑，也称大雁塔广场民俗大观园。它坐落在一个集民俗文化、历史文化、生态景观为一体的休闲娱乐广场上，是一个具有陕西地域文化特色的泥塑作品汇集之地。这些泥塑作品反映了在漫长的历史文化发展过程中，陕西的地理环境、气候、经济、文化等多方面原因决定了陕西人在衣、食、住、行等方面形成了一些独特的方式。其中有"陕西十大怪"，或称"关中十大怪"：面条像裤带、锅盔像锅盖、油泼辣子一道菜、泡馍大碗卖、碗盆难分开、帕帕头上戴、房子半边盖、姑娘不对外、凳子不坐蹲起来、秦腔不唱吼起来等最具特色；还有剃头、丢方、小两口绞水、学童、车子全家带等民俗风情雕塑。它们均以陕西关中民俗文化为主题，兼具陕北、陕南民俗文化的典型代表，运用多种艺术表现手法，与园林绿化植被特点相结合，充分展现了陕西民俗文化的丰富性和多样性。作为置身于大雁塔广场的城市公共艺术的一个重要品类，泥塑作品既承载着深厚的历史文化，也传输着此类艺术作品的专有性知识。

图 2-1 再现生活场景的"关中民俗"泥塑

1. 专有性知识以公共艺术作品为载体得以传播

西安作为十三朝古都，有着悠久的历史和丰富的文化底蕴，承载着一代又一代生活在此地的人们的记忆，同时也留下了一整套充满生机活力且带有知识性特色的历史遗产和民间智慧。数千年来，这里不仅有炎黄拓荒、大禹治水、秦皇汉武唐宗建功立业，世世代代的陕西人也在生产生活中积淀了丰富多彩的民俗文化。三秦大地、民风淳朴、民俗悠远，不仅有以秦腔为代表的地方戏曲，凝练秦风民俗的"陕西十大怪"，还有耍社火、划旱船、踩高跷、舞狮子、敲锣鼓、扭秧歌、放灯捞灯、赛龙舟、贴门神、元宵花灯、延安跳火、牛马会、七七乞巧等民俗活动，以及剪纸、凤翔泥塑、马勺脸谱等民间艺术形式。这些古老的知识符号延续至今，不仅代表着陕西人浓厚的地域情怀，也代表着它们自身承载的文化意义的可延续性，值得如今的一代人接续传承。

民俗大观园内的泥塑作品是对陕西地域性传统民间生活场景的再现，通过惟妙惟肖的雕塑艺术，展示了面条像裤带、老碗似盆分不开、母子抬水、剃头、锅盔像锅盖、丢方、帕帕头上戴、房子半边盖、娶亲路上、油泼辣子一道菜、车子全家带、凳子不坐蹲起来、小两口绞水、学童和大秦腔等极具陕西特色的民俗风情。每个雕塑的不远处用圆形石碑刻着中英文的雕塑名称及民俗简介，内容短小精悍，极富趣味性和地域特色，使游客一目了然。如"凳子不坐蹲起来"的石碑描写道：站着腰疼，坐下窝，圪蹴说话最受活，是指站着和坐着都不是关中人最舒服的社会交往姿态，只有蹲着才能让他们感觉最自在。这种"坐"姿双脚着地且大腿压在小腿肚上，身体状似折叠，就形成了极具特色的"蹲"。从现实生活中提炼而来的记忆也将随着艺术作品广为流传。再比如，关中地区自然地理环境中能够提供的建筑材料有限，

"房子半边盖"就成了特色民居的基本形制。人们利用黄土打土坯垒起或夯起三面土墙,其中一面利用围墙,面向院子的一面做门开窗,房顶只需要少量的木头,这样的房子通风向阳,既可以节省空间又可以节省材料。如今半边盖的房子越来越少,但它作为一门古老的智慧,因这些泥塑作品的存在也焕发着新的生命力。

民俗大观园内泥塑作品的创作者,即这些公共艺术作品及其符号内容的生产者,将此类主题元素展示出来,充分表达了对传统知识与智慧的肯定,也有助于通过城市公共艺术的形象使陕西人民及所有观光者牢记这部分历史记忆。

2. 古老泥塑技术与技艺借公共艺术作品得以传承

这些泥塑作品所采用的创作手法来源于凤翔泥塑。相传,明太祖朱元璋曾带部下的第六营士兵驻扎于凤翔,战后有些士兵在此地安家落户,其中有些人来自江西景德镇,在开始新生活之后用以前的手艺结合当地特色制作手工艺品补贴家用。在农闲时候利用自己的制瓷经验结合当地特有的一种"板板土"[①]制造出精美的泥塑拿到集市上售卖,被称为"泥耍货"。泥塑大都是空心圆塑体,也有浮雕式的挂件,既是儿童喜爱的玩具,也是陕西的旅游纪念佳品。

凤翔泥塑有着严格且精细的制作流程,每一步都精挑细琢。首先是砸泥,或称"和泥"。凤翔泥塑的最佳原料是六营村东边万泉沟内的观音土。制作者用木槌将土块砸碎、研细后,再洒上清水,待土完全浸泡湿透和成泥后,在泥内加入适量麻筋纸或棉花纤维,再次反复捶打至纸絮或棉花纤维在泥内分布均匀。第二步是造型,也叫"出楔子"。这是传统泥塑工艺中技术含量最

[①] 六营村东边万泉沟内的观音土,人们常叫"板板土"。这种土的土质细腻,含沙量适宜,沙子细而匀称,无杂质,黏性强,是制作泥塑的上好原料。

高的一道工序，也是最考验泥塑人手艺的工序。制作者用手再次捏打，并根据自己的审美想象，捏塑出泥塑的大概形象，再借助尖、圆、扁、方、斜、凹、凸和多齿等不同工具，将小泥团、泥条堆积，以及点、按、挑、刻、划等手法来塑造形体和雕琢细节。之后，经过制模、翻坯、合坯、粉洗等步骤，泥塑便成功定型，作品初具雏形。定型之后还需要对其进行绘样，用一根或粗或细的画笔，蘸上合适的颜料，用各种颜色的线勾出轮廓。他们制作的大部分都是彩绘泥塑。

民俗大观园中泥塑的造型生动微妙，眉眼、轮廓和身形灵动有趣；彩绘颜色古朴单一，色调偏棕黑色，符合陕西人民质朴敦厚的性格特征。如若置身于泥塑园中将会被浓郁的关中风情包围，此景此情之下，方能体会人物与时代和地域之间的联系，而这一切既归功于传统泥塑手艺人对其技艺的坚守，也充分展现了技术性传承对发扬民间文化的进步性意义。

3. 传统文化记忆凭公共艺术作品再次深度激活

民俗大观园是 2004 年在原盆景园基础上投资、改造、重建的一处占地 55300 平方米的主题公园，是西北地区少有的高绿化、开放式地方民俗文化园林。紧临大雁塔的独特地理位置，使它成为人们闲暇之余欣赏玩乐的绝佳之地，也使它在一众民俗景点中更加夺目。

一般情况下，游览型观赏者注重浅层符号的接受，如视觉、听觉、触觉等容易感知到的显著符号所传达的信息。民俗大观园中不断循环播放的音乐和戏曲作为背景层面的艺术符号发挥着巨大的作用，推动观赏者以轻松自在的心态深入了解、探讨、挖掘泥塑更深层次的意义表达。观赏者会对泥塑作品的神情、动作、衣着、所处环境等产生好奇，如"房子半边盖"的老农在门前思索着什么？"车子全家带"的一家四口去往何处？敞开的门前的老人为何蹲在凳子上？赶着牛车的众人出行是要凑什么热闹？游客通过这一个个疑问来进行大胆猜测，然后在旁边的石碑注释上得到正解，满足其好奇心。

此外，"关中汉，真实在！老碗盆盆分不开""硬面锅盔像锅盖，出门干粮人好带""四四方方一盘棋，赢了自在输了急""蹚土多，太阳晒，出门帕帕头上戴""擀薄，切宽，把醋调酸，吃一碗，耐一天""房子半边盖，房檐滴水不流外""关中人，脾气怪，辣子夹馍不用菜""摩托车，跑得快，出门就把全家带"等一系列脍炙人口的歌谣极大程度地加深了观赏者的现场记忆，帮助其理解和延伸民俗含义。身处民俗大观园中央，看着众多活灵活现的泥塑作品，让人不禁感叹古老的智慧与古人对待生活的态度。

图 2-2 展示地域文化特色的"关中民俗"泥塑

二、民俗文化的展现及地域性建构

关中是华夏文明的发祥地，也是中国民俗文化的摇篮。大观园中的泥塑既以关中文化为主题，同时也兼备陕北和陕南的民俗文化典型代表，更承载着陕西地区传承了五千年的民俗风情，对优秀传统文化的发扬有着重大意义。

1. 特定地域日常生活情形在民俗文化作品中的表达

在关中地区，人们的衣、食、住、行都有一定的特殊性。如今在街头巷尾时常会看见"圪蹴"着的关中人，人们通常将此称为"蹲景"。这种"凳子不坐蹲起来"的蹲姿，不仅需要长时间的历练或者从小对其耐力的磨炼，而且久蹲不起还能够腰不酸、腿不疼，必是长期练就的一种功夫。还有"房子半边盖"除了节省材料与扩大院子空间之外，它也包含着陕西人民独特的执念：肥水不流外人田！关中地区季节性缺水严重，这种房屋的建筑结构如遇雨天之时，就会将房檐上的水排入自己院内并引流到院内的储水窖中。再如，女人们用手帕裹头的"帕帕头上戴"，既可挡住黄土高原的风沙与毒辣的日头，也起到讲卫生和防晒的效果。再有，八百里秦川自古以来都是一块自给自足的宝地：优越的地理位置——东出潼关要过黄河且中原地区自然灾害不断；西出阳关无故人，西部乃苦寒之地；南面被秦岭阻断，交通不便的年代想要翻山越岭难上加难；北面沟壑众多，缺山少水且气候更加干旱；而关中处于风调雨顺、物产丰富之地，人民和乐安逸，在"金窝银窝不如自己的草窝"的古训中，姑娘不愿远嫁他处，由此就有了"姑娘不对外"这一怪。民以食为天，关中地区的民众喜爱面食，就把面做成许多花样，"锅盔像锅盖""面条像裤带""油泼辣子是道菜"概括的就是百姓的饮食常规。这种饮食结构也关联到饮食器具，"老碗""海碗""大海碗"等"碗中老大"融入家常日用器具之中，导致了"老碗盆盆分不开"的局面。诸如此类，老百姓的日常生活情形在泥塑中就有了艺术的表达形式且写实又有趣。

图 2-3 展示生产场景的 "关中民俗" 泥塑

2. 特定地域民俗文化借助公共艺术作品得到认同

从某种意义来讲，对传统手工艺品的观赏、学习、赞美、评论、传播等行为都属于认同行为。大雁塔广场泥塑极具特色的外表和深厚的文化内涵更加提升了观赏者进行认同行为的可能性。这些泥塑作品承载了多重性质的意义内涵，代表着非物质文化遗产凤翔泥塑发扬光大，代表着西北地区民俗民风的代代传承，代表着中华民族优秀传统文化与地域之间的融合发展。对 "关中民俗" 泥塑的认同就是对西北地区民俗文化的认同。

"老碗" 虽然个头宽大，乍一看不起眼，但这正符合关中人民骨子里的朴实憨厚，用这样的碗一次就能吃饱，不需要盛第二次，展现了关中人的豪爽与洒脱。"帕帕" 既实用又美观，代表着关中农村妇女的勤劳踏实。"姑娘不对外" 是中华民族刻在骨子里的传统与保守。"吼秦腔" 代表着民间艺术工作者的爽朗与自在。这些作为陕西地区优秀的地域文化，应充分展示出它的生机与活力。

文化认同也意味着传承。数千年过去，虽然这些民俗风情被保留下来，但是已经失去了本来的面目，所以很多民俗不再是日常生活中随处可见的符号，需要用各种技术手段保存与维持。现如今交通便利，关中姑娘可以嫁去外地；女人们也不需要担心风吹日晒而把帕帕戴在头上；男人们无需因节水剃成光头；人们的饭量没以前那么大，饭碗变得越来越小。我们无法预知这些民俗是否真的会在将来经久不衰，但每一次了解和认同都是对它们的传承。

3. 特定地域的民俗文化作品转化为城市记忆的组成部分

大雁塔是唐长安城保留至今的标志之一，它见证了西安这个城市的许多历史记忆。布设在大雁塔北广场的泥塑也记录着西安的风土人情与风俗文化。

泥塑的历史本身就由来已久，《凤翔县志》中记载："县境发掘出土的春秋战国、汉、唐时期的古墓随葬器物中，有各种形态的动物、人物陶俑，如虎、牛、鸽、猪、狗、羊、独角兽、骆驼等，其形制相似今日之泥塑。"[①] 艺术源于生活，泥塑作为一种独特的艺术形式与文化形态，是伴随农耕经济的产生发展起来的，具有鲜明的地域性特征。大雁塔北广场的泥塑中就有很典型的陕西特色符号，有一个名为"帕帕头上戴"的泥塑，生动形象地描绘了妇人和她的长辈带着两个孩子走路的情景。"蹚土多，太阳晒，出门帕帕头上戴"则是当时风土人情的展现，不仅表现了当地的地理环境，也对人们的衣着服饰进行了典型刻画。类似这样的一个个雕塑，一幅幅画面都记录着一段历史中当地的风土人情，这不仅是人们回忆过去生活的一个凭证，更是西安这座城市悠久历史面貌的再现。

贝拉·迪克斯认为："互动是当代文化展示的一个主要特点。设计新潮的展示场所，如新博物馆和'发现中心'都不再是静态的、沉默的或仅仅是待在那儿。相反，它们会不停地与参观者互动，提供对话、挑战、智力题、

---

① 陕西省凤翔县地方志编纂委员会. 凤翔县志 [M]. 西安：陕西人民出版社，1991：1.

小装置、选择按钮、小工具,具备声音、质感、动作等,而不是让人们自己参观。"① 可以说,人们在欣赏这些泥塑的时候就与它们进行了互动,它们不停向我们展示着时代记忆,而我们与泥塑在这种互动中创造属于个体自己的新记忆,泥塑就这样作为城市记忆的一个记录载体,不断丰富着每一个人的记忆内涵。

4. 特定地域的民俗文化作品亦是城市代言的重要载体

大雁塔北广场的泥塑是将地域民俗文化的一个艺术表征物转化为公共艺术作品,并布设于现代大都市的典型存在。它不仅是城市文化广场中的一个艺术组件,或一种装饰物,而是整个城市众多人文景观中颇具独特性的"那一个"。

通常而言,城市的形象具有整体性、长期性、差异性等特征,千篇一律的形象往往不会给人留下深刻的印象。城市形象的塑造不能拘泥于简单的景观设置与叠加,它是城市景观与背后特有的文化内涵综合形成的一个城市风貌。泥塑作品并不是孤零零地摆在大雁塔北广场,它不是突兀的,而是与西安整体的地域文化风貌、风俗习惯相辅相成,也是与大雁塔整体的城市景观融为一体的。人们在欣赏的过程中不会觉得泥塑群出现的不合时宜,反而会让人们对西安地域文化的再理解更加深刻,对西安城市形象的认识不再仅仅局限于悠久的历史这一单一维度,还可以从地域民俗文化的丰富性角度着眼,对这座国际化的大都市有一个更加全面的认识。当然,城市形象不是短时间之内就可以形成的,它随着历史演变与人们的行为轨迹而逐渐清晰,稳定的状态可以加深人们对城市形象的认识。很长一段时间内,泥塑就一直存在于西安的历史中,它

---

① 贝拉·迪克斯. 被展示的文化:当代"可参观性"的生产[M]. 冯悦,译. 北京:北京大学出版社,2012:10.

不仅见证了西安的变化，还将西安地域文化的一个重要形象展现在人们面前。它得益于大雁塔周边得天独厚的位置，并以独特的艺术材料、艺术形式、艺术样态成为展示西安城市形象的重要载体之一。

5. 特定地域民俗文化作品是城市文化传播的中介

刘易斯·芒福德认为城市有三个基本的使命：储藏文化、流传文化、创造文化。① 从宏观层面上讲，城市就是艺术、剧场，甚至就是文化本身。城市公共艺术的本质是一种以城市文化资源为生产对象，以文化创意、艺术设计创造等实践方式为中介而进行的审美空间重塑。它不仅能够带动当地的旅游经济发展，同时也宣传了一个城市的文化，推动了公众对当地的文化认同。

文化传播是塑造一个城市鲜明形象的重要实践路径，它"给城市居民带来愉悦感和幸福感，激发人们更加热爱自己的城市和社区，提高城市的美誉度，创造城市的新文化"。②

泥塑作为大雁塔北广场不可忽视的城市公共艺术类型，最直观地表现了这一非物质文化遗产的悠久历史与文化积淀，同时再现了独具特色的地域文化。放置在广场上不同场景中的泥塑都展示着不同的生活场景，这些看起来简单而常见的情景塑造，却是这个城市地域民俗文化、风土人情最好的象征。"面条像裤带""锅盔像锅盖"这两幅场景就生动形象地表现出其特有的饮食文化特色，凸显了陕西面食文化的特点。当然，陕西面食文化本身有着悠久的历史，这一幅幅画面或许不能将其全部阐释，但是以小见大，以点概面，将特殊性寓于普遍性之中，通过这种富有视觉冲击力的代表性符号，让来此欣赏的

---

① 刘易斯·芒福德. 城市发展史——起源、演变和前景 [M]. 宋俊岭，倪文彦，译. 北京：中国建筑工业出版社，2005：508.
② 王中. 城市的发展一定要回归美学——王中谈设计与艺术 [J]. 设计，2020，33 (20)：72-78.

人们对地方特色饮食文化有了一个简单快速的认知。"娶亲路上"这一幅画面：绿裤子，套红衫，"押车娃"坐在车上边——将当地娶亲的场景形象地表现出来。憨态可掬的小孩子形象，以及衣服的颜色描绘，让人对当时的嫁娶习俗有一个粗略的认知。"母子抬水"这一幅场景：楸木桶，槐木棍，小孩抬水充大人。寥寥数笔便将母子利用当地特有材料制作的水桶抬水的画面展现出来。尽管都是一些生活场景，但往往浓缩着一个城市最朴素、最深刻的民俗文化与风土人情，这是一个城市文化的基础，也是一个城市精神的表征。大雁塔泥塑就是城市文化传播的中介，让人们在欣赏城市景观的过程中重新认识这座城市，不断丰富对一个城市文化的认知。

三、话语性呈现与指导性建构

大雁塔泥塑是中国传统文化"活"在当下的典型代表，是古老而常见的民间艺术在现代城市公共空间的再现，是一种具有极高艺术价值和审美意义的文化符号。作为"活"在现代城市的一种古老的民间艺术，大雁塔泥塑的存在不仅要通过自我的话语表达体系对外表达自身的艺术特质和符号意义，还要借助大雁塔文化街区独特的语境，城市空间特有的文化气质，以及多元化的现代传播手段等讲好这座城市的文化故事与文明故事。通过一幅幅泥塑让文明体现文化认同，通过文化认同建构共同记忆，让这些符号化的存在成为这座城市地域文化、历史文化、现代文化归类的聚合体。

1. 符号语言指导文明延续

美国学者亨廷顿在《文明的冲突与世界秩序的重建》中提到："一个文明是一个最广泛的文化实体……文明是人最高的文化归类，是人们文化认同的最广范围。"① 文明本身可以看作一个文化实体，但是文明想要广为人知，必须通过符号予以表征，在每一次编码与解码中实现自我迭代与延续拓展。换句话说，符号是带有文明含义的标记，文明的含义在更多时候是通过符号才能表达，这是符号作为一种普遍思维规律的思索，可以说，没有意义能够不用符号进行表达。符号学就是意义学，是研究意义表达、传播、接收和理解的学问。从这个层面上讲，大雁塔泥塑就是一种符号，它不仅表达着陕西特有的文化，还借助城市公共空间指导文明的延续。此外，符号是一种象征物，它可以用来指称和代表其他事物，正是这种指代作用让符号本身也成为一种载体，承载着交流双方发出的信息。正是因为作为信息传播载体的价值存在，符号在日常生活中随处可见，它既有明确的显性的意义，也有潜在的模糊的含义，人类文化与社会没有一刻可以脱离意义，也没有一刻可以脱离符号。大雁塔泥塑就是这样一种承载着信息传播功能和文化指代作用的符号，因此，不能简单地将它看作一个景观。它作为大雁塔历史文化街区的重要组成部分，从广义上讲是西安城市文化的一种象征物。

　　大雁塔泥塑既然是一种符号表征体系，其作为艺术产品在设计中必然有一套复杂的系统。借用符号学研究的视角可以发现，这条表征体系通过语义、语构、语用和语境四个维度分析产品的语言表达，不仅反映了产品对人产生刺激的外在形象，而且解读产品背后的意象，如情感、文化、艺术、社会、故事等内涵。在城市公共艺术中同样也可以这样解读大雁塔泥塑作为一种符号语言背后的意义。从语义来看，它的显性语义指其外部形态、材质、造型和色彩等。首先，泥塑材料分为板板土、品色和其他配料，其中品色来源于外地，由艺人购买，其他的如板板土、配料等来源于当地，由艺人就地取材或

---

① 塞缪尔·亨廷顿. 文明的冲突与世界秩序的重建［M］. 周琪, 刘绯, 张立平, 等译. 北京: 新华出版社, 1998: 26.

者自己制作。板板土是一种不含沙石的黄胶泥，这种泥质地较好，表面光洁、坚硬，掺水拌和后就变得柔软，且其黏性好，不会皲裂。其次，泥塑的造型大多取材于现实生活，表现人物真实的生活场景，比如做饭、挑水等。外部形态呈现出的是一种生活的朴素感与写实感，其隐性语义体现在将当地人民对生活的美好愿景以及朴素踏实的生活态度融入其中。千百年来，人民都在为美好生活而努力奋斗。在泥塑的表现中，我们看到的不仅仅是一幅幅生活场景，更是当时的民俗和风土人情。在一幅名为"车子全家带"的泥塑中，可以看到当时主要的出行方式就是摩托车。这辆跑得快的摩托车不仅给他们的生活带来了方便，更是他们奔向美好生活的一种符号象征。

艺术作品是传统文化与地域文化的物质载体，它的产生和发展与当地人民的生活息息相关。它不仅表现了当地人民的物质生活水平，更反映了他们的精神文化需求，所以它的造型、材质、色彩都是"有意味的形式"。大雁塔泥塑的语构维度包含泥塑作品的自身构成和表现方式。造型与动作是构成泥塑作品的核心元素，具有象征意义。泥塑并不仅仅是用泥土做成的一个作品，它是对当时人们真实生活场景的重组，将具有特色和代表性的造型表现出来。语用维度包含泥塑艺人及当地人们的生活态度和思想意识，比如裤带面和锅盔这种泥塑就是艺术化再现人们当时的饮食文化。在这些泥塑作品中，通过人物的刻画和场景的展现，表达出当地人们淳朴、踏实的性格和对生活真善美的追求。大雁塔泥塑艺术的语境维度包含文化背景和发展历史情境两个方面，它所表达的内容有着浓郁的地方文化和风俗习惯，例如岁时节令、生活起居、四季农事、婚丧嫁娶等。这些独具特色的泥塑符号是农耕文明的真实写照，是民众生活与社会习俗的一种物质载体，表现出一种浓郁的民俗文化气息。

图 2-4 写意老百姓生活的 "关中民俗" 泥塑

总体而言，大雁塔泥塑作为一种符号语言，它既象征着当地的城市文明，也充当着能引起人们精神共鸣的文化符号，以其文化内涵作为内在关联，最大程度地展现文化价值，延续当地文明。

2. 美学语言指导艺术创造

美学大师宗白华先生说："美，不但是不以我们的意志为转移的客观存在，反过来，它影响着我们，教育着我们，提高生活的境界和情趣。"[1] 公共艺术的审美价值体现为通过欣赏公共艺术，使公众在获得审美愉悦的同时，培养公众的审美能力，塑造公众的审美境界，使其心灵和性情得到陶冶。大雁塔泥塑首先是艺术作品，其本质特征决定了其首要功能是审美，旨在唤起人们的情感，让人们感受到美的存在，这种审美不仅包含了艺术本身的美学价值，还包含着艺术作品所要表达的内容与形式的和谐统一。大雁塔泥塑的审美

---

[1] 王葆华，杨豪中，张斌. 浅谈城市公共艺术的美学价值 [J]. 西北大学学报（哲学社会科学版），2011，41（5）：170-171.

价值体现在人们通过欣赏这一城市公共艺术，获得了心灵上的愉悦，同时也潜移默化地培养了人们的审美能力，提高了人们的审美情趣。

从艺术的角度讲，古希腊美学家认为艺术就是模仿自然。更准确地说，艺术不只是模仿自然，还写意社会和现实。因为只会模仿的艺术家，其创造力自然很弱，因此，艺术应该是"创造"，而不是"模仿"。如今，很多城市公共艺术作品就是对生活和现实的"创造"，比如大雁塔泥塑，不只有模仿的痕迹，更多的是"写意"与"创造"，当然这里的再现不是随心所欲的"写意"，是以本土文化为灵魂进行艺术化"创造"。本土文化是本区域独具特色的文化，是扎根本土、世代相传的文化，在选择题材的过程中注重城市历史和生活场景。大雁塔泥塑的表达形式和艺术处理手法符合当地的风土人情，并没有为了追求"声光电"等新时代的美感，而去破坏传统艺术独具特色的美感。

很显然，公共艺术是城市的一个组成元素，但它首先是一件件艺术作品。和陈列在博物馆里的艺术品不一样的是：这里的艺术品是在一个开放的空间中，不仅可观，而且可触、可感。正如大雁塔泥塑一样，以不同的形态彰显着艺术之美，同时又"活"化艺术之形，说明艺术不被束缚，阐释美不被定义。

3. 在地语言指导景观构建

"在地"的设计理念主张设计应从当下的土地环境出发，挖掘与利用场地环境中存在的微小设计要素，创造符合当地特征的建筑。"在地"并不是城市公共艺术特性的普遍表达，也不是泥塑这种传统民间艺术的简单表征，而是针对当下具体的场地、人、文化及社会等诸多要素，附加了设计内涵的回应。运用这一概念理解大雁塔广场民俗大观园泥塑，它的在地表达是在找寻"空间中的空间"，在城市公共空间中寻找大雁塔历史文化街区空间，在大雁塔历史文化街区空间中寻找能够承载自我价值和展示自我特质的城市公共艺术空间，最终在这种多重空间里实现自我呈现、景观建构与符号表达。

自有城市以来，每个城市就具有了自身独特的景观，用建筑学家林奇"城市意向"的观念来解读，城市景观是具有独特性的环境，可以通过人、物、空间的构成产生实用的或情感的意蕴。①借助公共艺术建构城市公共景观必须结合城市具体的环境和历史文化，这样的艺术作品才能充分体现城市的独特文化。大雁塔泥塑就具有极其浓厚的地方特色，它并不是当地乡土特色的简单表达，而是通过对"人""地""时"等多要素进行呈现，体现出地方特色文化，可以说是特色景观与地域文化在城市公共空间中的共生。

景观构建重要的是要利用在地性，就是根据地方特色进行扎根于地方的设计，而这种设计处在一种不断发展的动态演变之中。泥塑本身就根植于三秦大地，在大雁塔这个具有标志性意义的特殊空间里设置泥塑景观，完美地实现大雁塔与泥塑的双生共赢。

四、结　语

城市公共艺术是城市发展和城市文化融合共生的产物，是城市形象、城市品质和城市内涵的符号化存在，反映了一个城市的社会需求、文化气质和审美标准。大雁塔泥塑作为城市公共艺术，通过对传统民间艺术的在地性表达建构别具特色的城市形象，不仅为人们提供一个旅游欣赏、陶冶情操、了解文化的景观，还将地域特色文化与城市公共艺术相结合。借助大雁塔泥塑这个独具特色的艺术空间宣传城市文化、建构城市形象、创建城市名片，不仅能够促

---

① 赵浩森. 在地性视域下的昆明城市广场景观设计研究——以新海河广场为例［D］. 昆明：云南艺术学院，2022.

进西安城市公共艺术本身的建设，还能为传统民间艺术 "活" 在当下的城市提供借鉴。当然在对大雁塔泥塑进行研究时也发现了一些不完美的地方，例如过于关注关中地区的民俗文化，对陕南、陕北的民俗特色表达不足。如果可以加入更多陕北黄土高原的特色文化元素和陕南秦巴地区的民俗文化符号，那么以此为核心要义建构的城市景观内容会更加丰富，城市形象也会更加饱满。

第三章　唐风浩荡：
小雁塔广场主题彩塑的历史文化承载及价值彰显

　　博物馆是保存人类历史文化记忆的重要场所，也是传承人类文明的主要媒介。2015年2月15日，习近平总书记在考察西安博物院时作出重要指示："博物馆是保护和传承人类文明的重要殿堂，是连接过去、现在、未来的桥梁，在促进世界文明交流互鉴方面具有特殊作用。"[1] 西安是世界著名的历史古城，也是文博荟萃之地，建于唐代的皇家寺院荐福寺原址的小雁塔就是人类历史中的宝贵遗产，距今已有1300多年历史。2014年，小雁塔成为《世界文化遗产》名录"丝绸之路：长安－天山廊道的路网"遗产点之一。作为唐代文化遗存的小雁塔不仅生动鲜明地反映出唐代人们的经济文化建设及价值取向等信息，还折射出大唐盛世期间人们的审美情趣。现如今，小雁塔在保存历史文化遗迹、传承中华优秀历史文化的同时，还结合当今社会发展进行进一步升级改造。

---

[1] 2015年2月15日习近平总书记在陕西考察工作时的重要讲话 [N]. 人民日报，2015－2－15 (1).

一、小雁塔广场历史风貌与现代建筑相得益彰

"天街小雨润如酥，草色遥看近却无。最是一年春好处，绝胜烟柳满皇都。"唐朝诗人韩愈的《早春呈水部张十八员外二首》描绘的正是早春时节细雨绵绵中荐福寺（现小雁塔所在地）的迷人风景。隋唐时期，有着"潜龙旧宅"之称的荐福寺坐落于长安城开化坊，它曾经是隋炀帝杨广的晋王府和唐中宗李显的英王府。武则天为了给驾崩百日的唐高宗李治献福便在此处建寺。唐睿宗李旦登基之后定名为"荐福寺"，武则天亲手题字——"敕赐荐福寺"，保留至今。荐福寺面积有26万平方米，地理位置极其优越，周边居住着许多达官显贵。作为皇家寺院，荐福寺不仅会举办赏花、吟诗等文人墨客齐聚一堂的活动，也经常举行佛事、民俗活动。对于唐朝百姓而言，其精美的建筑、优美的园林风景是节日出行、礼佛的首选，繁盛的香火、虔诚的百姓、郁郁葱葱的树木都让荐福寺自那时起便成为风景名胜。

荐福寺不仅是皇家寺院，还是长安的三大国立译经场所之一。唐朝的玄奘法师曾前往印度求法，并将"雁塔"之名带回了长安城。唐高宗永徽三年，朝廷在大慈恩寺建造了一座佛塔以供奉唐玄奘西天取经带回来的经籍，也就是"大雁塔"。除了玄奘这位高僧以外，义净法师也是一位举世闻名的西行求法高僧，其游学经历可以与法显法师和玄奘法师相比拟。在外求法二十五年之后，义净法师带着佛骨舍利、大量梵文经论等从海路返回，归国之后武则天亲自迎接，并负责主持当时的荐福寺译场。为了存放义净法师从天竺带回来的佛经、佛图等，唐中宗景龙年间，皇宫里的官人们筹资在荐福寺院内建造了一座佛塔，取名为"荐福寺塔"。后来人们就将唐慈恩寺内的雁塔称为"大雁塔"，将荐福寺内稍小些的荐福寺塔称为"小雁塔"。除了义净法师之

外，众多僧人、学者选择来到小雁塔游学、译经、布道、修行等。在来到小雁塔的这些僧人、学者之中，日本文化名人圆仁和新罗高僧慧超对东亚文化的交流与发展作出了突出贡献。圆仁在大唐留学接近十年，他的留学足迹可以说遍布中原各地，甚至用汉字完成了一本《入唐求法巡礼行记》，这本书中详细记载了包括饮食、节俗、文化等在内的唐朝百姓的生活。等到圆仁回到日本之后，便创立了日本佛教天台宗山门派，他自己也被尊为"入唐八家"之一。荐福寺是唐朝著名的译经场，新罗高僧慧超就曾经在此短暂地师从金刚智翻译佛经。而他西去求学的历程为世人称奇，慧超先由海上"丝绸之路"前往印度，又经陆上"丝绸之路"返回中国。他一生都一直在为中韩、中印的文化交流做出无限努力，其所著的《往五天竺国传》是研究8世纪时中亚、印度的重要资料。日本文化名人圆仁、新罗高僧慧超与义净法师一同构筑起唐朝小雁塔的文化精神，成为人们了解盛唐时期经济、文化面貌以及丝路历史的时空使者。

1. 小雁塔及其建筑特点

小雁塔的建筑魅力体现在密檐式古塔建筑及其附属的门楣石刻上，这是唐代人民给后世留下的珍贵遗产，每一处细节都体现着唐朝经济文化的繁荣以及文化交流与创新的发展历程。塔作为一种具有宗教色彩的独特建筑形式，起源于古代的印度，在佛教中塔被称为"窣堵波"，这一概念与我国"冢坟陵庙"相呼应。早期，窣堵波的意思就是低矮的坟丘状。佛塔的功能就是埋葬佛陀舍利，因此它是佛教信徒心中极为重要且神圣的宗教崇拜建筑。塔远离世俗，不能够随意接近，更不能登临。公元2世纪之后，印度的西北地区流行建筑宏伟且由低到高逐渐收拢的高塔，这种风格的塔自"丝绸之路"传入中土，而后又被改造成内部中空能够登临的阁楼式塔。到了唐朝，唐朝的工匠们用自己的审美结合当时的社会经济文化来修建佛塔，中国人"道不远人"的入世思想则将佛塔从神境拉回人间，并赋予其登高望远、护佑风水的新功能。[1] 后来又诞生了密檐式塔，这也标志着塔在中国的本土化转变，而小雁塔正是密檐式塔的代表作之一。"救人一命胜造七级浮屠"中的"浮屠"是对"buddha"（佛陀）一词的音译，在这里专指佛塔。除了七层的塔外，在中国自单层起直到十五层，能见到的塔均为单数层级，这是我国道家思想"道起于一，其贵无偶"[2] 在建筑上的特殊应用。在中国古代传统文化中，奇数是阳数，而与奇数相对应的偶数意味着阴数。小雁塔总共有十五层，而平面设计为四方形，正符合中国传统文化中纵奇、横偶的规定，体现了中国人阴阳对立统一的哲学观念。小雁塔的北门楣上刻画着一幅《天人供养图》，这幅图见证了中外艺术的融合与交流。门楣上部一对飞天轻轻捧起图画中部供奉于盘内的摩尼宝珠，下部则有对向的两只迦陵频伽，在以海石榴为主体的蔓草之中翩翩起舞。飞天的原型是来自古印度的乾闼婆，也就是月神，以及紧那罗，即歌神，都是后来被列入"天龙八部"中的天神，随着佛教逐步传入中土，他们的形象也在传入中土的过程中与独特的当地文化合为一体。中国的艺术家们通过自身丰富的经验以及对艺术的追求和想象，让这两只迦陵频伽仅凭飘逸的衣裙和飞舞的彩带就能塑造出天人遨游于佛界天国的场景。与此同时，这幅画也借鉴了道教羽人、西方天使和佛教天神的飞天，因此称其为中外美术史上独一无二的存在也毫不为过。《天人供养图》上的摩尼宝珠、海石榴、都昙鼓、鸡娄鼓以及人头鸟身的迦陵频伽也都是通过丝绸之路传入我

---

[1] 戴孝军. 佛塔：从印度到中国形式变化的审美文化意蕴研究 [J]. 阜阳师范学院学报（社会科学版），2015（2）：109-112.
[2] 薛正昌. 试论佛塔承载的多元文化——以宁夏境内佛塔为例 [J]. 丝绸之路，2016（14）：23-27.

国的。

2. 小雁塔历史文化片区的保护与改造

西安小雁塔历史文化片区位于陕西省西安市碑林区，四周被西安城市主轴线长安北路、朱雀大街、体育场北路与友谊西路包围。此片区在历史上属于隋大兴唐长安城的一部分，其城市空间与唐朝长安城的安仁坊、开化坊以及光福坊相重合。

小雁塔历史文化片区核心建筑群就是小雁塔景区，其中包含西安博物院以及其北侧公园，荐福寺中的大雄宝殿、小雁塔、钟鼓楼、白衣阁等，整体上这些历史建筑保护良好，且具有极高的宗教文化价值。片区的西北角就是小雁塔小学，西南角为地方电力大厦等，建筑以小高层为主。小雁塔周围还有西安市花木公司、西安宾馆、别墅群等。因此，小雁塔历史文化片区的发展必须考虑到与周边建筑相呼应的问题，现代化的建筑与里坊文化、佛教文化等的碰撞是其创新发展的关注点。

现代城市的建设与发展必须与世界文化遗产保护息息相关，"保护"是小雁塔改造的前提。文化遗产作为历史文化的实物载体，承载着文化、艺术、社会等历史信息，仅仅保护旧址本体而忽略旧址所携带的文化内涵是远远不够的，还需逐渐从标本式保护走向"活化"的方向。[1] 故而，对小雁塔历史文化片区的建设就需要在保护的前提下结合现代城市物质及精神生活需要，赋予历史文化现代意义及活力。现如今，此历史文化片区实现了多处创新发展：一是历史文物的无边界展示。文物不再被封闭起来，在保护文物的前提下，让游客能够与文物近距离"接触"；二是兼顾周边社区、学校和历史片区文

---

[1] 陈曦. 建筑遗产保护思想的演变 [M]. 上海：同济大学出版社，2016：57.

第三章　唐风浩荡：小雁塔广场主题彩塑的历史文化承载及价值彰显　　47

化展示等多重需求，拓宽人行道并结合不同城市功能界面，采用相应的设计策略，为游客与周边居民营造舒适的步行体验；三是小雁塔南广场的建立和完善为人们提供了更加多样、舒适的活动与社交空间；最后，小雁塔历史片区的"绿色"面积充足，大范围的树木生长更是在满足美观的同时，增加了场地内的碳封存量。这种将历史文化遗产的"活化"式保护、城市功能多维度拓展、绿色人居环境全方位营造相结合的发展方式，可谓是真正的"保护式"发展。

二、作为历史文化载体的小雁塔广场唐风彩塑

小雁塔文化片区改造后初步实现了传统历史文化街区空间的现代重塑与活力复兴。通常情况下，人们会见到这样的景象：清风徐来，水波不兴；雁塔晨钟，钟声悠扬；古木绿植，郁郁青青；翠碧湖光中塔影绰绰，绿叶飞檐间塔身古朴……正如小雁塔文化片区改造项目的景观设计 AECOM 所说，小雁塔被轻轻掸去了身上的灰尘，重现风华，引人心往神驰。① 作为改造项目中的唐风彩塑，位于朱雀大街广场，选用展现唐代风貌的绘画及文物为底本，还原了盛唐时朱雀大街繁华的街景风貌。

1. 小雁塔南广场唐风彩塑的主题选择

雕塑作为城市文化精神的产物，在城市文化建设上的地位和作用不可小觑。在城市中布设的雕塑作品主要有纪念性雕塑、主题性雕塑、装饰性雕

---

① 乌冬. 小雁塔南广场的唐风雕塑背后，是一个怎样的盛唐？(2021 – 11 – 01) ［2023 – 2 – 19］. ［EB/OL］. https://mp.weixin.qq.com/s/PipXGgxvilqGfivhy3lA7A.

塑、标志性雕塑、陈设性雕塑、实用性雕塑及其他艺术综合体。① 小雁塔唐风彩塑群属于主题性雕塑，以唐代历史及其时代风尚为反映对象。主题性雕塑通过形象的语言、象征的符号或寓意的手法揭示某个特定环境为主题，在所处位置和周边环境空间中占视线主导，发挥聚焦和统帅作用。② 雕塑通过凝固的三维空间物体给人以视觉刺激，使观赏者能够更好地接受和理解，从而达到构建城市记忆、传递城市主流价值观等目的。在光的作用下，雕塑颜色的选用和调配所构成的整体样貌，使得彩塑视觉效果的呈现更为突出。色彩在艺术创作中作为一种重要的陈述语言，一方面各种不同类型的材料所具有的色泽和纹理被发掘和组合，将创造出具有独特魅力的不同的艺术效果；另一方面，为立体造型赋予颜色能够再现真实，逼真地表现自然物像。③ 雕塑设计在颜色和材质上下功夫，让雕塑自身及环境达成整体统一的效果，也能够让雕塑本身所追求的还原和延续历史、调动思想情感等目标得以更好地实现。小雁塔广场的彩塑群使文物、自然、城市和人共处同一空间，人们将在此环境中与彩塑相处、交流、亲近，乃至产生感情。于朝朝夕夕中，人们望着日出日落中的彩塑百态，彩塑也见证了熙来攘往间的人生万象。

2. 小雁塔南广场唐风彩塑的原型选择

小雁塔文化片区南广场西侧的彩塑共有 8 组，包括"胡人牵驼俑"彩塑 3 组、"牛车出行"彩塑 1 组、"骑马出行"彩塑 1 组、"抬轿出行"彩塑 1 组、"取经"彩塑 1 组、"礼宾"彩塑 1 组。④ 彩塑原型的选择显然是考虑

---

① 周恒，赖文波. 城市公共艺术 [M]. 重庆：重庆大学出版社，2016：20 - 23.
② 周恒，赖文波. 城市公共艺术 [M]. 重庆：重庆大学出版社，2016：20.
③ 章晴方. 公共艺术设计 [M]. 上海：上海人民美术出版社，2007：38 - 39.
④ 乌冬. 小雁塔南广场的唐风雕塑背后，是一个怎样的盛唐？(2021 - 11 - 01) [2023 - 2 - 19]. [EB/OL]. https://mp.weixin.qq.com/s/PipXGgxvilqGfivhy3lA7A.

到与文物、自然、城市和人之间的关系相统一。一是为了表现彩塑所在的小雁塔文化片区西邻朱雀大街，将昔日朱雀大街上繁华的景象"迁移"到当下，能够促成古今对话，唤醒城市记忆。二是彩塑原型的在地性，它们皆是陕西历史博物馆的珍藏。这些曾见证过古长安大唐盛世的馆藏珍品，与现代人有着地缘亲近感，不仅"心熟"，而且"眼熟"。比如"骑马出行"彩塑的原型是《虢国夫人游春图》，虢国夫人是杨玉环的三姐，杨家"一人得道，鸡犬升天"的故事广为人知；"牛车出行"的彩塑中有一个昆仑奴的形象，人们应该会觉得他与热播的电视剧《长安十二时辰》中地下城的葛老颇为相似；还有"礼宾"的彩塑原型《客使图》和"胡人牵驼俑"彩塑群的陶俑原型等，都是陕西本地博物馆中的藏品。

这些流传在故事里、出现在画作里、展出在博物馆里、拍摄成电视剧的符号原型，以形色兼备的彩塑形式出现，人们在视觉和心理上存在熟悉感，让古老的历史更好地融入人们的现实生活中。这些彩塑的原型分别是："取经"彩塑原型是《玄奘负笈图》，也叫《玄奘取经图》，画作现在收藏于日本东京国立博物馆。这幅画是1933年由一位名为欧阳渐的居士在

图 3-1 "取经"彩塑

兴教寺内的石碑上摹刻的线刻画，摹刻的原画经专家鉴定是宋代无名画家所作，被当时在中国的日本僧人带回日本。画中的玄奘慈眉善目，身负书笈，右手执拂尘，左手拄长棍，背后是绵延山岭。画像背后是僧人玄奘跋山涉

水，以求取真经。彩塑中选用"玄奘负笈"，不仅传递了玄奘大师舍命取经的大无畏精神，更能彰显唐代文化交流之盛、佛学之盛、丝绸之路之盛。

"骑马出行"彩塑的原型是《虢国夫人游春图》，这幅画是唐代著名画家张萱的代表作。原画中人物愉悦交谈，马儿脚步轻快，妇人盛装打扮，九人八骑，一幅春日出游图跃然纸上。画作中间两位就是杨贵妃的姊妹虢国夫人和秦国夫人，两人穿着明艳轻薄的春纱，脚着精美的红丝鞋，雍容娴雅地骑着马悠然前行。彩塑以此画作为原型，立体地展现了唐朝女子盛装骑马出游的阵仗，也可回望唐朝后期皇亲贵族们的奢靡日常。

图3-2 "骑马出行"彩塑

"礼宾"彩塑的原型是唐墓壁画《客使图》，又被称为《礼宾图》，共两幅，出土于章怀太子墓，现珍藏在陕西历史博物馆壁画馆。东西两壁各有六个人物。东面壁画上左侧三人是唐朝的官员，身穿官服，头戴巾帻，外加漆纱，足蹬岐头履，手持笏板，似在商谈；右侧三人是外来使臣，前者秃

第三章　唐风浩荡：小雁塔广场主题彩塑的历史文化承载及价值彰显　51

顶，浓眉凹目，高鼻宽嘴，着翻领紫袍，束带蹬黑靴，双手相握于胸前，有专家推测这是东罗马帝国或者波斯的使节；中间一人面庞圆润，头戴羽冠，着红领宽袖白短袍，蹬黄皮靴，双手置于袖中，推测是朝鲜半岛的新罗使节；最后一人头戴翻耳皮帽，着黄领圆袍，披灰大氅，蹬尖头鞋，双手拱于胸前，是来自东北少数民族的使节，可能是室韦族或靺鞨族。[①] 三人均朝北侧的官员拱手致礼，神态恭肃。此图刻画细致，选为彩塑原型可表现唐朝接待外国使臣的情景，以彰显大国风范。

图 3-3　"礼宾"彩塑

"牛车出行"彩塑的原型是画作《牛车出行图》，1973 年考古发掘出土于唐代李震墓。李震是唐初名将、英国公李勣长子，位居大臣之位。图中绘有牛车一具，一位虬发赤足者站在牛车旁，牛车后有三位侍者随行。其中拉车的牛值得注意，原画和雕塑中都体现了此牛项部凸起，双角弯曲，四肢发达。从颜色对比上看，牛轭明显置于牛项部隆起的前面，可见这只牛是一只

[①] 张全民. 文物精粹 [M]. 西安：西安出版社，2018：113.

峰牛，并且御牛的驭手与唐代陶俑中的昆仑奴形象相似。作为当时东西方文化交流的商品，此品种的牛和昆仑奴皆属于贵族阶级，是丝绸之路贸易和文化交流的证明。

图 3-4 "牛车出行"彩塑

"胡人牵驼俑"彩塑群的三座彩塑的原型不是画作，而是来自唐代的陶俑。其中，牵驼的彩塑原型"彩绘胡人牵驼俑"1974 年出土于咸阳市的契苾明墓，现珍藏在陕西历史博物馆。彩塑里的胡人头戴幞头，两眼圆凸，高鼻大口，络腮大胡，是一个典型的胡人形象，右手半握牵着载货的骆驼。彩塑群中有一位袒腹的胡人，原型是 1960 年永泰公主墓出土的"三彩釉袒腹胡人俑"。这位胡人头发中分扎辫，浓眉大眼、宽鼻，绿色皮裘大开，袒胸露腹，是一个开放豪迈的胡人形象。最后一位彩塑的原型是西安韩森寨出土的"三彩胡人牵马俑"。这位胡人同上一位胡人一样头发中分扎辫，着窄袖胡袍，与波斯人容貌相似。这位胡人牵马俑本应牵马，彩塑群却选择为这位胡

第三章　唐风浩荡：小雁塔广场主题彩塑的历史文化承载及价值彰显　53

人配了一匹骆驼。考古学教授齐东方撰文认为："骆驼由胡人牵引，满载货物用具，它们的形态、组合、驮载的物品等，暗示着当时社会的变迁和人们观念的更新，其图像成为'丝绸之路'的象征。"① 设计者未明其意，笔者认为这个理由可以进行部分解释，以实现彩塑群形象整体的统一和其意义的统一。

图 3-5　"胡人牵驼俑"彩塑（1）　　图 3-6　"胡人牵驼俑"彩塑（2）

图 3-7　"胡人牵驼俑"彩塑（3）

① 齐东方. 丝绸之路的象征符号——骆驼 [J]. 故宫博物院院刊，2004（6）：6-25+156.

"抬轿出行"彩塑暂未找到其历史原型出处。这组彩塑由八人组成，四个男侍抬轿，轿子里面坐着一位贵妇，左右两个男侍扛木撑，后面一位侍女手捧东西。这幅彩塑描绘了一位贵族女性日常出行的场景，一人出行，七人陪侍，可见其奢靡程度。这座彩塑贴切地展现了唐朝的社会风貌，还原了朱雀大街繁华街景的主题，即便没有历史原型，放在彩塑群中也不显突兀。唐风彩塑群栩栩如生，颜色以灰色为基调，服装等装饰为彩色，贴近小雁塔古朴清幽环境的同时，铺展出一幅盛唐画卷，让人们一览唐朝风华。

图3-8 "抬轿出行"彩塑

3. 作为历史文化载体的唐风彩塑群

作为三维的"人造物"雕塑，从"物"的属性来看，是某一时间和空间下的自然物在人对话交流的基础上由人想象，并将其自然物化的结果。在《奇云：媒介即存有》一书中，伊尼斯指出：任何复杂的社会中，媒介是在社会中管理时间、空间和权力的某种物质。① 从这个意义上来看，雕塑的媒介性就在于它连接人与自然，即作为主体的人的感受和体验，进而把握、发现和创造空间与时间的关系。雕塑作为媒介、作为意识与思维的对应物，或者材料化的"意符"进入人们的意识中。随后，雕塑又成为文化象征符号而进入人类的思维系统中。② 作为艺术的一种表现形式，雕塑是一种反环境，它能够在现有的环境中通过其固有的形式观察曾经的环境，并由此实现古今对话的中间媒介作用。雕塑具有三维性、物质属性和长期性等特点，可以实现长时间、反复的近距离观察，甚至可以触摸，既能承载内容，同时也能够实现内容的传承。"指事绘形，可验时代"，艺术作品往往通过艺术形式反映一定的社会生活，实现"成教化、助人伦"的重要功能。彩塑突破其原型出处的画作和文物，进行色彩或立体呈现的视觉效果补充，让一个时代的风尚在雕塑所表现的衣着装束、面容神态、佣人行车等各方面凸显出来。小雁塔广场的唐风彩塑就是通过公共开放的城市雕塑，使人们一睹封建社会的鼎盛时期——唐朝之卓然风采。

玄奘负笈西行提高了佛教的地位。选用"玄奘"彩塑，是因为玄奘对于中国佛教的发展意义重大，被称为"中国佛学界第一人"，他使长安也在当时一跃成为世界佛教的中心。日本、韩国的僧侣纷纷慕名而来，实现了中国佛学向外传播。唐代佛教兴盛，不仅帝王崇信佛教，广大平民百姓也崇佛、信佛。京师长安不仅是当时的政治、经济中心，也成为文化中心，佛教寺院星罗棋布，与这些佛教寺院有关的活动丰富多彩，显示了佛教影响下长安城独

---

① 约翰·杜海姆·彼得斯. 奇云：媒介即存有[M]. 邓建国，译，上海：复旦大学出版社，2020：23.
② 隋建国. 作为"造物"的雕塑[J]. 美术观察，2018（12）：52-57+161.

特的文化面貌。[1] 为了彻底解决佛教的翻译问题，玄奘毅然决定西行求法，他沿途大力推广、宣传中国文化，强调在中国推广佛教的重要意义。即便在路途中多人劝阻玄奘留在当地，但他坚持回归中土传道。玄奘是中国僧人的一个缩影，坚持真理、热爱正法、誓愿宏深，实践菩萨戒行、上求下化，以至于忘掉个人的利害得丧、苦乐荣枯，乃至把身心性命全部交予佛法和一切有情，舍弃一切，因而成就一切。这是大士的具体表现，也是人们学习效法的模范典型。[2]

王室的富贵奢华让唐代女子真容再现。"骑马出行"这组彩塑是杨贵妃的姐妹们春日出游的景象。杜甫有《丽人行》诗云："三月三日天气新，长安水边多丽人。态浓意远淑且真，肌理细腻骨肉匀……"诗词与《虢国夫人游春图》相得益彰，展现了当时唐朝贵族女人的日常生活一景。张萱笔下这幅图的创作时间是天宝十四年"安史之乱"的前几年，唐玄宗在位的晚年时期，唐代贵族极为荒淫骄纵。这组雕塑展现出来的情状可见当时贵族生活和"顶流"女性那种常人所不能及的历史一幕。如一行人所骑的马匹，"马尚轻肥"，马鞍为"金银闹装鞍"，锦绣障泥，五鞘孔绦带，华美精致。[3]三位贵妇圆脸丰颊，体态丰腴，具有唐人仕女的造型特征，表现出唐人独特的"丰肥为美"的审美倾向。唐时长安的社会风气相对开放，三位贵妇着无领短衣，袒露胸口，露髻驰骋，美丽的面庞和丰腴的体态尽情地展现在明媚的春光中，破除了上流社会妇女出行时掩体遮面的封建规矩。从"抬轿出行"和"骑马出行"这两组雕塑中皆能看到：晚唐时期，女子们已经实现

---

[1] 袁欣. 唐代佛教影响下的长安城市生活——以佛教寺院为中心 [J]. 佳木斯教育学院学报，2012（3）：72-73.
[2] 王恩洋. 王恩洋唯识论著集 [M]. 武汉：崇文书局，2018：181.
[3] 薛晔.《虢国夫人游春图》与大唐天宝时期的几种社会风尚 [J]. 浙江艺术职业学院学报，2004，2（3）：99-104.

第三章　唐风浩荡：小雁塔广场主题彩塑的历史文化承载及价值彰显　57

了头上全无遮蔽就能出行，这充分体现了唐人思想开放，也反映了唐代妇女对传统礼教统治和束缚的挣脱。还有女性骑马之风、女扮男装之风的盛行，都体现了唐代女性对封建伦理道德的挑战。

四海万国来朝可见唐代盛世风范。"礼宾"彩塑中由三位唐朝官员和三位使者组成，雍容大气，儒雅淡定，气宇轩昂；五湖四海的使者们，有人内心焦急不安而显露在脸上，有人内心忐忑而举止含蓄恭谨。这组传神地表现人物神韵及心理的雕塑，刻画了唐朝官员接待外国客使"宾礼"的场景，反映了唐王朝和各民族的友好关系。唐朝时期，唐太宗推行"爱之如一"的平等政策。史载武则天曾在麟德殿宴请吐蕃使者，但那应该不是礼仪制度的规定，而是为了笼络吐蕃，显示亲近而做出的特殊待遇。① 据《大唐六典》记载，当时"七千余藩"都与大唐有着政治、经济、文化及商业贸易的往来关系。② "礼宾"这组雕塑便展现了"九天阊阖开宫殿，万国衣冠拜冕旒"的盛况，也展现了唐朝时期中国进行的外交活动，极具大国威仪。

丝绸之路的商队纵横显示文化的自信开放。小雁塔的彩塑群中多有外来使臣、牵驼俑、昆仑奴等来自西方的形象，这些符号是丝绸之路上货物流通和东西文化互通的见证。唐朝是我国封建社会的鼎盛时期，人民物质生活水平和精神思想高度都抵达高峰。丝绸之路的开通极大促进了中西方之间的贸易往来。大量商队活动在丝绸之路上，通过满足西方世界对中国丝绸的向往以及中国对西方珍奇的需求来赚取最大的商业利益。③ 丝路商队的负重常常由号称"沙漠之舟"的骆驼承担，"骆驼""胡俑""峰牛"等都是丝绸之路的象

---

① 赵超. 唐章怀太子墓壁画《客使图》补考 [J]. 考古, 2020 (6): 108-120.
② 王维坤. 丝路来使图为证 读唐章怀太子墓"西客使图"壁画 [J]. 大众考古, 2015 (2): 48-51.
③ 尤静. 胡俑-丝绸之路民族融合的缩影 [J]. 读者欣赏, 2016 (9): 70-77.

征符号。"昆仑奴""峰牛"等属于丝路上贸易的商品,"胡俑""骆驼"的组合是丝路沿途的商人。彩塑将这些历史符号聚集为丝路东西方交流的国家形象,这是东西方国家贸易往来中双方对彼此珍奇的期待和需求,更是思想观念和不同文明的碰撞和交融,从而孕育出了开放包容的以"胡汉"相融为特色的唐文化。① 如此博大精深的传统文化,早已融入中国人民的价值体系之中,深植于中国人民的血液中代代相传,是中国人民优秀深沉的精神力量。

三、作为公共艺术的小雁塔广场唐风彩塑及其价值彰显

作为历史文化载体的小雁塔唐风彩塑,以艺术为中介沟通古今中外。与此同时,它还是一种设置于广场之上的公共艺术,以其公共艺术所具有的鲜明特性,吸引公众观赏、讨论、评价、批评等。小雁塔唐风彩塑艺术的公共性由如下几部分构成:

1. 场域性

这一概念最早由法国社会学家皮埃尔·布迪厄提出,他认为"一个场域可以被定义为在各种位置之间存在的客观关系的一个网络,或一个构型"。② 在公共艺术研究当中,场域一般指的是一个城市在地理环境、历史文化、民俗民风等因素影响下而形成、演变的一种特有的场合氛围,这种场域不仅仅体现在物理环境上,也体现着城市文化与精神空间的构建。公共艺术的场域性意味

---

① 冉万里. 唐代的峰牛俑——骆驼俑、胡人俑之外又一"丝绸之路"的象征符号[J]. 西部考古, 2017(3): 234-260.
② 皮埃尔·布迪厄, 华康德. 实践与反思:反思社会学导引[M]. 李猛, 李康译. 北京:中央编译出版社, 1998: 134.

着公共艺术在建设过程中，无论是设计、选址、形式、规划、实施都需要考虑所在城市的"场"，只有与所在的场地相结合的时候，公共艺术才会有实际意义。

小雁塔唐风彩塑以唐代画作和唐代陶俑为原型，共有8组作品，这些彩塑色彩华丽，个性突出，栩栩如生，极具盛唐风韵。无论是骑着马风姿绰约、雍容华贵的王室夫人，拱手躬身的外国使臣，负笈西行取经的玄奘，还是牵着牛车任劳任怨的"昆仑奴"，手牵骆驼、袒胸露腹的胡人，毕恭毕敬的侍从、侍女们，都在为我们展现大唐盛世的繁荣景象。这些彩塑与建于唐中宗时唐代安仁坊内已有一千三百多年历史的小雁塔形成完美的古今组合，分别见证了古长安历史风云与当下西安的繁荣昌盛，是城市地域特征及历史文化熏陶和浸透下的地标性艺术设置。小雁塔唐风彩塑的"再现盛唐"是对小雁塔历史文化的展现，更是对西安历史和当下文化的展现。此时，这些彩塑不再只是公共艺术，而是小雁塔文化内涵的一种象征，这是彩塑与西安特有的历史文化的结合，也是艺术与场域的一种结合。

2. 公共性

公共艺术的核心特征之一是公共性。所谓公共性有双重含义，一是指公共艺术需置身于公共空间，可以自由参观，区别于私密的、私人的和架于殿堂的艺术形式；二是指公共艺术有别于纯艺术，需要面向大众，服务大众，走进大众视野，并被大众所接受。因此，公共艺术需要承担起一定的社会责任，承载着文化、审美、教育等人文和社会方面的功能。卡斯帕尔·昆尼悉说过，最好的公共艺术是雪人，人人都喜欢堆雪人，人人都能与此有所关联，然后又消失在大自然的背后。① 可见，公共艺术不只是单纯意义上的艺术作品，而是向大众提供一个审视城市、审视社会的新视角，它给予人们参与城市建设和资源共享的权利，将人类和城市紧紧联系在一起。

小雁塔广场唐风彩塑因置身于公共空间而获得物理空间上的公共性。因其置身于公共广场，没有聚光灯的照耀，也没有高栅栏和玻璃罩的保护，为公众提供了参与互动的条件和机会。在日常生活中，人们在广场休闲娱乐，一边欣赏彩塑，一边放松身心；到了周末，这里更是小朋友们游玩、打卡的胜地。任何人都可以通过进入小雁塔唐风彩塑所在的公共空间，品味西安特有的文化底蕴、审美情趣和价值关怀。小雁塔唐风彩塑以唐代画作和唐代陶俑为原型，它不仅仅是文化与艺术的结合，其背后更是人民对自己城市文化深深的认同。某种程度上讲，小雁塔唐风彩塑向大众提供价值认同、文化认同，又是大众追求精神共鸣的意愿体现。

图3-9 小雁塔广场彩塑与游客产生互动

---

① 闫琳琳,对城市公共艺术新表现形式的初探 [J]. 美与时代（上半月），2012（1）：64-66.

3. 审美性

公共艺术作为一种特殊的艺术作品，审美性是它必须具备的条件，具体可分为形式美和意象美，二者缺一不可。形式美指的是公共艺术通过色彩、材料和造型等外部形式而达成的一种可直接观察、感受到的外在美。小雁塔唐风彩塑色彩华丽，场地开阔，数量多、规模大，整体气势恢宏，每一个人物的刻画都无比生动，个性突出，仿佛是从历史画卷中走出来的。万国来朝、西域取经、骑马郊游、骏马飞驰，一幅幅盛唐景象展现在人们眼前，栩栩如生，直观地给大众带来视觉上的享受。这是小雁塔广场彩塑形式美的体现。同时，小雁塔唐风彩塑也具有公共艺术审美性上的意象美。这是指在意象思维和意象造型为指导的造型结果中"只可意会，不可言传"的美的体验，也是在中国历史发展进程中逐渐形成的审美特点。公共艺术的意象美常常与作者的创作立意以及作品背后蕴含的人文、文化内涵有关。对于小雁塔唐风彩塑而言，彩塑背后的历史渊源是其意象美的重要来源，几乎每一个彩塑形象都能找到历史原型，正如前文所述，"骑马出行"彩塑的原型是唐代著名画家张萱的代表作《虢国夫人游春图》；"牛车出行"彩塑的原型是唐代李震墓出土的《牛车出行图》；"万国来朝"彩塑的原型来自章怀太子墓的壁画《客使图》……作为"关中八大景"之一的小雁塔本身就极具历史文化内涵，在这样一个环境下再设立、摆放八组具有历史原型、栩栩如生的彩塑，就形成小雁塔与彩塑、环境与人物之间互相映衬，互相呈现的艺术整合体。置身于此，历史景象仿佛穿越时空，与今人来一场古今相会，彼此之间相互浸润，令人万般感慨。这种美感是不同于造型、色彩带来的视觉欣赏，这种美感是感官享受与心灵触动的结合，让人难以忘怀。

作为城市公共艺术的彩塑群在其场域性、公共性与审美性的基础上还彰显了独有的价值：

一是城市文化的表达与传承。公共艺术作为一种外显的艺术作品，有着表达和传承城市文化的功能，在创作时便提出了要求，即公共艺术的设计不能缺少城市的文化与精神，只有在创作中融入城市文化与精神，创作出的艺术作品才具有灵魂。反之，即使再精致也不能给人留下深刻的印象。因此，公共艺术是城市文化的重要组成部分，也是城市文化表达的重要符号和载体。一个城市可以通过公共艺术来展现自身的价值观念和历史文化，从而使城市文化得以传播、形式更加丰富。

公共艺术是一种文化载体。西安是十三朝古都，是中华文明和中华民族的重要发祥地之一，也是世界四大古都之一。西安的历史文化底蕴非常深厚，曾见证过琳琅满目的物质文明，也曾创造出生机勃勃、灿烂辉煌的精神文明。小雁塔作为古长安遗留给西安的标志性建筑，是西安重要的历史文化遗产，它真实反映了初唐时期长安地区的建筑艺术成就，其本身也是体现丝路文化和佛教文化价值的重要载体。小雁塔南广场上的唐风彩塑就是在这样的环境下被创作出来的，它的身上既承载着西安这座城市特有的的历史文化色彩，又继承着小雁塔独有的佛教文化、唐文化和丝路文化，是对西安和小雁塔历史文化的重要传承。同时，小雁塔唐风彩塑又不同于小雁塔本身。小雁塔是特定历史文化条件下的产物，是初唐时期城市历史与文化的见证。而小雁塔唐风彩塑是艺术家还原唐文化的现代作品，它既承载着场所的历史，又反映着现代城市特有的人文精神，是古今碰撞的艺术呈现。小雁塔唐风彩塑不仅表达着西安和小雁塔的历史文化内涵，更体现着西安在历史熏陶下形成的特有的成熟而内敛、睿智而不张扬、现代且开放的城市精神，是古与今的相会，是传统文化与现代精神的结合。可见，小雁塔唐风彩塑是艺术，更是文化载体，它一方面记录且保存着城市的历史与记忆，另一方面又将这种城市文化表达、传播出去，成为城市风格特色的写照。它彰显了历史文化、人文思想、城市精神，是城市生活的一部分，是现代城市的精神象征与标志，更是支撑城市发展的精神力量。

二是凝聚公众情感的纽带。每一座城市的历史文化、发展脉络以及人文特色不同，公共艺术总能以它的方式记录、保存着这座城市的传统与记忆，并将其融入城市生活和发展建设当中，成为现代城市文化的组成部分。公共艺术不仅仅是美化和装饰城市的艺术作品，也是一种与公众紧密联系的艺术形式，它可以通过艺术的表达，让观赏者直观地感受地域特色，感受艺术作品背后想要表达的城市文化与精神，从而在人们心目中留存城市文化意象，再通过这种城市场域氛围与城市精神强化其文化身份，激发市民心中的文化认同与归属感。这种文化认同与归属感是现代居民建设城市的精神动力，并在一定程度上增强市民的幸福感与凝聚力。因此，从这种角度来讲，公共艺术是凝聚市民情感的纽带。

小雁塔唐风彩塑色彩丰富艳丽，气势恢宏大气，以唐代画作和陶俑为原型，刻画出一个个栩栩如生的人物形象，向大众展示了大唐盛世的繁荣景象。这些彩塑置身于公共广场，让历史文化传统与人们的现实生活交相重叠，使人们不自觉地联想到西安作为千年古都所见证过的璀璨文明。当看到唐朝人们的穿着打扮及生活场景，又会不由自主地与现今自己的日常生活进行联系和对比，思绪与情感在历史与现实中来回切换，留在人们心中的是对西安历史文化的赞赏和认同，进而增强了人们对于城市历史的情感认同，以及归属感和幸福感，此刻的人与城市是紧紧联系在一起的。

三是公众审美的指路标。美学家宗白华认为："美，不但是不以我们的意志为转移的客观存在，反过来，它影响着我们，教育着我们，提高生活的境界和情趣。"① 任何好的公共艺术应该成为引导公众审美体验的方向标，它引导公众发现美并超越美。公共艺术的审美价值一方面体现在公众通过欣赏公共艺术，从而获得赏心悦目的审美体验，另一方面体现在公共艺术对公众审美境界的塑造、审美情操的陶冶和审美能力的提升。

公共艺术作为置身于公共空间的一种重要的视觉或视听艺术形式，其本质还是艺术。因此，公共艺术首先带给公众的是视觉美感和审美愉悦。小雁塔广场中设置的八组主题鲜明的唐风彩塑，人物刻画都无比生动，无论是妆容、服饰，还是神态、动作，都刻画得惟妙惟肖。比如"骑马出行"彩塑中的虢国夫人，只见她双手握缰，体态丰腴，鬓发浓黑，高髻低垂，披着白色花巾，身穿淡青色的窄袖上衣和描金团花的胭脂色大裙，裙子下面微微露出来的绣鞋，轻轻地踩在金色的马镫上。仿佛一眨眼，她就要活过来，邀请人们与她一起出行游玩。这样的视觉盛宴令人震撼。

同时，公共艺术也是一种与公众紧密联系的艺术形式，人们在与公共艺术进行互动交流的过程中会受到来自公共艺术的影响，它会塑造人们的审美境界，从而潜移默化地影响人们对美的感知能力和创造力。通过欣赏公共艺术可以洗涤心灵、陶冶情操，从而培养人们积极乐观的审美态度，获得发现美的眼睛，感知美的心灵。小雁塔唐风彩塑是对唐文化、宗教文化、丝路文化的外显表达，这些彩塑提醒着人们，自己所在的城市曾经出现过如此璀璨的人类文明。在奔流不息的时间长河中，历史的魅力经久不衰，欣赏这些彩塑能够引起人们对历史、对文明的思考，让人们学会品味、欣赏历史的美。

四是公共教育的渠道。人类是社会性动物，社会环境往往会对人产生深远的影响。公共艺术作为面向公众的艺术形式，其自身有着强烈的历史性、人

---

① 宗白华. 美学与意境 [M]. 南京：江苏文艺出版社，2008：7.

文性和启迪性。公共艺术往往记载着社会历史，又或是社会文化、城市精神的沉淀，欣赏公共艺术可以让我们缅怀历史、传承文化，并从中得到启迪，继而提升个人的思想认识和精神认知。雕塑作为公共艺术的一种形式，静态且固定地出现在人们的生活中，具有较强的隐性教育功能，即不同于人们在学校里被动地接受教育，雕塑带给人们的教育是主动认知且"润物细无声"的。

小雁塔唐风彩塑以唐代画作和陶俑为原型，有着极强的历史性特征。"骑马出行"和"牛车出行"彩塑背后展现的是大唐盛世繁荣昌盛的景象以及气度雍容、包容开放的社会风气；"玄奘取经"彩塑展现的是唐朝浓厚的佛教文化；"胡人牵驼"展现的是唐朝开放与包容的社会文化；"礼宾"彩塑则重现了万国来朝，是大唐盛世"九天阊阖开宫殿，万国衣冠拜冕旒"最为直观和真实的写照。小雁塔唐风彩塑的主题不同，但又合为一个整体，共同讲述着大唐盛世的故事。每一组彩塑都可以在历史中寻找到原型，找到典故，活像一本色彩艳丽又生动形象的历史教科书。通过欣赏这些彩塑，人们遨游其间，在学习与品鉴历史中完善自我。

四、小雁塔广场唐风彩塑的未来愿景

现代城市空间是在人与自然环境的共同作用下形成的。与其他空间相比较，城市空间所具有的元素更为多样化。在建设打造城市公共空间的过程中有如下几方面仍需思考：

一是艺术风格呈现的整体性。彩塑艺术的创作与设置能够起到传递信息、表达情感以达到互动沟通等目的，同时还能够科学有效地扩展城市文化精神空间，实现对人的良好教化作用。城市彩塑与人之间的有效互动需要依托于城市空间环境。当创作者在设计城市彩塑艺术作品时，必须充分考虑到城市具体的空间环境，将区域特色文化与审美需求融入雕塑艺术作品的优化设计中，以此打造出符合公众审美理念与城市环境特点的经典雕塑作品。以小雁塔广场彩塑为例，既要考虑到西安的历史文化特色，也要参考小雁塔的周边环境，诸如西安博物院、体育场、居民区等，在与历史文物、建筑相呼应的前提之下需要接"地气"，以满足公众休闲娱乐、审美等需求。因此，在选择相关的图画进行创造、演绎的过程中，有序地营造出整体性的艺术风格依旧是小雁塔广场上城市公共艺术未来建设需要考虑到的细节。

除此之外，公共艺术中城市彩塑创作给人们带来的视觉感受、触觉感受等都能够促使城市精神与特色变得更加生动鲜明与直观清晰，能够真实完整地反映出这座城市的文化追求与深层次内涵。就如同小雁塔广场彩塑一样，以唐朝的文化交流、经济建设等内容为素材进行创造，充分彰显出唐长安城的繁荣昌盛，塑造出生动鲜明的西安品牌形象，实现良好的对外宣传推广作用。

二是传播要素的互动性。城市公共艺术中的彩塑与人之间的互动方式主要包括两种：一种是从感官层面引发的人与彩塑之间的感知反应；另一种则是从心理层面引发的表现在人们的行为举止中的行为互动。具体来说，在公共艺术创作的过程中，创作者首先会将个体自身的人生经历与文化积累，以及丰富情感融入作品之中。每个独立观赏的个体在阅读与鉴赏彩塑时，会投入自己全部的审美经验，使之成为专属自己的"那一个"。这就促使创作者与观赏者的情感表达变得更具多样性与生动性。

城市公共艺术中的彩塑与人类情感的互动通常在三个不同要素之间展开，它们分别是创作主体、客体或互动媒介、观赏主体。彩塑创作者将自身文艺素养积累、内心情感传递、设计理念表现以及对城市公共艺术的创作态度等，通过对特定材料的艺术转化使之成为占据一定物理空间的艺术"实体"——彩塑作品。彩塑作品既作为有待观赏主体欣赏的艺术客体，也以沟通创作者与观赏者的媒介物——互动媒介而存在。在解读小雁塔彩塑艺术作品的时候，公众通常会将自身内心情感以及个人亲身经历融入其中，与创作者在思想情感表达方面产生某种共鸣。形成共鸣的互动媒介就是彩塑作品本身，它们作为公共艺术体系中的一种重要符号载体，是创作者与接受者之间的核心互动媒介、纽带与桥梁，能够促使它们两者之间产生情感交流互动。因此，城市公共艺术中的彩塑需要把握这三个要素之间的信息传递，作为主体的创作者首先就需要将自己的想法见诸艺术作品之上，同时也需要思考能不能通过艺术作品传递自己想要表达的内容。作为客体的接受者是一种流动的因素，当接受者主动打开与艺术品相互交流的通路，才能够达到一个有效接受的目的。

　　三是教育意义的拓展性。在不同的城市之中，我们会发现城市公共艺术中的彩塑都会凸显出一个特定的主题，这种主题既与该城市的著名历史人物、事件有关，也会体现出城市的现代特点。但部分城市的彩塑作品最为显著的特征就是带有一种庄严感，在细节之处无疑会给人带来一种凝重沉静的氛围，让城市居民与游客对彩塑产生一定的距离感。反观那些带有互动性设计的彩塑作品，无论是在主题还是在艺术形式上，充分考虑到人们对彩塑作品的接受程度和审美需求，促使人们与公共艺术中的城市彩塑产生近距离的互动与探知行为。城市公共艺术的创作者综合运用写实、夸张以及重构等设计手法，将具有良好互动性的雕塑设计转变成一种亲近人们实际生活的艺术形式，使互动性的彩塑相较于传统彩塑更加平民化，表现出更为良好的亲和力，能够被广大民众所接受认可，并对其产生接触的兴趣。小雁塔广场唐风彩塑的创作者选择了代表着盛唐时期的历史事件与名画作为灵感进行创作，虽然题材是较为严肃的，与西安博物院等相呼应，但是所选择的历史事件与名画中有人们所熟知的玄奘法师、《虢国夫人游春图》和《车牛出行图》等极具动态美感及生活气息的素材，通过彩塑的立体展现更能够为其增添艺术张力。

小雁塔广场唐风彩塑的互动性为其教育功能的实施奠定了坚实的基础。人们在广场上与这类带有历史底蕴的彩塑进行近距离接触，在对其展开艺术欣赏的同时，更能够发挥出实用性功能——教育。在与彩塑艺术及以此为中介的其他形式的互动中，人们主动、自发地了解彩塑背后的历史故事，感受西安历史文化的底蕴。仍需要注意的是，在小雁塔广场彩塑的周边并没有设置相关的讲解介绍牌，这就意味着需要居民、游客自己进行搜索了解，这一环节就给该彩塑教育意义的拓展带来了阻力。因此，如何更好地展现小雁塔广场唐风彩塑的教育意义，还需要设计者从细节上进行充分把握，在做到娱乐人民、增添审美情趣的同时，更广泛、深入地拓展其教育意义。

五、结　语

现如今，小雁塔历史文化片区已经成为西安市的一张名片，悠久的历史文化与现代建筑交相辉映。而位于其中的公共艺术空间——小雁塔广场主题彩塑，更是让小雁塔历史文化片区在拥有教育功能、审美功能的同时，提高游客的互动、交往性，为西安市民、游客提供了休闲娱乐的场所，让西安这座古都的历史文化如涓涓细流一般渗透进人们的日常生活之中。在未来，如何建设好小雁塔历史文化片区以及位于其中的城市公共艺术空间，需要社会各方的努力，在留住历史味道的同时，找寻现代化与便民化的创新建设方式。

第四章　大唐魅夜：
不夜城公共演出的文化内涵及其价值发挥

　　自有城市以来，城市文化建设就是一个重要的课题。城市中的各种公共艺术作品生动地反映了其历史积淀和发展。西安作为十三朝古都，在中华文明的历史页面上留下过浓墨重彩的一笔，尤其是全盛时期的唐朝为中华文化增加了丰厚的底蕴。从 2018 年大唐不夜城步行街正式开放以来，公共演出就作为它的各项文化活动中重要的组成部分，逐渐成为西安这座城市的标志性文化符号，并不断吸引着各地公众前来观赏。

图 4-1　大唐不夜城夜景

一、大唐不夜城的地缘背景与文化选择

西安有着多年的建城史与建都史。西周、秦、西汉、新莽、东汉、西晋、前赵、前秦、后秦、西魏、北周、隋、唐十三个王朝都在此地建都。作为标志性的封建王朝——唐朝，这个中国历史上著名的盛世王朝更是被铭刻在西安的地砖城瓦上。新建的大唐不夜城声名远扬，作为宣扬此地特色的重要内容之一的公共演出也因此被人们重视。唐文化融入歌声舞曲、曼妙身姿与逗趣的花车之中。唐朝著名诗人李白用诗词带领前来的旅客"梦回盛世大唐"。公共演出能够以一种独特的形式带给游客沉浸式的体验，在当下数字媒体快速发展的时代给人真实质朴之感，也正是这种真实、可触摸、可闻可见给予了大唐不夜城生命，使其文化内涵能以这种逼真的方式显现。

图 4-2 大唐不夜城年味灯展

1. 景观规划与舞台建构

据历史记载，唐初期远未到达繁盛的地步。李世民执政后唐王朝才盛况初显，"贞观之治"的到来，唐朝国力大大提升，威震四海，甚至外族首领也要尊称唐太宗为"天可汗"；到了高宗时期，其承贞观遗风开创了"永徽之治"，进一步夯实了国家实力；在女帝武则天手中，"以周代唐"的她完善了科举制度，在选拔贤能中推动了选官制度的发展；到了唐玄宗时期，以文治国，提倡文教，并且任用贤能，开创了"开元盛世"。在这期间，出现了"诗仙"李白、"诗圣"杜甫、"诗佛"王维等著名诗人，为后世带来了持久的文化影响。

大唐不夜城以历史文化为依托，对其进行理解、选择、诠释，将旅游资源和文化产品融为一体来表达对历史文化的高度尊重，并让其重放异彩。大唐不夜城由玄奘广场、贞观文化广场、开元庆典广场三个主题广场，六个仿唐街区和西安音乐厅、西安大剧院、曲江电影城、陕西艺术家展廊四大文化建筑组成。在其规模上，再现盛唐长安第一街——朱雀大街的宏伟气势。整条街道以整体景观轴线为主，体现历史的传递性。其中，"开元广场"是大唐不夜城中轴线的景观高地，南北长161米，东西宽78米。广场上设立着"开元盛世"群雕和8根LED蟠龙柱。寓意九五之尊的李隆基雕塑高4.59米，矗立在巨大的圆形龙壁前，尽显帝王之姿；第二层是唐玄宗最器重的6位重臣以及20个番邦使节；第三层是42个乐俑手持各种乐器尽情演奏，景观壮美恢宏。

大唐不夜城的公共演出就在这样一个氛围感十足的舞台上展开，锦上添花的效果实属必然。其中令人印象深刻的是《长安十二时辰》，以打更人出场到皇帝迎贵妃收尾，演员们各成一个体系，在街上游走表演，为公众展示

"唐朝人"的一天，并且中间有恰到好处的节奏停顿，随着音乐歌曲的变化演示着一天时间的流逝，带给公众更加真实的"在场时空"的鲜活感受与沉浸式的体验。

2. 文化表达的象征符号选择

象征符号是人们逐渐积累的，具有典型特征，并代表某种事物相应含义的标志性记号。唐朝的繁盛体现在经济、文化、社会发展等多方面。在大唐不夜城的公共演出中，首选的表征符号是诗词，并以此来表达盛世的繁华。如《华灯太白》演出中，"李白"从一个写满诗词歌赋的灯笼中缓缓上升，并出现在公众眼前，他手拿折扇，仰天长啸，在美酒花灯下畅然对诗。"李白"以自己脍炙人口的诗词《宣州谢朓楼饯别校书叔云》开场，"抽刀断水水更流，举杯销愁愁更愁"唤醒了众人心中对于李白诗词的记忆。随后，"李白"更是在花灯上与宾客吟诗互动，吟唱的都是家喻户晓的诗词，足以引起人们强烈的"文化共鸣"，并创造出因诗词文化激起的公共回忆所生成的共通的意义空间。在这样的场景建构以及氛围感染之下，与"李白"共同吟诗很容易达到其想要达到的"时空在此交错"的场景效果。吟诗过后，"李白"还会和台下的观众进行更进一步的互动，以古人之姿问候后世之人，使在场者有一时穿越千年之感。还有，李白为杨贵妃所作的"云想衣裳花想容，春风拂槛露华浓"的诗句，瞬间将人的思绪拉回大唐盛世。在思绪畅游古今之间，只见"李白"仰天长叹、潇洒退场。舞台道具和其扮演者的交相呼应，给人们带来一种代入感极强的观感体验，再加上扮演者与观众间的积极互动，更能加深观众对《华灯太白》这个节目的印象。

3. 情景交互中的知识科普

大唐不夜城的公共演出格外重视与观众的互动，《盛唐密盒》更是以幽默

第四章　大唐魅夜：不夜城公共演出的文化内涵及其价值发挥　73

风趣的形式将观众互动与文化知识科普结合在一起。开场形式悬念骤起，"未见其人先闻其声"，两个身着唐朝官服的人在"密盒"中交代背景进行铺垫——"陛下要在大唐寻找能获取宝物的天选之人"，然后密盒开启，两人上台，并在其中穿插各种有趣的小笑料。如在对话中，一位官员运用了"yes"作为回答，然后说自己去过波斯。以这种轻松有趣的对白引起观众们的兴趣后，再转入正题：要找能够获得陛下宝物的天选之人，必须回答他们的三个问题。这一段表演非常考验演员随机应变的能力，因为他们根本就不清楚下一个上台的观众参演时会产生什么样的效果，这就需要很强的控场能力。台上的两人会随机从题库里抽取历史、文化、地理相关的题目询问上台的观众，甚至还能根据上台观众的年龄去改变题目的难度和范围，能够在一定程度上避免冷场和尴尬。这个节目的重点就在于演员和观众间有趣的互动，对演员有很高的要求，不但要保持古人之姿而且还要熟知当下的各种网络用语和"梗"，有点儿像现在相声的形式。两个演员在台上要适当地"抖落包袱"，引起笑料。不过值得商榷的是，在演员们所提到的问题中，很多不仅仅是关于唐朝时期的，还有明朝、清朝小说的相关问题交叉其中。虽然都是历史问题，都能够进行文化知识的科普，但难免会有"串烧"历史之感。

图4-3　大唐不夜城网红演出《盛唐密盒》

4. 真人提线木偶以吸引眼球

《提线戏曲》是一个非常有观赏价值的节目：演员颜值高，服饰华丽，表演形式新颖——一个男性演员扮演提线者，一个衣着京剧服饰的女子扮演木偶傀儡，以京剧的片段为背景音乐摆弄造型。这个节目形式新颖，短小精悍且自成一体。但缺点是内容不够丰富饱满，未能体现盛唐之景象，是一个适合游客拍照打卡的商业性较重的节目。

二、表演形式与历史文化元素相融合

大唐不夜城的文化演出表演形式多样，各类节目以大唐盛世的历史背景为创作基础，结合盛唐时期的文化元素，既创作出展现大唐盛世繁荣的大型节目，也有突出盛唐时极具异域风情的特色节目。其中《盛世花开》《旋转的胡旋》《乐舞长安》三个节目，通过舞蹈、音乐、杂技的不同表演形式，结合唐朝时期胡风文化的盛行，空前繁荣的丝绸之路，以及中国历史上唯一一位正统的女皇帝"武则天"等重要的文化元素，充分体现了唐代的社会发展和历史文化，意蕴深远。

1. 《盛世花开》

历史上，武则天以女身称帝，史无前例。并且武则天称帝时期，祥瑞盛况空前，甚至那一时期的灾象也产生了祥瑞化的趋势，这些使得武则天称帝更加名正言顺。《盛世花开》的表演就是武则天的扮演者站在花心中，受人仰视，舞台下方人流涌动，似有女帝在俯视自己的子民之感。该节目是大唐不夜城为庆祝建党100周年特别策划的行为艺术演出，以"武后行从雕塑群"

为故事背景，以"牡丹花开·富贵吉祥"为设计理念。

2.《旋转的胡旋》

从各种史料记载中可以发现，胡旋舞以其旋转快、急而出名，要求舞者能够在急速旋转之下保持优美的舞蹈动作，对舞者的舞蹈技术有很高的要求，故将其归类为杂技表演的一种形式。胡旋舞艺术在唐代大放异彩，成为唐代社会的主要舞蹈表演和娱乐的内容。胡旋舞随着西域地区与中原地区频繁的贸易往来传入中原地区，带动了两大区域之间的交流沟通，在唐朝颇受欢迎，也充分体现了唐朝对多元文化的接纳与包容。

《旋转的胡旋》以与西域文化交融为主线，以胡旋舞为载体。旋转的舞者身上饰品的珠光迅疾耀眼，舞动的薄纱熠熠生辉。盛装金缕，翻腾旋转，舞者充满西域风情而又轻盈曼妙的舞姿尽显大唐风流。不同于婉约温柔的中原歌舞，胡旋舞节奏欢快，极富韵律感，奔放激昂，别有一番风情，令人耳目一新。舞者在明快激昂的音乐声中极速旋转，刚劲热烈的舞蹈，重现唐韵胡风的艺术胜境，将盛唐多元文化的碰撞，通过歌舞的形式演绎出来，并以众多灯笼为背景，再现长安城灯轮与金阙交相辉映的盛唐景象。

3.《乐舞长安》

1959 年在西安中堡村唐墓出土的"唐三彩骆驼载乐俑"，骆驼昂首直立于长方形座上，呈张口嘶鸣状。驼背铺有带花边的圆形垫子，其上搭一平台，用刻花毯子覆盖，上面有七个男乐俑盘腿朝外，坐于平台四周，手持笙、琵琶、排箫、拍板、箜篌、横笛、箫正在演奏，中间立一体态丰腴、载歌载舞的女子。造型新颖，器形硕大，骆驼健壮，人物表情丰富，形象逼真，陶塑艺术精湛，色彩艳丽，被誉为唐三彩俑中的压卷之作。① 艺术家们以这个骆驼载乐俑为原型，编创并演出《乐舞长安》。四位乐师站于骆驼四周，跟随欢快的音乐，手持各自的乐器，边转圈边演奏。骆驼上的舞女则跟随音乐进行舞蹈表演，生动鲜活地再现了"唐三彩骆驼载乐俑"，给观众带来身临其境的视觉体验。

《乐舞长安》讲述了一个以驼代步、歌唱而来的巡回乐团，有主唱、有伴奏，骆驼背上放置了一个平台，站立于平台上唱歌的女子微微上扬的头梳着唐朝妇女典型的发型，身穿线条流畅的高束腰长裙，极好地诠释了唐朝女性优雅自信的神态，也展示了盛唐时期音乐、歌舞、服饰等文化交流的兴盛。通过对文物色彩及人物造型的复原以及创新演绎，不仅将唐三彩精湛的陶塑艺术、色彩艳丽的釉色进行复原性展示，同时融合音乐及舞蹈，将丝绸之路上的文化交流与融合进行艺术还原、展示与传播。

唐三彩骆驼载乐俑既是唐代文化艺术、制作工艺发达昌盛的重要物证，也见证了丝绸之路的交流与融合。《乐舞长安》在大唐不夜城演出，不仅向更多公众展示了唐三彩这一国之瑰宝，也让文物变得立体起来，并定格了这样一个历史瞬间：一个唐代乐团，七名男子手持各色乐器，认真演奏；一名女子踏乐起舞，舞台就在一只骆驼的背上；笙、箫、排箫、拍板、琵琶、箜篌和横笛，雅乐、散乐与胡乐，方寸之间的表演微缩整个大唐乐舞。通过对这个场景的还原，让文物从静态变成动态，用动态表演讲述唐代文化风貌，也让公众能够以此为凭梦回大唐。

《盛世花开》《旋转的胡旋》《乐舞长安》通过以历史原型人物、胡旋舞蹈以及出土文物为创作基础，通过丰富多样的表演形式，还原了盛唐风貌的

---

① 郭青，百川. 以驼代步踏歌而来的唐三彩——国宝级唐三彩骆驼载乐俑[N]. 陕西日报，2019 - 05 - 30（8）.

同时，也让公众看到多元融合的异域风情，更将特色文物与公共演出相结合，使得演出节目生动形象的同时展现大唐的历史文化。

三、公共演出与街区环境及氛围互文

大唐不夜城步行街作为一个开放的公共演出街区，各项表演的演出效果与舞台的设置、街区的环境息息相关。其中《不倒翁》与《盛唐密盒》都与观众有着密切的互动，并且使互动成为演出的一部分。《盛唐密盒》通过旋转门的设计，为演出增加了神秘色彩，同时与观众进行问答互动，让观众在观看之余，能加入其中，从而呈现出更好的演出效果。

1. 一起拆解《盛唐密盒》

大唐不夜城公共演出的整体效果除了演员本身的表演之外，与观众之间的互动也极其重要。《盛唐密盒》以"演艺+互动"的形式展开。演出中有"李世民+狄仁杰""房玄龄+杜如晦"两种组合，采用"拆盲盒"的方式打开整场演出，先以"未见其人先闻其声"的悬念开场，让观众对接下来的表演产生浓厚的兴趣。随即"李世民+狄仁杰"或"房玄龄+杜如晦"的组合从密盒中缓缓走出，两人以严肃且幽默的语气讲述着自身的所见所闻，并在对话中穿插现代网络词语，与两位表演者古代的扮相形成反差。另外，每一次演出都会随机邀请现场观众到舞台上进行知识问答，其中"李世民+狄仁杰"或"房玄龄+杜如晦"的组合都会询问上台观众的年龄以及职业，然后针对不同的观众提出不同的问题。同时，对于观众回答不上来的问题，演员则会降低年龄标准向观众提出更简单的问题。两位演员对观众的提问涵盖了历史、地理、文学相关的知识，多数题目是唐朝时期诗词的对答，都是一些耳熟能详、朗朗上口的诗句。在进行趣味互动的同时再一次加深了唐朝诗歌在观众心中的印象，做到了"演艺+互动+科普"的融合表演。

2. 牵手《不倒翁》

以大唐不夜城仿古建筑为演出大背景，在明亮的灯光照射下，身穿唐装站在不倒翁支架上的"不倒翁小姐姐"婀娜多姿。《不倒翁》作为一种行为艺术，人、物、环境之间得以互动交流。以"唐朝仕女"形象示人的"不倒翁小姐姐"的表演主题是"把手给我"，演出通过牵手的形式以及与在场观众进行眼神互动、交流，让观众积极参与到演出中。有意思的是，"不倒翁小姐姐"在表演的时候只牵女性观众的手，如遇男性观众伸手，她会害羞地摆摆手以示拒绝，或是用罗扇轻点一下对方的手掌心。《不倒翁》节目在舞台设计、背景、灯光，以及固定的背景音乐《神话》等古风元素文化空间之中，为在场观众营造了"大唐盛世"这样一个繁华又热闹的氛围。

在大唐不夜城的公共演出中，《盛唐密盒》《不倒翁》因为能与观众进行互动，让观众有更强的参与感，而成为倍受观众喜爱的节目。尤其是《不倒翁》，它不仅是大唐不夜城公共演出的所有节目中最受欢迎的，也是让观众记忆最深刻的演出，在网上掀起一波热潮，吸引全国各地的游客前来观看。

四、公共演出意义及其符号价值

古城西安是一部波澜壮阔的中华文明史，上至蓝田仰韶文化，历经大秦雄风、西汉文景，中到包罗万象的盛唐气象、沟通世界的驼铃丝绸，下至宋明意韵，钟鸣鼓响且城楼巍然。西安带给人们的既有历史文化的厚重感，也有铭刻在人们精神空间的文化秩序认同感。

第四章　大唐魅夜：不夜城公共演出的文化内涵及其价值发挥　79

图4-4　大唐不夜城再现盛唐"火树银花不夜天"景象

大唐不夜城的公共演出在如下几个方面凸显了作为公共艺术的意义与符号价值：

一是将丰厚的历史文化资源通过艺术创意转化为公共艺术作品，以此来邀约公众不断参与其中。在大唐不夜城的公共演出中，节目创意佳作连篇。《乐舞长安》第一次在不夜城中进行表演就获得了良好的反响。① 正如前文所述，节目以"唐三彩骆驼载乐俑"为原型，创造性地展现了唐朝时期活跃在丝绸之路上的以驼代步、歌唱舞蹈的巡回乐团，再现了古丝绸之路上的骆驼乐队和驼上舞蹈的美妙场景。《乐舞长安》的主要舞蹈都在一只巨大的三彩骆驼上进行。演出中，四名乐师立于骆驼四周，舞蹈动作柔和而有力量，舞者和乐师紧密配合，共同呈现出一派繁荣、兴盛的盛唐景象。又如，近期开元广场上关于"回家"的话剧也在悄然上演。结合现代人奔走他乡的现实，"白居易"被邀请到"再回长安"的舞台上。寻根是他们人生共同的话题，在

---

① 《乐舞长安》演出地点位于西安美术馆和曲江太平洋电影城中央，每晚演出三场，每次演出时长约为十分钟。

穿越古今的相互对话中，入口甘甜的还是家乡的粗茶，香醇绵软的还是"大老碗"泡馍，萦绕耳畔的还是乡间邻里的问候"嘹咋咧"！

二是整合不同地域的特有文化形式，将其转化为共享的文化符号以建构文化共同体。大唐不夜城公共艺术演出的系列节目，向公众展示了历史上求同存异、相互融合的精彩壮举。如《花车斗彩》是利用小型四方舞台搭建起来的斗舞场所：西域美女率先亮相，展示通过丝绸之路来到大唐的波斯音乐、舞蹈；大唐舞娘随之粉墨登场，水袖翩然间一舞倾城，再舞倾国；两舞者共在一方舞台且舞姿相异，各显风姿，从斗舞到配合，从两相争鸣到双蕾齐放，于曲乐相合中和谐互动。正是丝绸之路的连接，加强了不同地域间文化的互采其长与相互繁荣。

西安的地域文化之所以形成特有的属性，是因为其以开放包容的气度接纳不同地域的文化，并将这些文化有机串联、内化而来，由此也成为西安人的文化身份和标识西安人的文化符号。当然，符号习惯性的、公约性的表征也反作用于群体，维系着群体的整体性甚至形成其民族性。大唐文化由"贞观之治"到"开元盛世"，历史是如此恢宏壮阔，人们的衣食住行也极具风采：鲜丽的唐三彩、绚烂的波斯织锦、东西夜市各民族相互贸易……种种一切，隐喻在长安城的建筑里，吟唱在大唐的千古诗歌里，流动在西安人的文化基因里。文化符号带来的是文化认同感，是一代代从未磨灭的记忆和民族精神。

三是不断丰富与创新公共演出的互动形式，以求多维拓展文化形态。城市公共艺术是一座城市的"灵魂"。在加快建设国家中心城市和具有历史文化特色的国际化大都市进程中，西安逐渐借助其丰富的历史遗存和人文资源找到了丰富其公共艺术内容、形式的新方向。

在重塑唐风古韵的过程中，公共演出不仅在节目内容上展现出历史文化的精髓，也在文化表达形式上一再创新。如参与式观看，这种有效互动在一定程度上给予现场观众感知、反馈、二度创作作品的机会。在公共演出中最火爆的《不倒翁》表演中，演员与观众之间的"牵手"互动成为风靡全网的标志性动作。如此一来，演出本身就成为现场观众与演员共同合作完成的作品，即演员设计好的规定动作只是作为表演中"不倒翁"形象的构建，现场观众的参与式观看和积极互动最终成就了节目表演的完整性。

还有，大唐不夜城系列公共演出的表演内容、时间等安排虽然有一套固定的规则，但并不是完全被规则所束缚，而是根据街区的人流量、节假日等多种因素对表演做出相应的调整。有时演员因观众要求打破原有的既定情景与规则，以更加丰富的表演形式或邀请公众参与到表演的创作中，有很多身着汉服、唐装的观众也夹杂其间，一时难以区分谁在真正地表演。这种共同参与的公共表演，无时无刻不在改变着大唐不夜城公共表演的文化形态。目前，"长安十二时辰"等文化街区的推出，必然会促进大唐不夜城街区和公共文化空间探索出更多成体系、互动性更强的新形式与新形态。

四是以多形态公共演出作为文化符号引领公众文化价值的认同。文化自信是一个新的时代课题，"文化自信是一个国家、一个民族发展中最基本、最深沉、最持久的力量"。[①] 文化关乎国运，文化强健民族，没有高度的文化自信，没有文化的繁荣兴盛，就没有中华民族的伟大复兴。

基于此，大唐不夜城公共演出聚焦文化自信的同时强调文化价值引领。2020年"中国年·看西安"活动期间，大唐不夜城扶贫超市门口有名为《奋斗在路上》的行为艺术在演出：一辆加重的自行车，长长的围巾，泥灰色脸庞的主人公龙龙眼神坚定……《奋斗在路上》文化内核聚焦于"时代"，通

---

① 习近平总书记2020年9月8日在抗击新冠肺炎疫情表彰大会上的讲话［N］.《人民日报》，2020-09-09（1）.

过老牌款式的自行车、80年代的衣着风格及主人公淳朴的时代特色将当下的长安风光在特定的地理位置打造出时空交错感。尤其对经历过时代变迁的人们来说，仿佛在动静结合的表演中看到从过往奋斗至今的自己。在过往时代慢节奏的生活形态下，从未停下蹬车的步伐，这体现出其稳扎稳打又坚持不懈的精神内涵。这种深层次的精神内涵是细小动作的表达，又是国家宏观层面的高度概括。

五、结　语

人、场景和活动是组成文化空间的三要素，人类活动是场景获得文化的关键。大唐不夜城公共演出所凝练而成的系统性的公共文化具有群众性、共享性、包容性和时代性等特点，这些特性使其顺理成章地成为构建文化自信的重要载体。在多元文化并存发展的需求下，大唐不夜城公共演出基于对文创产品独特性、个性化的保护，引领群众文化始终以共同的历史文化价值观念来推动自我发展与实现，却又充分保留表演作品个体的艺术自由，进而使公众在保持自我、彰显自信的文化生活中进一步增强群体认同感和社会归属感。

在新时代背景下，人们更加需要认识到文化组织和文化企业对公共文化产品与服务承担供给的义务，公民参与文化活动是其最基本的日常生活实践，二者的互动关系共同建构了文化价值认同的基础。大唐不夜城公共演出是西安城市公共文化的一个切面，在文化价值引领方面的榜样性作用值得借鉴。公共演出对以唐文化为代表的历史文化的生动呈现，不仅让人们回望了深厚的历史，也唤醒了城市记忆，更是西安公共文化空间借助大唐不夜城文化街区获得文化、积累文化、传承文化、表达文化的全新过程。因此，探讨大唐不夜城公共演出的文化价值，离不开其所在的场域和场域里的公众，以"开放的国际大都市"闻名于世的唐长安城和兼容并包的现代西安，共同完善着公共文化的动态与静态载体，塑造着大唐不夜城地域性的特殊文化内涵。

1. 着力提升公共演出节目的文化品位，塑造特有的城市文化形象

大唐不夜城公共演出最吸引人的地方莫过于将文化街区大舞台和各式精湛的表演带到了普通民众的身边。霓裳羽衣舞、不倒翁小姐姐等，都不再是曲高和寡或束之高阁的殿堂式表演艺术，或是逢年过节艺术"走基层"时才能驻足欣赏到的艺术表演，而是切切实实地融入普通百姓的日常生活之中，每逢周六日就可以陪同家人一起来欣赏古典歌舞、琅琅诗声，开启"盛唐密盒"，与"四大才女"相会。无论是良相房玄龄、杜如晦，还是女诗人李冶、薛涛、鱼玄机和歌伶刘采春，都能在同一时空下齐聚一堂，或字字珠玑、斗智斗趣，或展开一场你争我赶的飞花令对决，在不夜城的大舞台上一展风华，历史交错间尽是千古绝唱。

诗词歌赋最是怡情养性，就像中国的茶道、绘画、书法，写意抒情，留白给人以遐想。西安的城市文化正是要彰显这种古朴典雅的文化品位，是一种举手投足间的文化缩影，也是在春华秋实中沉淀的内敛、顽强的民族气质。

2. 构建传统文化和现代科技的互动关系，以期在整体上凸显不夜城的文化特征

古长安为现代西安遗留了满城宝藏，现如今一城文化的西安作为全国最重要的装备制造业和国防科技工业基地。在高科技呈方兴未艾的大趋势下，西安更是站在时代的前沿，为建设成为大都市而转型。西安的城市形象并没有一味地追求古朴，而是结合现代审美展示更加有趣鲜活的城市色彩。

利用新媒体、新形式，不断丰富文化展演，增加张力以吸引观众。大雁塔北广场的水舞光影秀、城墙上的灯光秀，就是将现代喜闻乐见的文化表现形

式投射到古色古香的场景中，给人以穿越历史之感。此外，大唐不夜城的演出也在微信和抖音平台上创建了自己的账号，人们足不出户就可以看到演出的实时直播，还能够提前了解演出名录、预约讲解，或者寻找美食攻略和潮玩商业街。2023 年，国内首个文商旅融合 AR 导览项目"盛唐幻境"正式上线，该项目通过 AR 科技与唐文化相结合助力大唐不夜城，为游客提供虚实结合、沉浸式的 AR 导览体验。游客可以现场租赁 AR 眼镜，在中轴线上欣赏数字文化景观，装置设在慈恩路入口、大唐群英雕塑以及开元广场，部署了 12 个导览点。在不远的未来，技术与文化将会以更加融合的方式出现在我们的视野中，让数字化贴近生活，有温度也有深度。

大唐不夜城以"唐文化"为主线，依托独特的地域文化特性，打造出了独具"盛唐气象"的文化符号。沉浸式的夜游体验和古香古色的环境，将唐风古韵的文化气质映入每一位游览者的心中。厚重的文化色彩在这里绽放，吸引着世界各地的游客来了解大唐、了解中国古文化。在这里，传统文化与现代时尚相结合，大唐不夜城呈现出独具标识的符号价值。

第五章 城市光舞：
建筑立面的灯光秀及其媒介价值

　　现代社会，技术革命的浪潮澎湃不息，新型材料技术、微电子技术、互联网技术、人工智能技术不断焕发出新的生命力。目前，新型灯光技术及其投影功能使得建筑不仅仅作为传统意义上的住所而存在，也逐渐发展成为一种承载信息的媒介类型。城市建筑在不可避免的媒介化过程中，也成为构建城市空间和改变城市面貌的重要元素。本章根据城市灯光秀这种公共艺术实践及其承载媒介，分析并探讨其特定的媒介价值与意义。

一、作为媒介的建筑立面对城市环境的建构

　　无论古今，建筑不只单纯地发挥其居住、防御、纪念、聚集的作用，还要体现建筑与其所在城市的自然环境、历史文化之间的关系。这些均能在建筑表现形态与表现形式等建筑语言中呈现出来。建筑立面可被视为重要的建筑语言形式，人们往往是通过此种语言形式来领会其语义的。

　　建筑立面是在玻璃、混凝土技术和钢架结构的不断发展下成为重要的建筑概念，建筑立面的设计也更加复杂。当建筑立面被视为人与城市环境交流沟通

的媒介时，就已经被媒介化了，拥有了传递信息和建构城市环境的能力。本章将建筑立面视为媒介，从二者之间相互建构和相互影响两个方面，阐释此媒介传递信息和建构城市环境媒介的功用。

　　建筑立面的媒介语言对城市环境的建构通常需经历从影响个体对城市环境的认知体系和行为活动，到影响复杂的群体性认知体系和行为活动这一过程。在这一过程中，依据人类的感知系统，可以将建筑立面媒介语言所构建的媒介环境依次分为生理感知媒介环境、心理感知媒介环境和群体感知媒介环境三个层次。其中，生理感知与心理感知和群体感知媒介环境不同，前者依靠人类自身的感官和神经系统，后两者则是在前者的基础上对已获得的感知数据符号系统进行使用和经验上的转化而形成的媒介环境。可以说，生理感知媒介环境的存在是形成其他两个媒介环境的先决条件。

　　建筑立面媒介语言对城市环境的影响是相互的，即在推动城市环境发展的同时也受到城市环境的影响。建筑立面的媒介语言对城市环境的影响，一方面表现在它作为城市信息发布、沟通交流的公共露天媒介，是城市居民自由地公开自己对城市环境发展的思考、看法和理解，并与他人分享的天然公示板。它有利于调动城市居民的积极性，使生产者主动参与到城市环境的构建中，推动城市更富生命力和活力的同时，也让生活在其中的城市居民感受到一种地方归属感。另一方面表现在此媒介能够挖掘城市环境中可视或不可视的信息，将其以一种较为艺术化的语言显现在世人面前，例如以漫画或艺术字母的形式来代表城市环境、生活文化的主题，以及城市居民这一天对城市环境的感受，向城市居民以及外来人口展示城市独有的文化魅力和生机。再者，建筑立面亦可作为城市与城市之间文化信息传播的媒介，使它成为城市居民与其他城市居民即时性沟通的窗口，为城市环境的构建增添了多样化的信息元素。

　　当然，城市环境对建筑立面的媒介语言有一定程度的影响。此媒介通过建立新的媒介环境来影响人感知系统的同时，新的媒介环境也会对原有媒介本身产生影响。新媒体时代对城市环境信息化的要求使得建筑立面的媒介语言表现出艺术化设计的趋势。这是指建筑立面的媒介语言倾向于使用艺术化的像素语言或行为互动方式，对周围环境、人类感知生活进行解析式的挖掘和探讨，而非强调对 LED、立体投影、传感器等媒介技术的使用。如英国建筑师马克·费舍尔设计的武汉汉街汉秀剧场的 LED 建筑立面，采用各种类型的"武汉"字体和黄鹤楼等象征性的艺术像素语言，向人们表现武汉市的文化精神面貌。这正如麦克卢汉所言，艺术在生物遗传和技术创新所创造的环境之间架起了一座桥梁。没有艺术，人就只能成为技术的伺服机制。[1] 在新媒体时代，这个媒体技术快速发展的时期，将建筑立面这个特殊的媒介进行艺术化的设计，能帮助人们更好地了解建筑立面的媒介性质，促进人、物、周围环境三者之间的有机互动，有利于提高公众对城市环境各方面变化的感知程度，并促使其作出相应的反应以参与到城市环境的构建中，推动城市环境向健康宜居的方向发展。

二、建筑立面灯光秀的发展演进

20 世纪工业技术最明显的标志可以说是光、电和机械动力的应用，这无疑成了设计师实验艺术的最理想的材料。20 世纪早期，与达达派有密切关系的解构主义和未来主义，引发了一场"动与光的艺术"，又称"动力艺术"，这是一场将时间观念带入作品的形式。[2] 20 世纪 50 年代，动力艺术和

---

[1] 蔡新元，叶子新. 论建筑表皮媒介语言环境 [J]. 华中建筑，2020 (12)：27-31.
[2] 黄丽珠. 城市建筑与城市风貌 – 建筑立面构成的建筑空间效果 [J]. 南方建筑，1997 (4)：23-25.

同时期的迷幻艺术、波普艺术、灯光艺术有着密切的关系。在后面的几十年中，设计师将科技、自动化和对未来社会的思考融入作品。1968年，伦敦当代艺术学院举办了数字艺术展，名为"控制论的奇遇：艺术与计算机"。①这场展览不仅包括计算机风格的诗词、版画、电影、音乐、雕塑、机器人等，还包括计算机动画电影、计算机生成的图形和计算机作曲等。虽然这场展览由于对美学探究不足、技术不足等限制，导致社会争议不断，但是也轰动了一段时间。它标志着计算机艺术开始登上舞台，对于技术美学的探究开始受到人们的关注。20世纪70年代是电子通信、电视、卫星蓬勃发展的年代。这一时期的艺术家开始探究新的传播媒介，主要包括：音频实验、录像艺术、虚拟空间、视频电话会议和卫星电视传播等。20世纪80年代和90年代，随着电脑网络的发展和普及，一些艺术家用科技的方式使蒙太奇作为故事叙述的媒介。人们从之前只能通过一些静态图像来观察，到快速翻阅一系列连续图像，这些动态影像给了大众前所未闻的体验。现如今，艺术家们依旧在探索新技术和艺术的结合，同时赋予电子媒介更多人性化的东西。

1. 何谓城市建筑立面灯光秀

建筑立面是建筑呈现给人们的第一印象，它影响着建筑的整体风格。建筑立面灯光秀艺术以建筑外立面为媒介，在建筑的外立面上安装灯具，再在三维软件中搭建模型且还原夜景效果，其中包括建筑主体、建筑材质、建筑周围环境等。这种灯光秀是借助数字化的动态影像进行展示和表达，赋予了建筑立面新的表达意义，突破了建筑立面原本在结构和功能上所受的束缚，成为一种全新的视觉表达形式。

---

① 牛宇飞. 蒙太奇在城市建筑表皮灯光秀中的应用研究 [D]. 北京：北京服装学院，2019.

从古至今，"光"都是一种重要的介质，当今时代它受到越来越多艺术家的关注。早期将动态影像投射到电影院屏幕上的艺术行为，可以被视为建筑灯光秀艺术的雏形。但是之前都是以屏幕作为媒介来呈现一系列动态影像，而人们对于屏幕尺寸的需求不断增大，发展到屏幕的概念不再局限于固定的物理介质，也就是说动态影像可以把一切具有物理形态的物质当作媒介。将建筑立面作为动态影像的呈现媒介的艺术形式非常新颖，这种艺术形式含有大量科技内涵，它能给观众带来侵入性的沉浸式体验。同时，这也为它在短时间内迅速吸引足够多的人流量提供了支撑。

2. 城市建筑立面灯光秀的实践

在城市夜景营造的理念中，最重要的一种是用灯光进行环境渲染，从而创造出某种舒适的感觉。在欧洲一些城市，建筑夜景亮化工程不只局限于灯光本身，它的根本目的是创造出白天无法比拟的丰富的夜生活。

在我国，城市灯光秀基本借鉴国外的发展经验。尤其是2008年奥运会之后，城市灯光秀受到越来越多人的关注和重视。奥运会开闭幕式的灯光表演给今后的城市灯光秀艺术提供了很好的借鉴：一是用灯的方法、颜色的运用、氛围的营造等；二是灯光的语汇更加国际化，但又不乏我国的特色。这是在当时中国的灯光技术和艺术水平还达不到世界一流水平的情况下，给全世界观众带来的难以忘怀的光与影的神话。其后，城市灯光秀在各大城市有了全新的表现，尤其在城市点亮工程、信息传播技术、艺术表达手段多样化等方面，建筑立面灯光秀艺术格外耀眼。

3. 城市建筑立面灯光秀的影像新实践

视觉影像相比语言文字具有更明显的接受优势。因为视觉影像具有丰富、直观的表现形式，观者更容易接受视觉影像所传递的信息。建筑立面灯光秀的媒介是建筑，观众要通过视觉来获取信息。所以在设计视觉影像时，首先要考虑观众观看的舒适性，要根据建筑的功能及用途对区域建筑表面进行划分。比如商业区，这个区域需要引起人们的注意，就可以用大量的灯光来展现，以此来凸显建筑的风格，不至于让观众出现信息混乱，从而提升整个商业区的氛围。故而，随着建筑立面灯光秀艺术的发展，在设计制作视觉影像的同时，还要考虑建筑本身的表面材质，如玻璃外墙、抛光金属面材等，要符合有关照明技术的文件和建筑景观规划的要求，确保照明动画节约资源、环保、不影响观众的观感。视觉影像结合建筑立面，是一种有效的传播信息的手段，给观众带来震撼的视觉效果。

三、历史文化建筑立面的艺术使用及其"在地性"实践

通常情况下，历史文化建筑是指在一定的地域历史文化背景下，承载着某种历史文化信息和彰显其文化风貌的具有某种建筑形制的建筑类型。此类建筑不仅蕴含着特殊的文化理念，营造相应的文化氛围，还呈现出一定地域性及其建造时代的价值观和伦理观等。与此同时，与这类建筑密切相关的人也会体现出生活习惯、精神风貌以及文化风格的同源性。如此，一座城市的历史文化建筑不仅影响着这座城市人们的日常生活实践，形成同源性的文化习俗、文化行为、文化理念等，还以某种文化氛围的方式熏陶整个城市的精神品格。以十三朝古都西安为例，这座城市目前所保留下来的历史文化类建筑，比如秦始皇陵、大明宫遗址、明城墙等，这些成百上千年的遗迹均是沟通古今的媒介。透过这些建筑媒介，人们似乎穿越到了历朝历代，感受当时的文化精神与文化魅力。

第五章　城市光舞：建筑立面的灯光秀及其媒介价值　91

当然，时代在不断进步与发展，西安也在不懈地通过扩张和叠加进行着自身的空间再生产，使得历史文化建筑具有新的功能，如城墙遗址在现代城市早已失去防御功能。在发挥城墙遗址的作用方面，城市文化建设者进行多方面探索，诸如公众日常对历史文化遗址的凭吊与观赏；重要节庆日或贵宾来访时在永宁门举办迎宾仪式；每年春节举办的城墙花灯展；时不时举办的城墙马拉松比赛和自行车骑行比赛等。这些活动都是将城墙遗址所携带的浓厚的历史文化信息有效传递给公众的重要方式，也取得了很好的传播效果。近几年，西安借助城市点亮工程在城市地标性建筑和重要文化街区上演城市灯光秀，让古老的城市夜晚流光溢彩，其绚烂之景令人震撼。城墙利用灯光这种主要载体，释放其所积淀的历史文化精华，也彰显了时代文化价值。

一般情况下，每年的春节期间以及元宵节前后，永宁门附近、东南城角和西南城角会有大型灯光表演。夜幕降临以后，美轮美奂的城墙灯光秀让人流连驻足、乐而忘返。

图 5-1　2023 西安灯会锦绣中华区

图 5-2　西安大雁塔北广场灯光秀

其实，早在2019年，西安就举办了一次成功的灯光秀——"西安年·最中国"。① 在这期间，西安市围绕"史源之城—最中国、时尚之城—最炫丽、民俗之城—最乡土、博物之城—最雅致、舌尖之城—最美味、科技之城—最创新、书香之城—最神韵、年节之城—最年味、祈福之城—最吉祥、多彩之城—最开放"等内容，② 以"主会场+分会场"的形式，策划推出了两项主会场活动、12大主题、41项分会场活动，以及208项主题活动，全面展示了西安丰富的历史文化资源和富有吸引力的民俗特色资源，塑造了西安"世界文化之都"和"世界旅游时尚之都"的城市形象。高新区突出"西安范儿""时尚范儿""国际范儿"；经开区集中展示"时尚、创新、书香、运动、传统、休闲"六大元素。灯光节的最大特点就是灯光与城市的建筑、雕塑、街道等空间完美融合。

---

① 此次活动从2018年12月31日开始到2019年3月6日结束，历时66天。
② 从活动的内容来看，主要深度挖掘了西安年的文化内涵，突出了"民俗风、国际范、流行色"等元素。

第五章　城市光舞：建筑立面的灯光秀及其媒介价值　93

图 5-3　2019 年西安经开区灯光秀 　　　图 5-4　2021 年西安城墙灯光秀

图 5-5　2021 年西安城墙灯光秀 　　　图 5-6　2021 年西安城墙灯光秀

图 5-7　西安城墙水幕电影灯光秀

如图 5-4、5-5、5-6 所示，这样的艺术形式是将土、石、砖作为基

本建筑材料建造而成的明城墙转化为媒介，以灯光照射和投影影像为符号代码进行艺术创作。在灯光秀这样的公共艺术演出中，厚重的城墙不再仅仅作为一个"建筑环境"，而是利用灯光投影来讲述盛唐故事、古都文化的光影叙事空间。在此，灯光作为符号代码，按照一定的艺术主题被编辑、组合在一起且携带着信息。此时，公众既置身于建筑环境之中，也身处灯光与建筑完美结合而打造的"媒介场景"之中。这类灯光秀的内容大致以传统文化、地方特色为主，起到吸引游客、宣传城市特色理念和价值等作用。并且，这种建筑媒介不是一个已经完成的状态，而是呈现出开放性，可以随着技术的发展不断加入新的要素来构建出新的场景，比如加入水、土、沙等要素，构建出城墙上的灯光音乐喷泉等。

四、地标性建筑或高层建筑的"炫酷外衣"

城市灯光秀借助的另外一种建筑媒介是城市里耸立的地标性建筑或高层建筑，这类建筑因拥有相对较高的海拔高度，在城市里独树一帜。建筑外层一般会设计成LED屏幕，用于滚动播放广告或其他影像作品，有时也用来展示标语和电子横幅。这类建筑媒介既是资本扩张的结果，也是现代化城市本身空间实践的产物。当城市向有限的横向空间发展受到限制时，就开始转向纵向的垂直高度扩展，高耸入云的高层建筑因其拥有的绝对海拔高度而成为具有鲜明标识性的地标性建筑。在这些高楼大厦的外表上，或通过LED等电子装置放射出变幻光影，或通过外部投射展示出绚丽的图画。一旦夜幕初降，这些"奇幻的外衣"便开始投射出灿烂而令人炫目的光辉，使人陶醉在灯火通明、一片繁荣的城市之光中。

在当今时代，世界各地都在拼尽全力打造属于自己的城市品牌。灯光秀作为一种公共艺术，也成为城市品牌战略的重要手段之一。如2014年，恰逢中法建交50周年之际，广州成功举办主题为"跨·粤"的国际灯光节，为世界提供了一个前所未有的城市光感体验，足以证明一个城市的公共艺术对于城市的品牌具有附加值效应。在西安，无论是城墙的灯光秀，还是地标性建筑的"炫酷外衣"，一是通过自身的媒介效应在赢得观赏者青睐的同时，也提升了西安的城市形象；二是通过其他媒体和用户的宣传使西安在短时间内迅速变成一个"网红城市"；三是参与到西安文化旅游资源的深度整合之中，以灯光秀这样的活动为吸引力，激活餐饮、酒店、交通的活力，拉动消费以达成经济领域的再发展。通常情况下，在灯光秀演出期间，无论是西安市本地的"土著"，还是慕名而来的游客，尤其是一些知名博主，将其拍摄的灯光秀视频上传到媒体平台，吸引更多人关注城市本身，加速了西安"网红城市"形象的广泛传播，使得西安的热度和流量激增。当然，慕名来参观灯光秀的游客，一时难以说清楚有多少是奔着灯光秀本身传达的文化意义而来的，更多是被"网红打卡点"所吸引。

德波的景观社会的核心问题指出：技术的发展推动了图像在现代社会的普及与传播，导致社会变成了一个观看的逻辑。德波认为，社会已经进入一种时刻需要观看的视觉时代，而这种观看有赖于技术的逻辑。当大众传播技术和视觉传播技术强势发展起来以后，社会会被视觉传播机制所建构和包围，这也就解释了为什么相当一部分游客会采取走马观花的形式来观赏城墙灯光秀，这是因为拍照留念、拍视频发朋友圈才是他们所关注的核心。德波认为，景观社会使得整个社会失去了本质，现实世界的一切都成了表象和景观。外观的占有成了个体重要的生活方式，所有活生生的东西都要转化为表征，获得它的社会意义，它才能够存在，个体看不到社会的本质，只能看到表征和外在形式，事物的意义消失殆尽。所以说，利用城墙灯光秀来传播古代盛唐文化等中华优秀传统文化的初心和做法的正确性是毋庸置疑的，但同时还是要警惕其被资本和权力过度入侵。正如西安不能沉浸在过度营销的"网红"城市形象里越走越远，而要专注于真正的文化底蕴，转向于人，也是一个需要认真思考的重要问题。

这种公共艺术具有几个典型的特点：诸如公共性、艺术性和在地性。在《公共领域的结构转型》中，哈贝马斯认为公共领域一词等同于公共性，是指"我们的社会生活中的一个领域，在此领域中能够形成像公共意见这样的事物"。① 他随即将公共领域定义为：一个公众的领域，其中，公众由私人集合而成，但私人一经形成公众，就要求这一受上层控制的公共领域反对公共权力机关自身，以便就商品交换和社会劳动领域中的一般交换规则等问题——这些问题基本上已经属于私人，但仍然具有公共性质——同公共权力机关进行讨论的场所。公共艺术的前提就是它的公共性——城市艺术必须是面对广大公众的，公众的艺术的欣赏主体。②

在地性是城市公共艺术的另一个极其重要的特点，因为其在地性就决定了这个城市要利用它当地的资源、特有的、独有的环境特点和地域特点来附加赋予当地文化特色和文化价值。"在地"来自英文 in-site 的翻译，原意为现场制造。建筑设计中的"在地"概念，强调的是建筑物本身与所处的大地以及在此基础上形成的文化、风土等地域特性的依附关系。放在中国传统文化语境里来解释，是对千百年来中国人天人合一、因势造物、自然天成思想的延续与传承。这也就解释了为什么作为十三朝古都的西安，其灯光秀的主题和内容绝大部分都是围绕着盛唐文化、传统习俗、民俗庙会等这些特色内容而展开。

---

① Jurgen Habermas. The Public Sphere: An Encyclopedia Article, 1964: 44.
② 尤尔根·哈贝马斯. 公共领域的结构转型 [M]. 曹卫东, 王晓珏, 刘北城, 等译. 上海: 学林出版社, 1999: 176.

为公共艺术提供了在地性的城市，本身是空间实践的结果之一，在空间社会学看来，空间与媒介呈现的关系是：空间的资本复制往往需要越来越高效的媒体平台。因而，是媒介一步步推动了资本的转换，物理空间通过媒介平台转化为意义行动的空间。对城市灯光进行编码，形成意义体系，蕴含在这种空间生产之中。在著作《空间与政治》中，列斐伏尔对空间下了四种定义，其中有一种定义认为，空间是一种利益关系、意义关系的中介，他把空间抽象为两种关系的相遇，不同的关系再次汇聚，并且完成意义的交流，在社会科学的语境中，空间绝不是具体的物理场所，也不是精神空间，它所强调的是"两种或多种关系交织的场域"。[1] 这种观点就把空间和传媒紧密地连接起来。因为，任何一种媒介其实都是关系和意义汇集的空间和场所。在列斐伏尔看来，空间是一种生产机制，社会关系和生产关系在此交汇，而空间中的生产行为，既可以是经济生产，也可以是权力和文化意义上的再生产：正如像西安、广州的城市灯光秀在城市空间里所进行的文化意义的再生产。空间不再仅仅是一个抽象的、静止的逻辑结构或者资本的统治秩序，而是变成了动态的、各方矛盾进行斗争的异质性实践过程，而这也与现在飞速发展的技术脱离不了关系。空间的玄妙之处就体现在它被技术呈现与铺张的时候，如果失去了现代发达的灯光照明技术在城市里的运用，灯光秀是必然不会产生的。

五、城市灯光秀媒介文化的意蕴

在整个建筑的发展历史过程中，人们愈加关注建筑自身所提供的审美感，对于建筑的精神诉求使得相对于技术文明对建筑的作用，人们更加强调文化对

---

[1] 刘兆鑫. 空间政治——城市公共空间的生成逻辑与治理政策 [M]. 北京：中央编译出版社，2019：196.

建筑的作用。在西安这样的古老城市，明确规定在明城墙以内的建筑高度不得超过城墙。同时，靠近城墙的建筑风格以中国古建筑风格为主，比如永宁门内的玉石店铺，其外观设计古色古香，十分切合"古城西安"的整体风貌。

1. 打破文化同层级壁垒，构建新型文化场域

在现代城市中，建筑的风格各式各样，年代不同，风格、造型、表面材质等都大不相同。由此，使得现代都市建筑空间秩序混乱。其中，造成这种秩序混乱的重要原因就是许多建筑自身的风格无法融入周围环境，与周围环境不协调。以西安西大街的回民街为例，西大街回民街主要的历史建筑有鼓楼、都城隍庙等，虽然部分建筑设计了高高低低的斗拱等"仿古"样式，但是其中依然有现代性的商业建筑。同时，这种斗拱的设计也并非融合的，而是在普通的建筑顶部加上斗拱，这就使得周围的建筑风格呈现出碎片化的状态，常常使人有一种割裂感，既没有现代商业建筑的美感，也无古代建筑的传统审美。

图 5-8 西安西大街夜景

因此，现代建筑过分标新立异会使其与周围的环境难以相融，正确做法应该是成为城市形象设计的一分子，自觉将自己融入城市的和谐秩序中。而城市建筑立面的灯光秀能够将城市空间内各具特色的建筑物协调统一在一起，塑造出新的空间文化意蕴。

在2022年农历春节期间，西安城墙东南城角和西南城角每晚8点上演5分钟的裸眼3D灯光秀。科技与传统的结合吸引了大批群众在此打卡、拍摄视频，一时之间裸眼3D灯光秀成为西安人民津津乐道的热点话题。西安城墙灯光秀选择西安城墙的一角与周围的环境形成一个有机的整体，通过艺术和技术的结合呈现出引人注目的效果，并且使市民通过生动的动画与文字，感受城市、建筑、环境的融合，进一步加强了市民对于城市文化的参与感。例如，东南城角展演的《遇见小武士》，以"城墙小武士"为主角，巧妙利用两面对称转折的空间特征，使用双侧镜像、立体空间盒子等趣味性和科技型的视觉手法，讲述了穿越千山万水、经历美好人间，在科技炫酷的西安城墙上，在分享与侠义相助中获得圆满的美好故事。灯光秀的结尾出现了此次活动的主题"中国年，最西安"。

在特定的节日和特定的地点，选用这一段极具科技感的视频能够与周围的建筑共成一体，无论是周围的现代建筑，还是古朴的城墙建筑，都在共同传达一个核心观念——西安是一座开放包容的城市。相较于西南城角，由于东南城角本身的建筑特点，更容易展示裸眼3D的效果。因此，其生成的虚拟的三维空间，让观看者产生一种沉浸其中的现场感和沉浸感，从而带来身临其境的震撼力。在这种震撼中，文化同层级之间的壁垒被打破，有利于改变人们对西安的刻板印象，形成新的认识。

图 5-9 东南城角灯光秀

2. 历史记忆场景复活，实现集体记忆的代际传播

加拿大学者伊尼斯在美国密执安大学发表的论文中提出媒介具有偏向性的观点，并且在他的著作《传播的偏向》中具体论述了这一观点。伊尼斯认为媒介无论是在其传播内容上，还是在其所产生的社会影响上，都具有这样或那样的偏向，且这一点早就在作为媒介之一的人类自身上有所体现。伊尼斯将媒介偏向分为以时间纵向传播为主导的偏向和以空间横向传播为主导的偏向。① 其中，以时间偏向为主导的媒介表现出笨重、耐久，不容易被时间所侵蚀的特征，诸如石板、建筑、雕塑等；以空间偏向为主导的媒介拥有轻巧，易于大范围运输的特质，譬如纸张、书籍、报纸杂志等。媒介在时间或在空间上的偏向，其实质含义是媒介本身所形成的媒介文化环境，经过在一定程度上对时间（历史）跨度或空间（地域）跨度的控制，而形成相应的偏向影响，其最终目的是通过调控媒介偏向实现社会环境及生活在其中的人在时空观

---

① 叶子新，蔡新元. 论建筑表皮媒介语言偏向 [J]. 华中建筑，2021（2）：1-5.

念上的平衡。伊尼斯本人也认为，只有在时间和空间上达到平衡的媒介，才能促进社会正常的发展。建筑立面媒介语言是由一系列可以无限使用和永久性保存的媒体技术和符号代码组成，传播范围大。并且不论是采取传统媒介、物质媒介实体与信息符号相统一的传播方式，还是选用如今电子媒介、数字媒介通用的媒介实体与信息符号相分离的传播方式，建筑立面大多都同时表现为时间偏向性和空间偏向性的媒介。也就是说，建筑立面作为媒介，实现了时间和空间的平衡，以建筑立面为媒介不仅仅能够穿越时间，共享历史文化，还能通过穿越空间共享身份认同，有利于促进历史文化的传承。

图 5-10　西南城角灯光秀

城市的建筑见证了当地的历史进程。建筑作为一个大的包容载体，通过将建筑立面的灯光艺术与建筑相融合，从而实现建筑艺术承载地域文化的目的和意义。例如，在西南城角展演《嗨皮陕博》。西南城角是西安城墙唯一的圆弧形城角，灯光秀以圆弧城墙为幕布，内容以西安文物为主题，重点突出了新年的气氛和西安文物的历史特色。灯光秀中的文物突破了静态展示的壁垒，利用科技"活"了起来，为灯光秀增加了趣味性。城墙以砖瓦垒筑，跨越时间的长河，依旧屹立在现代人的眼前，作为历史古迹，城墙本身就具有时间的偏向性。激光投影技术能够在不接触墙体的前提下展示绚丽的色彩，使人们在终端能够看到最真实、最美丽的世界，同时搭配抖音、小红书等社交媒体，形成"城墙+信息技术"的模式，实现传播媒介在时间和空间尺度上的融合与平衡。

建筑立面灯光秀的艺术语言具有较强的精神意识和意识形态。西南城角运用灯光秀传达出西安作为历史文化古城的文化底蕴，在场的观看者当下共享着同一身份并为此而深感自豪。同时，这也是一种传播的仪式，在观看灯光秀时，在对文物的欣赏中，参与者在同一个空间共同确认"古都西安"的认知。这样直观互动的影像生动有趣，为文化的普及打开了一个艺术的窗口，不仅让中国的观众甚至让国外的游客也能够体验到西安文化的魅力。

城市文化的魅力在于通过文化可以了解一个城市的前世今生，更能够展望它的未来。通过公共艺术的形式，我们用一种艺术化形式的语言，以新媒体作为媒介，将这种城市文化进行转化。它甚至不局限于语言和种族背景，就能够让游客们更容易接受和吸收这样的文化并与之互动。

3. 传播城市文化，打造地域名片

随着中国在国际舞台上的声誉日益升高，我国许多城市成为大型国际会议、赛事的举办地。为了迎接此类活动，提升城市物理环境是重要的一步。灯光秀工程建设与城市固有设施的翻修和新建相比，施工周期相对较短、成本较低、展示效果显著，并且具备可持续性的优势，以上特点使其成为快速提升城市物质形态价值的有力手段,如杭州 2016 年为迎接 G20 峰会建设了 "钱江新城"灯光秀,青岛 2018 年为迎接上海合作组织峰会打造了浮山湾灯光秀,在当时皆取得了不俗的成效。西安十四运期间,奥体中心、主运动场和其他分馆的建筑立面都覆盖了 LED 屏幕,用来展示灯光秀动画,向来自全国各地的运动健将、观众和游客传达了西安的运动精神和风土人情。

图 5-11 西安奥体中心主运动场

"人是万物的尺度。"这是公元前 5 世纪,古希腊哲学家普罗泰戈拉提出的观点,亦是"以人为本"哲学思想的早期表达。人是城市的建造者、构成者,同样也是体验者。城市灯光秀的构建也应从"人"的体验、受众感知的视角着手,在规划和设计中时刻考虑人的需求,如灯光色彩、亮度、光效等要素都应以人的需求出发,为人们创造舒适、安全、有益身心健康的光环境。通过科学控制灯光亮度及照明时长等要素,减少夜间照明对动植物的影响,保护生态环境。同时,应改变灯光秀现有的"我播你看"的单向交流方式,将智能控制技术、交互技术与灯光、城市真正融合在一起,强调交互性、参与性和娱乐性，提供给使用者更丰富、更沉浸的感官体验、情感体验和精神体验。

伴随着物联网社会的逐步发展以及人工智能、大数据、5G 等先进科技的不断进步和传感器等核心硬件的升级，智慧城市建设成为城市发展的新重点，智慧灯光、智慧照明行业也随之迅速发展。在夜间，人们对城市空间的感知完全依赖城市照明构成的光环境。目前，智慧灯光的主要开拓领域仍在城市功能照明行业，而城市灯光秀作为城市夜景环境中最重要的表现形式，其智慧化后的作用与影响不可估量。如何借助其可智能控制、个性化定制、传播面广等优势，挖掘更多功能为市民提供良好的夜间服务体验，依旧在探索的过程中，而这些都能够成为城市宣传的一大利器。

我国城市灯光秀的建设发展已持续近 20 年，在重塑城市夜间景观、提升城市形象、带动城市夜间经济发展等方面起到了极大的促进作用。城市灯光秀这类项目建设发展的背后，体现的亦是当代城市夜间光环境营造之路的探索过程。中华文明五千年，每座城市都有着自己独特的文化底蕴。如何通过灯光、科技联结人、空间与时间，构建真正能够体现城市历史文化，同时又呈现出现代城市风貌的城市夜间光环境，是城市建设者以及城市设计者当下要持续思考的问题。

六、结　语

西安城墙作为西安的代表符性号之一，屹立在此处千百年，见证过开放包容的大唐盛世，也经历过战火连天的时代。千百年后，西安城墙早已由明清时期的战略防御装置慢慢变为西安人民内在精神不可分割的一部分。

作为西安的地理标志性建筑，1983 年，西安开始大规模修缮城墙。在此后的 40 年间，有关部门也在不断地对西安城墙进行升级改造，并与多种媒介表达形式结合，城墙本身也在这一过程中成为一种媒介。现代工业照明技术的发展使得西安得以进行新的空间再生产，西安政府做出的种种尝试（此前举办的城墙灯光秀、花灯展、城墙马拉松比赛、自行车骑行比赛等）都是有效传递历史文化信息的方式。

建筑立面灯光秀带来的影响一方面是使建筑除了居住功能之外又增加了信息媒介的功能，另一方面是在新媒体时代的语境下对城市建筑空间的功能进行了有益的探索，为当今时代下的创作方式和媒介方式拓宽了方向。[1] 在春节、中秋节、端午节等传统佳节中，利用现代科技，以城墙为媒介，以动画来叙事，在共同的空间场域中，在场者确认共同的身份属性，共享西安的文化价值，塑造出一种新型的社会互动形式，在宏大的历史叙事中与城市精神产生共鸣，这种传播方式是以往任何一种大众媒介都无法独立达成的。

---

[1] 牛宇飞. 蒙太奇在城市建筑表皮灯光秀中的应用研究 [D]. 北京：北京服装学院，2019.

第六章 塔影水舞：
公共艺术的空间变奏和文化表达

　　每一座城都应该有属于它的独特的"声音"。西安的"声音"不仅是一碗酒、一首歌，更是深埋于每个西安人的基因中，晨钟暮鼓的仪式感。西安为世界所看见的理由，除了古迹和美食，更有艺术与城市无间隙的对话：一城人被同一个节奏所鼓舞，沉浸于同一幕演出的感动。大雁塔北广场的水舞之于长安，是水随声光的律动，是一座城的塔影水色，更是古城的搏动心跳。大雁塔北广场水舞为每一位来西安的观众奉上一种集音乐、灯光、水型等为一体的公共表演形式，在天地自然间，于长安众人中，鼓乐乘风，声声入耳；在垂天夜幕下，于嚷嚷观众间，水光跃空，灿烂炫目。水舞的声声悠扬与长安的巍巍佛塔相遇，是珠联璧合的相宜，更是与生俱来的契合。每个人都能在这音乐与喷泉的一起一落之间，随着这座城的心跳一起舞动；每个抵达这里的游人都能在这演出的十几分钟里共同倾听整个城市的声音。

　　位于大雁塔北广场的音乐喷泉于2003年建成并开放，被誉为亚洲最大的矩阵喷泉，目前已运行20年。这里不仅是全国5A级景区，更是凭借如梦似幻的最美夜景成为全世界游客打卡的网红圣地。大雁塔水舞以声、光、电等高科技为媒介，以水为依托，在充分调动多媒体技术、音响、喷泉和灯光创意艺术等视觉震撼力的基础上，由此打造出吸引人眼球、震撼动感的艺术展示，奏出一幕幕华丽的篇章。本章探究大雁塔水舞作为一个新型媒介化空间，是如何在构建集体认同、参与集体记忆的同时，赓续地域文脉并参与构建城市新形象，成为西安的标志性符号。

一、大雁塔北广场水舞的符号表征

表征意味着用语言符号向他人就这个世界说出某种有意义的话来，或有意义地表述这个世界。① 大雁塔北广场水舞作为一种表演形式的城市公共艺术，以水为载体，将城市景观和音乐元素协调衔接，形成别具一格的文化风貌，表征着西安的城市特色和时代新声。通过考察大雁塔北广场水舞的符号表征，可以帮助我们理解水舞艺术是如何统筹运用建筑空间语言、视觉语言和听觉语言来实现对城市的符号建构，从而激活人们共享的文化意象，塑造具有归属感的地方精神。

1. 传承地域文脉

作为联合国教科文组织最早确定的世界历史文化名城，西安的历史文化源远流长。它处在中国地理版图的中心点，位于黄河流域中部的关中平原中央，以八水绕长安的自然地理环境优势容纳十三朝古都，作为曾经的政治、经济、文化和对外交流的中心，代表了中国古代汉唐时期鼎盛的城市文明。这座"天然历史博物馆"，沉淀了丰厚的文化遗产，具有独特的城市底蕴和文化基因。作为城市地标大雁塔下的公共艺术装置，大雁塔水舞始终展现西安这座城

---

① 斯图尔特·霍尔. 表征—文化表象与意指实践 [M]. 徐亮，陆兴华，译. 北京：商务印书馆，2003：19.

市独一无二的地域专属印记。

"三月三日天气新，长安水边多丽人""上巳曲江滨，喧于市朝路。"盛唐时期的长安，园林庭院中的水环境建设已达到很高的造诣，形成繁盛的水景文化。其中又以大雁塔西畔环绕的曲江称最，"曲江流饮"更是被誉为长安八景之一。现今，随着大雁塔北广场的改造兴建，点数达1024个的音乐喷泉方阵以及东西两侧步行道的涌泉池使水元素重现于大雁塔下，以水为文化脉络，引导游人重新感受曲江水文化。汩汩喷泉以"排山倒海""花绽芙蓉""莲花朵朵""水润古城""蝶恋花""云海茫茫""海鸥展翅"等各式水型使艺术具象化，以跳跃的流水声、落水声创造活泼、欢快的气氛，连接了人的听觉和视觉。大雁塔北广场水舞以水为媒，形成了区域内新的水文化中心，用水串联城市与空间，再现"大雁塔映曲江水"的盛状。

大雁塔北广场水舞的总体风格恢宏、大气，其尺度规模、空间形制、构造样式无一不与西安的古都气质相契合。用于水舞演出的音乐喷泉装置位于大雁塔北广场的中轴线上，南北最长约350米，东西最宽处110米，分为百米瀑布水池、八级叠水池及前端音乐水池三个区域，很长一段时间内保持着亚洲之最的记录。音乐喷泉装置通过专用的转换装置，将音乐的曲调转为电脉冲信号，以控制电动水阀和由2100根灯柱组成的13000平方米的立体巨型灯阵。水柱的高度、布局、造型与音乐旋律相互配合，音乐奏至高潮，水柱如幕布般将广场笼罩，宽逾百米，最高处可达60米。整个空间通体明亮、大气磅礴，使人心胸开阔，再现大唐盛世的恢宏气势，凸显西安厚重的文化底蕴。

碑林、鼓楼、城墙、曲江、渭水……这些历史长河与文化母体赋予城市最古老、最权威的岁月见证，以及最醒目、最典型的符号形象，它们在背景音乐和旁白念词中被频繁提及，构成了大雁塔北广场水舞艺术的典型意象。尤其是在2016年大雁塔北广场喷泉装置进行改造后，水舞背景音频从原先的中西经典乐曲的简单串烧改为拥有完整概念的组曲形式，选曲主题更加集中，音乐选段间加入念白朗诵相互串联，更具指向性地向观众传达西安历史文化古都的音乐形象。西安音乐学院副院长韩兰魁教授为大雁塔水舞量身定做的系列曲目《水韵雁塔 舞动西安》是最早尝试将诗文朗诵与喷泉表演相融合的水舞版本，全曲由序曲和四个篇章组成，"雁塔"作为题眼贯穿表演的始终。后续更新的各个版本中，水舞演出也总是不吝于捕捉那些融入西安文化母体，内化为城市基因片段的地域符号，对其进行艺术重组和加工，形成绚烂且极具美感的城市公共艺术景观。大雁塔北广场水舞从地域文化中汲取灵感，经过艺术转化，又形成新的城市文化地标景观。在此过程中，城市文脉的本土基因序列得以延续。

2. 刻写历史记忆

水舞演出综合利用声、光、电、水等资源，带给观众公共艺术审美体验。尤其是夜幕降临之时，样式多变的喷泉在现代照明技术的灯光映照下更显多姿。激光器发出的激光束照射在晶莹透明的水膜上，水如同光的透镜折射和反射光线，形成水的"光柱"效果，仿佛水体自身在熠熠发光，具有极强的艺术感染力。在控制系统的编程控制下，激光束可以变换颜色，改变明暗效果，甚至形成多种多样的文字与图案，形成斑斓炫目的梦幻光影效果，带来强烈的视觉震撼。正是在这样亦真亦幻的视觉效果下，大雁塔北广场水舞演出可以营造出一个个恢宏的历史时空场景，犹如海市蜃楼一般，带给观众身临其境的奇幻之感。在掷地有声的"重回长安!"念白声中，观众的历史文化记忆被唤醒，当下传播空间中的参与者在声、光、影中重新体验"秦汉风流"和"盛唐浪漫"。

在这一城市公共艺术景观中，整个大雁塔广场的环境场地都成为水舞演出的历史舞台。大雁塔是位于北广场中轴线上的背景地标，也是西安城市变迁和时代文化氛围的人文再现与时空标识。它作为大雁塔北广场水舞演出的永恒后景，在水景造型不断变换的过程中屹立不倒且愈发凸显，这在水舞历史场景的建构中无疑形成了对戏剧情节的特殊解释。还有不少细致的小景观围绕着喷泉，如北广场入口处的大唐盛世书卷铜雕，以及其后的万佛灯塔和大唐文化柱，旁边的大唐精英人物雕塑群，还有地面铺装的地景浮雕，具有中国美术特色的"诗书画印"雕塑等，甚至灯箱、石栏等建筑上都题有著名诗篇。雁塔广场的环境场地浓缩保存了大量历史信息，借助隐喻、暗示、联想等指向性手段，在启迪思考、诱发想象中唤起公众对特定历史时刻的记忆。

并且，雁塔水舞光影秀演出的内容编排中也运用了许多历史文化象征元素，以密集的文本符号和视觉符号凸显西安深厚的历史底蕴。歌曲《盛世长安》由孙楠演唱，是在原曲《盛世中华》的基础上重新填词形成的大雁塔水舞主题定制曲目。在水舞光影中，歌词"秦汉月照隋唐""青史笔锋跌宕，倒叙唐宗汉武和秦皇"反复唱诵着西安十三朝古都的辉煌历史。2018年五一期间，雁塔水舞推出《领航·新时代》特别篇，主打"穿越时空的光影秀"，不仅将演出时长延长至40分钟，并融入表演元素，数百位演员走入水景广场，在水幕之间进行演出。玄奘、李白、杨贵妃、唐明宗、飞天……众多历史人物在大雁塔下重现，激活人们对佛教文化、唐诗雅颂、长安盛世的历史记忆。五彩斑斓的灯光，震耳欲聋的音响，如梦如幻的水幕，奏出一幕幕华丽的篇章，使文化传播穿越时空界限，再现历史场景的规整、秩序和繁荣。西安本就是中华民族和华夏文明的发源地，大雁塔水舞光影秀以极强的交互体验再现了具体的时空情景，激发每一位中华儿女的情感共鸣与文化认同感。

3. 彰显时代风貌

在原生态文化肌体和历史禀赋的基础上，大雁塔北广场水舞也被赋予了新时代的特征。一场场优秀的水舞光影作品，以饱满的活力和无限的深情描绘着时代精神图谱，以艺术特有的前瞻性和引导性勾连着历史与未来。

大雁塔北广场水舞顺应时代审美风尚。每到晚上七点和九点，以千年大雁塔为背景，汩汩喷泉水花循序渐进地铺展开来。金、红、蓝三色灯光，渲染得喷泉池渐生华彩，将大雁塔映照得璀璨夺目，古老与现代、传统与时尚相碰撞的视觉盛宴就此展开。从周深的《向光而行》到孙楠的《生生不息》，近年来越来越多符合大众审美情趣且传递励志向上价值观的流行音乐成为大雁塔北广场水舞的背景音乐。在恢宏壮丽并富有现代感的乐曲声中，古都长安旧貌变新颜，彰显美丽新气象。

图 6-1 大雁塔北广场水舞表演

大雁塔北广场水舞体现时代价值引领。除了一般常规性演出之外，每逢盛大节日或是重要纪念性时间节点，大雁塔北广场水舞总会奉上特别演出，以仪式化的体验发掘其中的精神内涵。2018 年五一期间《领航·新时代》水舞光影秀致敬劳动者，传颂劳模精神。在地球村、志愿者青年等现代元素和舞龙、飞天等古代元素的古今转化间。"看时空跨越，一代龙的子孙正在绽放绵延无际的新时代""激情飞扬的时代强音奏响华章"。2019年国庆节适逢新中国成立70周年，《我和我的祖国》水舞光影秀播放了《我和我的祖国》《我爱你，中国》等多首爱国主义歌曲，大雁塔的塔身映照着"爱我中华"的全息投影，数百位演员先是手举星星灯，继而扛起国旗，随音乐在广场上奔跑，表达对祖国的深深依恋以及伴着祖国荣光砥砺前行的决心。2020年10月西安举办丝绸之路国际电影节，大雁塔水舞又推出《丝路光影·相约长安》版本，以丝绸之路国际电影节主题歌《灿烂》作为压轴曲目在水舞演出最后表演。大雁塔屹立之处恰是丝绸之路的起点，见证"一带一路"建设的孕育与繁荣。背景乐唱响声声"from China to world"，彰显面向世界，中西方共话文明的决心。而水舞演出本身作为一种艺术表演，彰显中国气韵，体现百花齐放、生机勃勃的文化活力，这些都是对丝路精神的最好诠释。大雁塔北广场水舞以特定纪念性演出对新时代主流价值观进行情景展演和价值叙事，冲击着观众视听感官的同时，更传输着特定的价值理念，可以内化为国民精神维度的价值取向。

大雁塔北广场水舞适应城市现代化发展需要。其以公共空间的再造构建起公共传播机制，发挥了沟通社会各阶层、培育市民社会的功能，为构筑中华民族共同体意识的现代性认同奠定了基础。大雁塔北广场水舞的编排采用大山大河、历史遗迹、旗帜、爱国歌曲等诸多共同体象征符号，使得共同体意识作为一种抽象概念，在"视、听、触、感"中转化为具体的感知。男女老少可以独自成行，也可以全家观赏，不论是偶然停留的外来游客，还是日常休闲的本地居民，不同职业、不同身份的人都可以欣赏水舞灯光秀，获取意义的连接。大雁塔北广场在开放的空间内，以极强的艺术包容性打破观赏门槛，欢迎四方来客和八方儿女，实现公民"个体——集体"的联通。在当前文化选择多元、价值理念虚无、身份归属感变弱的背景下，大雁塔水舞利用时代导向需求进行文化创作，激发国民对共同体的神圣体验，形塑国民的情感记忆，并构筑起共同体认同，给地方带来积极向上的精神风貌。

二、作为公共艺术的大雁塔北广场水舞及其价值

公共艺术在发展中逐渐形成了公认的三个基本要素——公共性、在地性和艺术性。公共性是公共艺术最显著的特征，而公共艺术也正是通过自己独特的艺术语言和方式面对和反映社会中的问题。公共艺术的在地性则决定了一件公共艺术作品是否能直接指向社会问题，发挥其实际的价值意义。

大雁塔北广场水舞表演作为大雁塔景区的重要组成部分，每年吸引大量游客参观游玩，其作为一项公共艺术的代表，自修建以来便成为市民游客日常休闲娱乐的好去处。水舞广场拾级而上，与大雁塔这一标志性建筑物紧密相连，早已成为西安城市地标之一。大雁塔作为现存最早、规模最大的唐代四方楼阁式砖塔，具有浓厚的历史底蕴与气息，并与北广场的音乐喷泉水舞表演，这一具有现代与科技相结合的公共艺术遥相呼应，也为其本身带来新的魅力。

1. 以开放性对话的公共精神邀约公众互动

在通常意义上，公共艺术是指在城市建设中对环境进行艺术性的规划设计和在城市开放空间等公共性场所中，具有文化性和美感因素的美术品、构筑物及具有美感因素的实用物品的艺术设计与制作。公共艺术是当代艺术进入社会的产物，艺术发生的场所不再局限于一处美术馆、展览馆或博物馆等封闭的物理空间，而是不断走向外部世界，走向社会、走进人群，走到了公众生活的

环境之中。随着社会城市化的发展、市民意识的兴起等一系列社会变革，公共艺术也开始随之兴起发展，人们经常看到的大地艺术、城市景观艺术皆是如此。公共艺术的公共性主要体现在它与公众社会的互动性、开放性和参与性。它展现于一切公开的场合，接纳不同社会阶层公众的共同参与，并为公众社会所检阅、批评和享用。

大雁塔北广场水舞所具有的公共性决定了其表演的内容、形式是为众人服务，它同人的生活联系紧密并具有一种互动关系，加强场所环境与市民的亲和力、环境的认同感。每日都会看到大量游客聚集于大雁塔北广场，观看水舞表演。广场的水舞表演不会限制观众人数，所有人都能欣赏这样一场水舞艺术，感受水舞表演艺术的魅力。这样的公共艺术本质是亲民的，它为大众而创作，谋求的是公众之利，从物质上和精神上都是以人为本，以人为核心，以人为归宿，为了人的发展。

公共艺术是一种向公众传播文化的媒体，大雁塔北广场的水舞环境艺术化工程的建设，带给市民新的视觉与听觉感受，引导人们参与到城市文化的发展之中。大雁塔北广场水舞表演通过水与声、光、电的搭配，通过感性认识与理性认识的结合，达到直觉与思维的有机统一。大雁塔及其北广场的水舞表演，将自身具有的古代文化内涵和现代精神风貌结合，将历史的文化符号和时代科技符号等相融合，展现真、善、美的社会价值观念，给公众提供积极向上的认识活动领域，也在一定程度上实现了观众情感的统合。

美国传播学者詹姆斯·凯瑞提出的传播仪式观，从仪式观的角度来观照传播的实践活动和过程。凯瑞认为传播是一个符号和意义交织而成的系统，传播过程则是各种有意义的符号形态被创造、理解或使用的社会过程，在这个过程中现实得以生产、维系、修正和转变。① 在观看水舞表演的过程中，观众其实是在观看水舞表演过程中的各种符号，包括水的种种姿态、声音与灯光的搭配等。这些符号与遥相呼应的大雁塔这一标志性建筑物，共同呈现出大雁塔的文化底蕴，抑或西安城市形象、国家民族形象的建构。此外，依靠水舞表演实现对参与其中的所有观众的一个社会层面的维系。人们可以获取符号、理解信息，从而接受信息，增加彼此的理解，达成相应的共识。还有，美国当代社会学家兰德尔·柯林斯也提出了互动仪式链理论。该理论表明情感这一非理性因素才是日常生活中人际交往行为的核心动因及重要产物，传播从本质上讲是互动参与者"情感能量"波动变化的动态进程。② 在观看水舞表演的过程中，观众成为一个相对聚合体，同时水舞表演的内容则成为维系观众之间情感的纽带，包括其中的各种文化符号、情感符号，在这一过程中形成"情感能量"，良好的"情感能量"才能产生正面效果。在观看水舞表演的过程中，各种符号使得观众的个人情感与文化产生连接，从而形成个人层面的"情感能量"，引发群体层面的群体团结或道德感。

2. 以在地性丰富的空间层次构建共在环境

当代艺术家们将作品搬到了城市、乡村，甚至自然环境之中，而作品所处的外部环境和地点也对作品的意义产生了重要的影响，这就是所谓的在地性。可以理解为"特定场域的艺术或特定地点的艺术"是处理艺术与特定环境之间关系的一种方法，即艺术品与艺术创作、展示、传播以及接受的场所要建立一种血脉相连的物质实践关系。事实上，公共艺术完成了艺术作品从美

---

① 邵培仁，范红霞. 传播仪式与中国文化认同的重塑 [J]. 当代传播，2010 (3)：15 – 18.
② 邓昕. 被遮蔽的情感之维：兰德尔·柯林斯互动仪式链理论诠释 [J]. 新闻界，2020 (8)：40 – 47 + 95.

术馆走向社会空间，并对公共空间领域展开干预的变革。公共艺术不仅与地点产生更紧密的关联，还应与地点背后的社会机制、文化问题等产生良性互动。作为文化中介，公共艺术重新定义城市空间，组织城市生活，继而产生更广泛的社会价值、文化价值与经济价值。

大雁塔北广场设计九级踏步，每个台阶五步；大雁塔北广场喷泉平台与大雁塔相连，喷泉水面面积达2万平方米；其八级迭水池中的八级变频方阵是世界最大的方阵；每级水池有7级迭水，与大雁塔的7层塔相印合。大雁塔北广场是西安曲江大唐文化主题区域的重要组成部分，与大唐芙蓉园、大唐通易坊、曲江新区等共同组成了规模宏大、气势磅礴的大唐文化主题区域。大雁塔北广场随处可见的各种唐元素也是公共文化在地性的体现。

公共艺术大多设置于城市公共场所中较为醒目的地方，它的存在与周围的自然和人文环境等整个城市公共空间环境都有着千丝万缕的联系。因此公共艺术的设计必须考虑它与周围环境的整体与协调关系，只有这样才能够在城市的开放空间中，塑造新的空间环境景观，丰富环境空间的层次，同时营造出新的城市文化与精神场所，从而满足城市居民的物质与精神需求，给人们传达深刻的城市文化意象。

公共艺术对城市公共空间的介入，改善了城市公共空间环境的品质。与此同时，公共艺术试图通过人性化的艺术设计以及艺术的手段对城市空间进行美化与装饰，从美学角度装点城市，美化城市环境。公共艺术作品不仅仅是以单纯的视觉艺术作品出现在城市公共空间之中，而是参与到城市规划与设计、城市建筑设计、城市景观设计之中，共同为公众打造一个良好的城市居住空间环境。利用公共艺术与环境相辅相成的关系，共同营造城市空间环境品质来满足公众的利益与需求,它是城市公共空间环境的有机组成部分。①

公共艺术作为城市文化的载体,以艺术的方式保存着城市的历史与记忆。一座具有丰厚历史沉淀的城市,在城市发展的各个不同时期都有一些反映历史事件的艺术作品。而且,城市的历史与记忆是城市生活的一部分,是城市得以生存与发展的精神支柱。每一座城市的发展脉络与历史记忆都有所不同,城市公共艺术以它特有的方式探寻并记录着城市积淀下来的经典记忆与传统,并使这种记忆与传统融入今天的城市建设当中。

3. 以艺术性丰沛的城市底蕴激发审美共鸣

水具有极强的可塑性,无形之水可以幻化出各种状态,使得其形态的造型及应用是其他公共艺术作品所无法比拟的。越来越多的水景景观,依靠自身无穷的变化形态最大限度地满足人们对水亲近的心理,同时也在增强周围景观的观赏性。在带给人们愉悦和清凉的同时,也可以调节当地小气候,净化城市空气以改善城市环境。②

时间与空间的变化都会改变水的景观,用水的灵活性也在一定程度上缓和现代城市空间密集所带来的压抑感。城市空间中的大量水景观的应用也符合现代城市中"海绵城市"的相关要求,帮助城市在适应环境变化和应对雨水带来的自然灾害等,推动城市绿色建筑的建设,低碳城市的发展,以及智慧城市的形成,使城市既有"面子",也更有"里子"。

科学技术的推动也带来了城市景观设计的发展,这使得现代景观设计呈现出更加全面化与多样化的局面。各种造景元素——灯光、音响、材质、设备等在水景景观中的综合应用,无形之中使人们对水形态的设计也有了更高的标

---

① 周秀梅. 城市文化视角下的公共艺术整体性设计研究 [D]. 武汉大学,2013.
② 刘雨鑫. 水景景观设计中水形态的表达与运用研究 [D]. 西安建筑科技大学,2019.

准和更高的要求。工程师们对于科技的推动和应用，使得各种水景观形态以及各种搭配要素不断发展，可供选择的可能性也更多。喷泉艺术是由水泵提供压力，承压管道与各种的喷头组合搭配使水通过，形成千变万化、千姿百态的喷水景观，具有浓厚的艺术审美特征。其多样的形态，可调节的喷射方式，通过压力的作用使水喷涌而出，利用喷头的样式让水形成水柱、水滴、水雾等，在程序的控制下动静结合，给游客以多重感官感受。艺术设计师们则是在工程师的基础上，将各种水形态以及各种声光电的搭配进行组合，使其成为一个整体。各种情境、内涵、美感也在设计师的精心设计下得以体现，各式各样的水形态开始百花齐放、各美其美、美美与共。设计师利用物体的创意化表达促进空间的异化，产生环境与物体之间的情感对话，形成"场地+情感+材料"的创作模式。

水本是无色透明液体，通过自然光的照射，水面的反射作用形成了水影。在夜晚，水搭配各色灯光，反射出别样的色彩，各色灯光也带来不同的情感基调。结合水景增加环境的灵动性，将音乐的韵律与喷泉的动感结合，在现代科技的作用下将音乐、灯光和喷泉相结合。通过电脑控制，喷泉随着音乐节奏变换造型，仿佛是对音乐内容的表达，使得整个场景变得绚丽夺目，增强了游客的视觉和听觉体验。

水舞艺术表演于观众而言是一项可感知的公共艺术。面对水舞表演，人们最直接的就是视觉感知，视觉上看到的水形态第一时间会造成观赏者多种的审美感和强烈的视觉冲击感。水流变化莫测，给人以生机勃勃的视觉效果。同时，远处的大雁塔与之遥相呼应，又给水舞表演增添了一丝文化底蕴。灯光的搭配又给视觉的感知增添了别样的趣味。水流的声音也为人们提供了用听觉去感知艺术的机会，流动的水刺激人们的听觉，水的声响可以让人们感受到空间的尺度。人类的亲水性不断促使我们去靠近水、触摸水、体验水。在水舞表演的过程中，明显能感受到水汽或者水露所带来的湿润和清爽的触感，特别是炎炎夏日，人们更能感受到水汽所带来的清凉感，有时喷出的水花也有可能直接落到游客的身上。灯光的精心搭配使水舞表演在晚上比白天更加光彩夺目，水下照明能产生梦幻的效果，能使整个水流或水面随着光线而流动闪耀，灯光照明如有明暗、色彩、图案的变化，能给人更强的视觉感受和震撼。①背景音乐让人们在水环境中伴着水声得到听觉上的享受，同时创造了良好的休闲环境氛围。

图 6－2　大雁塔北广场灯光秀与音乐喷泉相得益彰

大雁塔北广场的水舞表演是西安城市社会发展、经济支撑、科学技术保障、生活方式转变、哲学观点与审美价值取向共同汇聚的生动反映。一个没有文化的城市是没有灵魂的城市，世界上的城市之所以千差万别、风格迥异，其根本原因在于城市文化的不同，城市的历史与文化是一个城市的灵魂所在，也是城市实现可持续发展的基础。

---

① 吕茵. 城市广场水景艺术设计初探 [D]. 西安建筑科技大学，2005.

三、大雁塔北广场水舞的文化生产及其意义

文化生产作为人类基本的生产形式，是创造、传播和实现文化价值的生产过程。① 大雁塔北广场水舞作为一种公共艺术表演，在城市中构筑出一个囊括深厚历史文化底蕴与现代科学技术的新型媒介空间，并通过公众的亲身参与和丰富的感官互动达成群体聚集效应下集体认同的建构，促进了城市现代文化的生产和传播，是传统文化在当代焕发活力和价值的重要介质。

1. 历史性与现代性共筑新型媒介化空间

大雁塔北广场水舞是一处由喷泉、灯光和音乐三个元素组成的现代化艺术景观，是文化传承、当代艺术与城市旅游业共同作用下的空间产物。水舞以其独特的艺术表现形式，融合了传统文化和现代科技，与其背后的大雁塔建筑共同构筑一个传统文化和现代科技相结合的新型媒介化空间。水舞所在空间的媒介化主要体现在其作为城市公共艺术在承载文化、聚集公众等层面的媒介效应。

大雁塔作为唐代的著名佛教建筑，是为了保存唐朝高僧玄奘带回的佛经而建造的，历经千百年的沧桑变迁，沉淀出深厚的历史文化底蕴，被誉为"古都西安的城市名片"。大雁塔北广场水舞在这座古老建筑的基础上诞生，是传统文化与现代艺术相结合的产物。在建筑设计方面，喷泉广场以突出大雁塔慈恩寺及唐文化为主轴，是全国最重要的唐文化艺术基地之一。音乐喷泉则融合了传统建筑、水景、喷泉、灯光和音乐，在声乐四起、水花飞溅的表演

---

① 荣跃明. 论文化生产的价值形态及其特征 [J]. 社会科学, 2009 (10): 119 – 131 + 190 – 191.

中，在"沿着唐路，奔向远方的晨光"的念白中，观众的思绪抽离眼前的景象与身边的人群，穿越时空重回大唐，在身体所在的物理空间之外又共处于一个想象的历史空间。

大雁塔北广场水舞的音乐贯穿了历史的长河。其中不乏古代经典曲目，如《梅花三弄》《梁祝》等，古典的琴曲和弦乐在广阔的空间中奏响，激荡的水花混合着音符仿佛冲上天际，为古迹景观再添一份历史的厚重感。水舞将传统音乐与现代喷泉技术相结合，呈现出一种历史和现代相互交融的文化景观。此外，大雁塔北广场水舞也代表着中国传统文化的延续。在唐朝，诗歌和音乐是非常重要的艺术形式，而大雁塔及其北广场水舞作为西安曲江大唐文化主题区域的重要组成部分，成为传承与再现唐文化的典范。传统的诗歌、音乐等元素贯穿于喷泉表演之中，与视野尽头庄严矗立的大雁塔、宽阔的T字形水池、喷泉方阵与激光水幕等图像符号交相辉映，形成一个结构化的城市景观符号系统，激活了人们对大唐盛世的历史记忆和集体认同感。

大雁塔北广场水舞融合了传统文化和历史元素的同时，还展现出强大的现代气息。喷泉在设计、实现、表现等方面都融合了现代科技和艺术表现形式，更加符合现代社会的审美需求，是当代公共艺术在古典美学价值体现与现代科学技术表征方面的典范。首先，大雁塔水舞的现代性体现在对现代化科技手段的运用。水舞采用了先进的灯光、水泵、喷泉喷嘴等设备和精密的计算机控制系统，能够使音乐、水舞、光影协调配合，实现喷泉高度、喷水形态、水幕投影等多种演出效果。水花的形态随着乐曲的旋律时而缓如潺潺溪水，时而喷涌如潮汐海浪，在喷嘴产生角度位移后又甩出一个个华丽的水扇，使在场的观众得到无可代替的感官震撼。现代艺术的另一个特征是与观众的交互性。水舞常常与观众互动，可以通过观众的声音、手势、移动等作出反馈，产生不同的音乐和喷泉效果。这种交互性质的实现需要多种工业组件的配合与计算机技术的支持，使得音乐喷泉更具有现代感和互动性，为观众提供了一种全新的、独具特色的艺术感受。

其次，大雁塔水舞的现代性还在于对多种艺术形式的创新性融合。在一个物理空间内，将音乐、视觉艺术、舞蹈等融合在一起，突破了传统艺术形式的单一性，更符合现代社会对艺术创新性与多样性的需求，同时表现出高超的技术实力和视觉冲击力。此外，复合式的临场体验也是现代艺术和娱乐文化中的重要元素。水舞通过水型、灯光、音乐等视听元素的呈现，营造出丰富的观看体验，为观众带来感官和情感上的冲击和震撼。在旅游产业发展迅速的当下，大雁塔水舞还提供了一个独特的休闲娱乐和文化消费方式，与周围的大唐不夜城、大唐芙蓉园等景观共同构成西安这座历史名城的地标性建筑群，吸引各地的游客前来观赏与消费，促进西安旅游、经济的发展。

最后，当代摄影与网络直播技术为大雁塔水舞带来了极具现代性的媒介表征形式。摄影技术可以通过数字形式储存过去的时空场景，以影像为介质被记录的水舞表演在互联网中得到了更广泛地传播，将观看者短暂地拉入视频内的虚拟空间。网络直播兴起后，一些主播还会前去现场直播水舞画面，主播站在有利的观看位置，一部手机、一个手握云台和一个简易麦克风便是其全部设备。随着水舞表演的进行，声像记录设备实时捕捉着水舞的音韵与律动，主播对演出主题、音乐节奏和水花形态进行声情并茂的讲解，直播间成了空间化媒介在互联网中延伸出的新场域，云端观众的身体也被延伸至表演现场。在现代媒介技术的支持下，主播与表演组成了一组可消费的符号，建构出一幅即使观众"身体不在场"也能观看的媒介景观。

哈罗德·伊尼斯在《传播的偏向》中将媒介划分为偏向时间的媒介与偏向空间的媒介，提出了媒介的空间属性。麦克卢汉在《理解媒介——论人的延伸》中提出："我们的感觉器官和神经系统凭借各种媒介得以延伸。"① 扩大了媒介概念涵盖的内容，拓宽了人们理解媒介的思维。我们用来接收外部信息的一切介质都可被称为媒介，媒介是构筑世界的重要手段。从另一方面来说，空间也具有媒介的属性，媒介可以建构空间，空间也是一种媒介。空间的媒介化包含两个方面：一是人类通过不断发展和传播媒介，创新媒介形式来拓展对实体空间的控制范围与控制力，从而在最大空间范围内实现媒介连通的过程；二是实体空间被纳入媒介范畴，履行着传播信息的功能。② 城市作为一种空间形态，对于城市的感知极大依赖于直接的感觉元素和媒介提供的时空要素。③ 大雁塔北广场水舞所在的区域作为一个实体空间，因其具有的公共性、聚集性、艺术性等特征而产生了媒介化效应，发挥着传递传统文化、承载城市记忆、传播城市形象等多重媒介功能。

2. "身体在场"之下的公众参与和集体认同建构

"身体在场"是指一个人在某个场合中，其身体能够与周围环境进行交互和相互影响，产生一种身体的在场感和相应的感知体验。当一个人处于"身体在场"的状态时，能够感受到场所中的景象、声音、气氛、温度等带来的多重感官刺激，这种体验是全面的、多维度的，具有强烈的主观性。在社交、艺术、文化等场合中，"身体在场"使得观看者获得更全面的信息并产生在场域之外难以复现的感知效果。在艺术作品的审美过程中，"身体在场"

---

① 马歇尔·麦克卢汉. 理解媒介——论人的延伸 [M]. 何道宽，译. 北京：商务印书馆，2000：20.
② 李彬，关琮严. 空间媒介化与媒介空间化——论媒介进化及其研究的空间转向 [J]. 国际新闻界，2012，34（5）：38-42.
③ 方玲玲. 媒介空间论——媒介的空间想象力与城市景观 [M]. 北京：北京广播学院出版社，2011：21.

的观众基于自身身体多维的连续性，以身体体验的方式，激发大家共有的普遍经验的理解力，从而产生更具有开放性和公共性的审美体验。① 大雁塔水舞作为一种城市公共艺术，更加注重观众的现场参与，声、光、水等元素直接作用于观众的身体感知器官，从而产生独特的情景体验，这种基于感官互动的在场传播，更易引发观者的共鸣与联想，使公众与作品之间形成感官与情感上的良性互动。

在现代社会中，公共空间的公共性体现在其归属公众、承载社会活动、面向全社会开放，具备生产公共意识的基础性功能。在大雁塔北广场，全开放式的水舞表演场域使得音乐响彻四周，绚丽的灯光时常把夜空映照为橙红色，城市街道上原有的公共秩序被短暂地打破。界限的消失让表演空间内的人群具有较高的流动性，或是被回声阵阵的音乐吸引，或是被溢于场所之外的激昂情绪所感染，一旦观众将身心投入表演之中，便成为"想象的共同体"中的一员。这种民族共同体意识基于对中国传统文化，尤其唐文化的认同，通过以公共空间为承载的传播机制，将象征性元素融入公共艺术的外在表征，在一次次的感官与情感互动中筑牢观众之间的联结，是公共空间作为公共意识生产工具的本质体现。

公共空间具备特定的意图性，能够通过整体塑造内部环境和综合运用象征元素，借助隐喻、暗示、联想等指向性手段，在启迪思考、诱发想象中唤起国民对特定历史时刻的记忆。② 大雁塔北广场作为水舞表演的空间，整体以盛唐文化为主轴，由唐风建筑、佛教文化、历史遗迹、水景喷泉、地景雕塑等设施组成，多重象征元素作为西安城市历史意蕴的实体空间承载，突出展

---

① 崔译. 浅析"身体在场"在当代艺术实践中的案例及其公共性 [D]. 中国美术学院，2016.
② 刘春呈. 铸牢中华民族共同体意识视域下的公共空间再造 [J]. 新疆大学学报（哲学·人文社会科学版），2022，50（2）：71-77.

现了西安的地域文化色彩。观众在与这些象征符号产生互动的过程中逐渐形成了中华民族的共同体意识，并且"身体的在场"促进了观众之间的互动与情感联结，彼此在同一个现实空间内经历共同的感官震撼，又同时穿越于由现场表演激发的想象的历史空间中，这种民族共同体意识得以持续加强和升华。

在大雁塔北广场水舞所在的媒介空间中，公众对城市公共艺术的参观是一场仪式化的传播过程。美国学者詹姆斯·凯瑞将传播的概念划分为"传播的传递观"和"传播的仪式观"。"传递观"认为传播是一个讯息得以在空间传递和发布的过程，"传播的仪式观"则是一种以团体或共同的身份把人们吸引到一起的神圣典礼。①"仪式"是连接神圣与世俗的桥梁，是一种维系社会存在的纽带，传播不是表面上的信息传递，而是一种维系社会关系和社会生活的仪式性活动。在大雁塔水舞表演的过程中，各种符号意义相互交织，由音乐与喷泉等元素构成的视听景观不仅作为信息被传递至观众的感官，而是成了一种文化仪式。在这种仪式化的传播中，观众的各种社会身份以及在场所之外的行为特征已不再重要，他们在当下被赋予了同一种身份，同属于一个社会团体——西安市的居民或游客，共同拥有着对西安历史文化、中华民族文化的集体认同，彼此间的凝聚力得到增强。大雁塔水舞表演唤醒了个体的群体意识，实现了对城市个体的精神联结，展现出独特的超越现实生活场景的空间与文化功能，丰富了其作为公共艺术的本质内涵。

亨利·列斐伏尔认为空间实践是一种基本的生产实践，在生产空间的同时也生产出了空间产品赖以存在的社会关系。当共处一个空间时，受众获得的就不仅是实体空间营造的在场感和意义空间生产的虚拟感，更多的是互动行为带来的社会归属感和与他人的联结感。大雁塔水舞参与了地方身份认同的建构，

---

① 詹姆斯·威廉·凯瑞. 作为文化的传播 [M]. 丁未, 译. 北京：华夏出版社, 2005：28.

使在场的观众对城市产生归属感，也强化了当地的"场所精神"与地缘文化。"场所精神"最早源于古罗马的宗教和神话故事。古罗马人认为"所有独立个体，包括人、器物、场所，都有陪伴其一生的守护神灵"。20世纪70年代，挪威建筑学家诺伯舒兹从建筑现象学的视角将场所精神的概念进行了现代化解释。舒兹认为："场所精神是人内心主观意识空间与客观存在空间的融合。相对于场所，场所精神具有更加广泛的意义，即人在参与活动的过程中，所感受到的一种场所氛围，对场所萌生出的归属感或认同感。"[①] 地缘文化是一个地区在长期历史发展演化中沉积而成的一种生活观念和生活态度，是一个地区的历史、文化、传统、风俗以及环境的综合体。[②] 在后现代工业化社会，资本增殖逻辑也渗入了空间的生产，场所精神日渐疏离，包含大雁塔水舞在内的城市公共艺术作为特定的场所精神与地缘文化的载体，构建出一个个融合地方特色的文化空间，有效抵抗了同质化、去场所化的空间力量，使城市的精神内核得以延续。大雁塔北广场水舞作为城市的有机组成部分被置于公共场所之中，其建筑设计与念白配乐等艺术构成使之成为西安这一城市千年历史故事的载体，超越时空地呈现历史元素，唤起了人们对个体或集体历史记忆的重新认识。人们可以与水舞这一公共艺术品产生互动，与在场观众共同体验，由此产生了身份、民族、记忆之上的联想与共鸣，进一步增强了场所中的精神凝聚力以及公众对地缘文化的集体认同。在主体与环境、主体与主体之间的互动体验中，公众更好地体会了城市的历史文化，领悟到城市的精神内涵，城市的集体记忆得以持久延续。

---

① 诺伯舒兹. 场所精神——迈向建筑现象学 [M]. 施植明, 译. 武汉：华中科技大学出版社, 2010：64.
② 陈高明, 董雅. 公共艺术的场所精神与地缘文化——以天津为例 [J]. 文艺争鸣, 2010 (8)：66–68.

3. 政治空间的权力运作和意识形态召唤

福柯在题为《空间·知识·权利》的访谈中是这样看待空间的重要性的："空间是任何公共生活形式的基础。空间是任何权力运作的基础。"① 同时代法国新马克思主义哲学家列斐伏尔始终强调空间的政治性和意识形态性，并在《空间政治学的反思》一文中指出："空间并不是某种与意识形态和政治保持着遥远距离的科学对象。相反地，它永远是政治性的和策略性的……空间一向是被各种历史、自然元素模型塑造，但这个过程是一个政治过程。"② 可见，空间不只是通常地理学意义上一种客观的、可感知的自然空间，同时也是政治权力占领和运作的场所，空间内部充满着政治性和社会性。大雁塔北广场水舞是位于西安城市地标广场空间内的声光艺术景观，其以公共艺术表演介入所在环境，形成流动的变奏空间。水、声、光的艺术语言既为游客提供了关于本土丰富历史文化的线索，也有着丰富的政治表达和意识形态赋予。看似中性的艺术空间实际是国家权力运作的媒介，在该公共艺术活动艺术表现的背后，实际体现着公共空间的权力关系的组合、分配和消长。

古往今来，城市广场就是一个政治性色彩非常浓郁的公共文化空间。从雅典时期公民的政治性集会，到当今纽约时代广场、巴黎协和广场、北京天安门广场等，广场都是各国人民政治文化活动的重要场所，同时也作为一种重要的社会资源，存在公共空间内的权力分配和博弈。大雁塔如同西安的一个注脚，地理区域虽并不宽阔，却包容、见证了西安乃至中国千百年的风雨历

---

① 斯图亚特·埃尔顿. 空间·知识·权力 [M]. 莫伟民，周轩宇，译. 上海：上海教育出版社，2001：13 – 14.
② Henri Lefebvre. The Production of Space, translated by Donald – Smith, Blackwell Ltd. Oxford UK & Cambridge USA. 1991：371.

程，象征着绝对的权威和崇高的历史性。水舞表演以大雁塔作为中轴背景，以大雁塔北广场作为环境场地，实际上是作为国家权力的行使者在基层社会通过广场空间进行权力运作。其以公共艺术对广场空间进行改造，使广场空间建筑层次更加丰富，主题更加明确，将水舞表演作为媒介重塑秩序空间，建构自身合法性以传播主流价值观和先进文化。大雁塔北广场水舞所重构的空间体现了列斐伏尔所说的空间的第二维度——"权力空间"属性。值得注意的是，大雁塔北广场水舞始终致力于以特定的符号实现"国家的在场"，以情景体验感触"共同体"，加强国家权力的象征意义，构建政治合法性。就广场空间而言，一方面，广场的界面和布局隐喻或彰显了盛世中华的理想，使其成为国家历史、文化和政治权力的化身，它就像国旗一样能让国民产生认同感和自豪感。另一方面，水舞空间所形成的独特氛围将激发起人们不同的感情。广场看起来好像仅仅是水舞表演的"舞台"，实际上它与水舞演出的每一幕景观一起构成了一个整体。它通过让民众旁观或互动参与的方式强化其对现存社会秩序和权力等级的认同感。此外，大雁塔北广场水舞作为文化传播过程中诸多象征物的集合域，该空间以构建合法性为旨归，通过特定编码使抽象存在被具象化、情境化展演，并作为国民能够直接理解的政治价值被展现出来。水舞表演具有符号表征的控制权，借助特定意象赋予广场以某种意义，依靠情境展演指引"想象"共同体，实现了从公共空间到共同体的感知"跳跃"。每逢特殊节日，水舞广场举办的仪式化演出，成为联结国家的共同象征载体。国家符号的在场成为形塑民间仪式的力量，由此让公众与看不见的国家联系在一起，从而感受到国家的存在，培养了人们对国家的认同感，使得空间权力更正式化与合法化。

公共艺术作为一种文化触媒，是使存在于公共空间的艺术能够在当代文化的意义上与社会公众发生关系的一种思想方式。① 大雁塔北广场水舞以公共空间为中介，使权威性知识易于认知并以情景体验的方式下渗，对应化认知关联中华民族共同体的表征、记忆、情感，令国民通过共同的仪式感、情境感"感触"中华民族共同体。大雁塔北广场水舞通过再造公共空间这样的"物质—精神"共构基点，为"国家话语"的具象化入场提供了一个展示舞台。每一场水舞表演实则都隐含着统一的演出叙事主线，"立足西安古都，回望悠长历史，进而走入新时代"，这是主流话语集中诠释的中华民族共同体意识的历史缘起、构建过程、发展理路和应然趋向。在泱泱大国、盛唐气象、美好新时代的情景展演中，不同身份、背景的国民能够在公共空间的互动式参与中获得同一性体验，在浸润式影响下形成一致性理解，实现"国民—共同体"的情感体验贯通。公共艺术由国家权力和政治文化主导，作为一种强势话语的视觉表征存在。国家话语掌控对雁塔空间的表征权力并实施表征的过程中，无疑伴随着权力的生产过程。大雁塔北广场水舞在表演编排中有意地将国家主流文化拉入公共艺术展演的舞台上，将宏远的国家方针政策拉近到民众的日常生活体验之中，形成一种内化的文化力量，使广场空间在变得有趣的同时，附加了整合城市社会公共文化价值理念的效用。公众从中感知和认同国家的治理方式，从而获得对国家与地方的文化情感联结和归属认同意义，以达到整合和形塑城市公共文化的隐形效果。

四、以公共文化服务焕发城市新活力

西安，古称长安，与埃及的开罗、希腊的雅典、意大利的罗马并称为世

---

① 孙振华. 公共艺术时代 [M]. 江苏：江苏美术出版社，2003：25.

界四大文明古都。西安也以3100年的建城史,在中华民族发展的历史长河中,拓印下了无比魅丽的史诗和波澜壮阔的画卷;一千余年的十多个王朝的国都史更是见证了中国历史舞台的风云变幻。对于中国历史和传统文化的形成与发展而言,西安曾有过无与伦比的贡献。西安这一历史文化古都,具有自身深厚的历史积淀和文化传统,特点鲜明。现如今,西安站在一个新的起点上,该如何更新城市形象,如何在这个"秦中自古帝王州"中焕发出新活力,塑造个性鲜明的城市形象,同时促进这一历史名城的经济进一步发展,大雁塔水舞的公共艺术演出给予了我们一个答案。

1. 以公共演出的文化服务方式拓宽城市发展新格局

大雁塔广场建立于唐朝,现在是西安的标签之一,唐朝的高僧玄奘曾在这里传播佛教文化。广场的整体设计概念以突出大雁塔慈恩寺及唐文化为主轴,结合了传统与现代元素,凸显大雁塔慈恩寺及大唐文化精神,并注重人性化设计,打造出了目前全中国最好的唐文化市民休闲广场。

中央主景水道就是大雁塔水舞,面积达2万平方米,8个大型喷水池呈阶梯式上升,每个水池可按各自的音乐喷水,又可组成巨大的叠水景观和矩阵喷泉。喷泉广场八级叠水池中的八级变频方阵是世界最大的方阵,共设计22种独立水型。同时北广场喷泉中设计60米宽20米高的大型激光水幕,4台喷火泉从水里喷出,在6米高空充分燃烧,然后低温爆开,更增加了整个喷泉的夺人气魄。整个广场从北向南望去,中央是层层叠水,两侧绿林掩映中尽是可以细细咂摸的唐朝遗韵,就连两侧的商业建筑也是斗拱宏大、出檐深远、气势雄浑、一派唐风。64米高的大雁塔被烘托得更加庄严,遇到天气晴好,雁塔倒影落入水中,别有一番风韵。最具互动与观瞻价值的大雁塔水舞不仅给予了广场现代性与可观性,更成为西安众多景点中的一个"网红打卡点",

形成了自己独特的公共艺术。公共艺术是一个城市的面孔，是一个地区和城市的文化符号，反映着一个城市特有的气质，展现一个地方独特的人文文化和素养。① 公共艺术是一种艺术创作的思想方式，传达着艺术对公众的态度，体现了公共空间开放、交流与共享的民主思想。公共艺术的核心是让更多人真正享受艺术的权利，提高民众的生活品质和城市的精神内涵，实现其特有的性质——公共性。②

大雁塔水舞以其艺术性与公共性提升了西安的旅游形象，吸引更多的游客前来西安旅游，从而促进了西安旅游经济的发展。同时，大雁塔水舞在不同时期展示不同主题的演出——不仅有历史气息浓厚的"丝绸之路、大美西安"等主题演出，还有与时俱进的"赞歌颂百年，奋进新时代"的主题水舞光影秀，更有与国际接轨、演出世界著名钢琴曲并双语播报的表演，让来自世界各地的游客都能领略其文化意蕴。大雁塔水舞与唐风唐韵的大雁塔相互融合，激活了独具特色的城市广场文化，传承了古城的历史文脉，透过开放空间及水舞表演的植入，强化都市空间结构特色。它作为一个城的附加旅游资源存在，是一种夜间旅游产品，以水舞灯光秀作为一种聚集人气的方式，为西安带动相关项目发展，拓展了西安的旅游市场，达到了较好的整体效益。

2. 以具有城市文脉的文化形式参与构建城市形象

历史与文化是人们感受城市特定价值的重要内容，重视地方特色的保护与历史的传承，以及充分展现一个城市的文脉已成为一种时尚，并且直接反映到城市广场的设计中。应在具有历史意义的地点注入更多新景观，从而引发多种

---

① 吴萍. 城市文化中公共艺术空间的拓展 [J]. 包装工程，2015, 36 (06): 17-20+24.
② 江哲丰. 城市公共艺术对公众的积极影响管窥 [J]. 山东农业工程学院学报，2015, 32 (01): 134-136.

社会活动并激发城市活力。大雁塔水舞的建设就是在这样的思想理念与潮流的指导下产生的。它不仅继承了西安历史文脉的特点和文化精神，并且因为极强的自身感染力与交互性，成就了自己公共艺术的生命力，也因其鲜明的地域性从而参与了城市形象的构建。①

鲜明的地域性是指作品具有的丰厚文化内涵与底蕴，深刻地体现一个民族、一个国家或一个地区、一个城市的过去、现在与未来，作品成为该地域的一种精神的力量象征与展示。地域性使作品产生与其他地域不同的特征。公共艺术作为一个重要的城市空间形态构成，当然要保持城市的特色。它包括这座城市的自然属性，例如靠海的、内陆的、热带的、北方的，不同的自然气候赋予每座城市不同的生活方式、不同的市民素质和色彩体系。另外，作为城市文化载体，公共艺术要延续这个城市的文脉，包括几千年、几百年的历史积淀、人文演绎。这些构成元素再融化到城市的各种功能区，它的行政区、商业区、居住区、旅游区，并以此来勾画出城市的软硬质景观。② 大雁塔水舞的设计充分体现了西安市的地域文化特色，它透过对周围唐元素建筑与形式的解析，及现代构造技术与材料的结合，将自己与广场周围的景致完美结合。广场的整体设计概念以突出大雁塔慈恩寺及唐文化为主轴，结合了传统与现代的元素。

大雁塔水舞灯光秀的建设不仅与城市自身的硬件条件息息相关，与城市的政策环境、城市管理者的思想决策、投资环境都有着极大的关联。作为一项需要高投入的项目，其建设运营都需要巨大的资金做支撑，以当地政府雄厚的财力物力做支撑，对于城市经济实力有较高要求。此外，大雁塔水舞灯光秀对

---

① 燕宁娜，赵振炜. 一种积极的城市文化游憩空间——解读西安大雁塔北广场 [J]. 建筑知识，2005（02）：20-22.
② 何鄂，韦天瑜，杨文会，等. 公共艺术与地域文化 [J]. 雕塑，2006（04）：28-33.

技术要求较高，这就需要城市可以提供高科技的技术以及掌握高科技的技术人才。人才是一个城市综合实力的重要组成部分，西安的经济、文化、环境等为大雁塔水舞灯光秀的发展提供了保障。

大雁塔水舞力求通过城市建设与公共艺术科学衔接，古风与现代结合建设等手段，建立新时代新西安的文化新符号，成为见证时代的地理文化标志，也树立起新西安"包容、开放、创新"的时代形象，突出西安公共的生活特色，成为西安城市形象的一张新名片。①

3. 以创新性传承地域文化彰显城市文化的时代价值

在漫长的人类社会发展中，因不同地域由于地理环境和经济发展而形成各具特色和不同样貌的地域文化，它是从文化的个体意义上界定的。每种不同的地域文化都具有其鲜明的文化特色及其价值观。② 无论是东方，还是西方，一个国家和地区在经济和文化的演进中，当经济关系发生革命性变化时，文化是可以起到一种先导作用、内促作用和转变作用的。西安市的发展印证了这一点。这也许就是学术界所称的"文化自觉"，是一种相对固化的地域文化的时代价值的体现。地域文化要弘扬，要为经济发展服务，但必须建立在实事求是的基础上，地域文化的传承发展对于中华优秀传统文化的传承发展具有重要的意义，具体体现在增强文化认同、保护文化多样性、提高文化渗透力。

地域文化的形成除了来自历史的地理的自然禀赋，更有赖于生活在一方水土的人们的创造，有赖于文明与文化的积累和流传，是一份独具特色的精神财富。未来学家认为在未来经济发展的浪潮中，魅力最大的是文化，而不再是以原材料、能源、土地这些可消耗性的资源为主的工业部门。"文化软实

---

① 李昊，黄安民. 水舞灯光秀适宜性评价研究 [J]. 绿色科技，2016（15）：185-187.
② 周鑫. 地域文化符号在当今公共设施设计中的传承与创新 [J]. 美术大观，2016（04）：134.

力"推动经济的跨步,正是认识全球化时代文化的作用时应当突出的论点。在这种新的意识——文化的意识之下,带给城市地域文化的发展以新的启示。在地域文化和城市文化的建设上,有的注重从发扬历史文化的角度来进行现代文化建设,有的注重从现代文化来塑造城市形象,而大雁塔水舞不仅完成了对历史的传播,也体现了现代文化的精神。西安盛唐历史与水舞的艺术性碰撞,完美地融合了不同的文化,做到了一加一大于二。喷泉共计有水泵1360台,变频器1124台,彩灯3300余盏,喷头2000多只;喷泉的灯光采用水下池面地灯、LED光带及岸上电脑灯多光源照明;音乐采用高保真远射程专业音像系统,使喷泉声、光、水、色有机交融。水舞过程中时而激昂时而沉稳的声乐,迎合着飞舞的灯光造型还有水的千姿百态,反衬大雁塔的不同历史背景。

文化的传承在于创新。要想使城市变成一个文化的品牌,仍要在创新上下功夫。主打文化牌,把历史文化遗产与现代化建设中激发出的精神因素、创新性因素相结合,是重建地域文化与城市文化的新境界,并提升到特立独行和卓越之处。[1] 大雁塔水舞正是利用技术以创新性的方式重新构建城市发展理念和规划原则,不仅把城市建立在高度物质文明上,而且建立在高度精神文明上,树立并凸显时代性与地域文化相结合的城市精神。

地域文化历来是中华文化大家园中的灿烂一页,是我们民族的精神成果在一代代人中薪火传承的寄托和骄傲。如果把地域文化放到传统文化的角度来考察,我们就会进一步明确其"创造性转化和创新性发展"的重要性,找准继承与创新的方向。文化自信的根本在于对传统文化的创造性转化与创新性发展,只有伴随着现代化建设的脚步推动中华文化的跨越和进步,在优秀文化传统的基地上开发创新发展的空间,不断更新文化内容,才能把文化高楼建立在

---

[1] 陈坎友,方莉玫. 地域文化在环境艺术设计中的传承与创新 [J]. 设计, 2017 (15): 152 – 153.

适应新的实践和新的生活的坚实基础上。

五、结 语

随着城市的发展，人们在不断营造适应自己生活的人工环境的同时，又不断改造所形成的环境，这是国家和社会的群体行为。人居环境也随着城市的发展而得到改善。① 于是，在历史发展过程中一些遗留物便被保存下来，而另一些则被替代了，如此循环往复。所以，当人们浏览一座城市时，展现在人们面前的是人类生存活动的印记，是人类对真善美的向往和追求，它凝结成这个城市的永恒标志。盛唐的长安与当代的西安，穿过千年的时空，在大雁塔处重合。当盛唐的光辉从大雁塔喷薄而出，它是我们民族智慧与繁荣的结晶。而到了现代，大雁塔水舞变成了一个新的时代作品展，以"突兀压神州，峥嵘如鬼工"的大雁塔为背景，以水舞表演为载体，将声音、灯光、古城氛围等融合，将西安的诸多人文、地理元素囊括其间，展现了中华文化的传承与发展，形成了古老与现代、传统与时尚相结合的视觉盛宴，向来来往往的观众展现着当今西安的辉煌。

---

① 何鄂，韦天瑜，杨文会，等. 公共艺术与地域文化［J］. 雕塑，2006（04）：28-33.

第七章 地铁"画"语：艺术媒介的叙事对城市形象的塑造

西安第二条建成运营的地铁线路是地铁1号线，截至目前共有23座车站，其中从纺织城至后卫寨一期工程的19座车站，均有反映站点所在位置的自然地理和历史文化遗迹的大型人文景观壁画。这些壁画以地铁站点这一实体建筑为载体，大幅提高了其公共性、在地性、互动性，充分体现了鲜明的地域特色与时代精神。本章将对西安地铁1号线所有站点壁画的叙事内容、叙事手法展开分析，以期考察此类艺术媒介叙事对城市形象的塑造作用。

一、西安地铁1号线站点壁画的叙事内容

在艺术表现方式多元化的发展中，壁画艺术不再是传统意义上的"平面绘画"，而是将木、石、铜等多种材质用于浮雕、嵌刻等艺术表现的综合性墙上艺术。在西安地铁1号线各站点的文化墙上，壁画的创作材料、表现方式有一些差异，但在总体文化风格上以汉风为主，唐风为辅，并涵盖了人文西安、生态西安、科技西安、和谐西安等四大主题。

第七章 地铁"画"语：艺术媒介的叙事对城市形象的塑造　137

图 7-1　西安地铁 1 号线部分壁画一览

　　地铁壁画对人文西安这一主题的呈现，侧重于展示古都西安的悠久历史及深厚的文化，上至原始社会时期的半坡文化，下至解放战争时期具有革命意义的解放门，中间还展现了隋唐时期的盛世风光。

　　人文西安这一主题在西安地铁 1 号线壁画中所占的比重居中，体现了西安这座城市深厚的历史与文化底蕴积淀。如《半坡之源》，壁画的创作原型是距今有 6000—6700 多年历史的新石器时代仰韶文化聚落遗址。壁画以浅蓝色的瓷砖为背景，上面分布着红铜色的钵、碗、盆、罐、缸、甑、瓮等仰韶时代的生活用器，它们是在半坡遗址发现的彩陶器的典型代表。壁画中间是半坡出土文物中的标志性图案，以不锈钢色突出其重要地位。五路口站点的《解放西安》，主题凝聚了革命公园与解放门的历史意义。这一站的代表标符上印有火车站及解放门的象征符号，整幅壁画的主色调为金铜，副色调为浅蓝。金铜部分以浮雕的艺术形式刻画了战时英勇奋战的士兵和终于迎来解放欢呼鼓舞的人民群众，浅蓝部分以灰色凸出显示解放门的剪影，门前有金色的和平鸽飞过，象征着长久的战乱终于迎来尾声，体现了军民合一的深刻爱国主义精神。北大街站点壁画题为《鹿柴》，其表现形式与其他站点壁画大为不同，采用了小面积瓷砖拼接外加彩绘的方式展现了一幅群鸟飞越冬日树林之景。在画的右上角题着王维的代表作《鹿柴》:"空山不见人,但闻人语响。返景入深林,复照青苔上。"与整幅壁画所要表达的旨趣相得益彰,在快速发展与行进的城市节奏中,给予行人一种来自自然深处的安宁与静谧。玉祥门[①]站点壁画名为《万古长青》。在《万古长青》中,冯玉祥大将军面容严肃,左手叉腰,右手拿着望远镜,站在城门旁边,脚踏祥云,背靠城墙。百年青松不老,一行仙鹤飞过,以现代锻铜工艺,通过浪漫主义的手法表达了对冯玉祥将军的追思和对和平生活的向往。《丝路风情》是开远门站点的壁画。开远门建于隋初,"开远"意在表明隋唐帝国向西拓展领土的愿望。开远门下有3门道,现仅存开远门遗址。开远门就是连接丝绸之路和城内的通衢上的节点。《丝路风情》则展示出了大唐盛世时期中外文化交流的一幅盛况。拼接而成的大理石上既有线刻的大唐女子在表演中国传统的歌舞,也有胡人骑着骆驼赶往长安,更有汉人与胡人相聚一堂交流中西文化。壁画底色选用浅色系大理石衬托砖红色的开远门剪影,展现出恢宏的大唐景象。

　　生态西安这一主题主要从站点所在位置的自然地理因素展开刻画,在1号线的19幅壁画中所占比例与人文西安相等,足以体现这座现代化古都城市不仅注重弘扬与宣传历史文化特色,更要在高速发展的当下保护生态环境。生态西安的呈现主要从山、水、生物多样性的角度切入,既体现了西安城依秦岭、八水绕的地理特点,又通过大幅的色彩在地铁这一互动性极强的建筑载体中传递了环保观念。如浐河站的《折柳送别》,浐河是"八水绕长安"的八水之一,浐河沿岸适合柳树生长,所以自古以来就有折柳送别的习俗,折下柳枝,以表思念。浐河站的地铁壁画中突出了垂柳特色,画面左侧是粗壮的杨柳树干,茂密的柳树叶在画面上蔓延开来,树下是牵着马匹,即将远行的书

[①] 1926年,冯玉祥将军率兵击溃镇嵩军,解西安之围。1928年,为纪念冯玉祥,特于西门北侧开辟城门,砌单券洞,故名"玉祥门"。

第七章 地铁 "画"语：艺术媒介的叙事对城市形象的塑造 139

生正挥手与妻儿告别，远处的河面上头戴笠的渔翁驾着他的一叶孤舟。风吹过，整幅壁画上的柳叶仿佛随风舞动，柳絮漫天。壁画的右上角印着唐代诗人刘禹锡的《柳枝词》："清江一曲柳千条，二十年前旧板桥。曾与美人桥上别，恨无消息到今朝。"整幅作品采用石材与铸铜浮雕相结合的手法，增强了立体感与互动感。万寿路站因得名于距今有400多年历史的万寿寺塔，站点壁画《万寿终南》取万寿寺塔名中的"万寿"之意，与终南山相结合，组合为万寿终南。通过大幅油墨的绿意凸显终南山之开阔静谧，以云山云海映衬山巅之高，画面中央正上方缀以孟郊的《游终南山》："南山塞天地，日月石上生。高峰夜留景，深谷昼未明。山中人自正，路险心亦平。长风驱松柏，声拂万壑清。即此悔读书，朝朝近浮名。"全诗通过对终南山景物的描绘，赞美了终南山的万壑清风。洒金桥站点壁画名为《莲湖鱼趣》。洒金桥在古时为运输粮食的重要交通路段，散落的粮食如同黄金，因此得名。在地铁标符中便运用马车车轴与粮食来代表这一含义。但壁画所体现的莲湖鱼趣则与洒金桥和莲湖公园相近有关。在大朵垂坠的白色莲花中，红色的鲤鱼从水下跃起，穿梭在莲叶间。远处是古色古香的桥洞与庭楼，莲湖之美、鱼游之趣便在亮红色的点缀之下，传递给路过的乘客。《丝路贸易》是枣园站点的装饰壁画，选取丝绸之路上的代表性作物"枣"作为象征，主题画为枣"愿"：通过不同季节的枣树色彩，经过冷暖变化排列和大小变化，在平面中形成一种空间感，达到草木丰茂的感觉，表达了一种城市绿化发展的愿望，寓意西安市"文创之都，水韵林城，美丽西安"的森林城市建设理念。壁画《汉桥畅想》布设在三桥站。三桥是古长安城西边的一道屏障，是欧亚大陆桥的咽喉所在，地铁壁画即以汉代渭河大桥考古遗迹中的碳化黑色木质桥桩、岩层中凝固的鱼群、濒危鸟类朱鹮为主要元素，运用不同的材料完成画作。壁画底色为自然取材未加工的大理石，嵌刻着鱼身形象，画幅下部以金属锻造的形式呈现出桥边随风飘摇的芦苇，既有颜色上的反差感，也有视觉上的震撼感，更有古今生物进化与危机的沉思。

西安地铁1号线开工修建于2008年10月，该东西向线路横穿西安城北部，途经地区多为早期发达的工业地区，如纺织城、劳动路等。因此，壁画主题的第三板块是"科技西安"，以此突显西安在新中国建设时代的早期工业与现代的科技革新。《繁花织锦》是纺织城站点的壁画，取型于纺织行业的兴盛景象。1953年，国家批准在此筹建棉纺基地，先后建起国棉三、四、五、六厂和西北第一印染厂等，逐步形成以轻纺工业为主的工业基地，主要有机械修理、冶炼铸造、化工电子、印染织带、捻线等，产品遍销全国十几个省、区、市。纺织城站地铁壁画便以正在运作的整张纺织布占据主要画幅，在黑色的背景下，彩色织布串联起辛勤纺织的女工、绚烂的花纹样式、鲜艳的布匹，在织布机地来回穿梭中，一匹匹繁花般的布在勤劳的人们的手中诞生。整幅壁画采用不锈钢和瓷砖等作为主要材料。在劳动路站点，《蔚蓝产业》布设于此。1959年国庆十周年献礼时，苏联在此援建项目，劳动路也因附近的工业及林业等劳动项目而得名。当今时代，中国的工业技术水平大大提升，在达到高效率的同时更兼顾环保，劳动路的地铁壁画就突出体现了这一点。该壁画采用金属锻造和烤漆工艺。深蓝色的背景与大幅绿树代表着自然与生态保护，蓝绿色的搭配也给人以清新健康的视觉感受。齿轮、高塔、分子、生物链等代表工业与科学发展的元素穿插其间，表示如今的西安是一座科技生态城市。

西安地铁1号线站点壁画的第四个主题是"和谐西安"。这一主题多从古今融合这一视角展开，如长乐坡站通过白色皮影与银色锻艺相结合的手段，凸显出古今艺术、发展、生活的多元融合与碰撞。这一主题在一号线中所占比重最大，既借用了古代丰厚的历史文化含义，又体现今日西安安居乐业的和谐生活，与西安的发展定位、理念及西安人民的共同理想相契合。如长乐坡站的《长乐未央》。此站名称得于长乐宫，据史料记载，隋文帝杨坚曾在路北建长乐宫，路南建望春亭。长乐取自"长久快乐"之意。长乐坡站的壁画洋溢着古代与现代碰撞的火花，白色皮影代表着古，银色锻造代表着今，既有秦腔、唢呐、古筝、纸鸢、绣球，也有二胡、滑板、舞蹈、骑行、摄影。工业齿轮与彩色油墨的融合，也象征着西安是一座充满活力与激情的现代化古都。《绽放金花》布设在通化门站。通化门是隋唐通化门的门址，是古代重要的交通枢纽。在今天已成为以金花路为中心的西安东城商贸体系。壁画一是选择古代的青衣花旦与现代的时髦女性作为金花的象征，二是整幅画面在绿色背景下以大朵大朵的金花作为点睛之笔，吸引乘客的目光，既体现出西安的活力，也彰显出西安的生态化与现代化。地铁行至康复路，其站标为代表着医疗卫生的十字前有一双手捧着爱心，《白衣天使》壁画也汇聚了代表健康与康复含义的元素。壁画采用综合材料工艺，给人以亲切的视觉体验。壁画背景为灰白系，辅以大片的绿叶，画幅左半边是健康和乐的一家三口，活力四射的父子与宠物，以及相携相伴的老年夫妇，画面右边则是从怀孕到婴儿，再到幼儿时期的母亲与孩子，画面中央是面带笑容的五名医护人员与一名康复的患者，祝愿经由此站去往医院的乘客及家属都能身体康健、阖家幸福。朝阳门是东城墙最北边的一个门，由于面朝太阳，是每天第一个见到太阳的城门，所以取名朝阳。在壁画《旭日东升》中，用大篇幅醒目的红色来代表太阳普照，祥云与自由飞翔的白鸽下，则是朝阳门的城墙剪影。城墙下，绿荫浓密，百姓安居乐业，体现出一幅人与自然和谐相处的城市景象。整幅壁画运用综合材料及彩绘的方式增强了现代感与亲切感。汉城路因附近有汉长安城、汉城湖而得名，其站点壁画名为《炫彩西安》。作为历史遗迹，汉城湖凝练着古城西安的深厚底蕴，但古色古香不是西安唯一的特色。《炫彩西安》就很好地体现了这一含义。文化墙上刻有大雁塔、钟楼、汉城墙等西安标志性建筑，但比这些更抓人眼球的是背后炫彩缤纷的底色，红、绿、蓝、橙、红与古铜色巧妙地融为一体，金属锻造的古建筑与彩色剪影的现代性建筑，碰撞出的便是现代化古城——西安。皂河站的《皂水长流》，以深绿色作为壁画的主色调，从下至上分别为绿叶、绿水和青山，其中飞过的一行仙鹤作为点睛之笔形成了色彩上的反差感，给人眼前一亮之感。所谓皂水长流，一是从物理层面上希冀皂水能够保持丰沛；二是皂河拥有悠久的历史，如今的皂河正是从古至今源远流长；三是可从河两岸的房屋发现其人文含义。皂河养育了无数人民，皂水清澈长流，人民百姓也可安居乐业。在明代，"卫"是军事单位，西安城市级别高，所以设了五个"卫"。"后卫"只是其中之一，在这个基础上逐渐形成了后来的后卫寨。后卫寨从明清时代起，就是西安城西边的门户，1926年军阀刘镇华围困西安时，便在这里设置阵地来防御西边的冯玉祥。后来冯玉祥夺下后卫寨，在此建立指挥中心，最终"解了西安的围"。《古都新区》就布设在后卫寨站。整幅作品采用黄铜材料进行加工制作浮雕，一眼望去，深色的墨绿中点缀带着时间印记的金，绿树、金屋、玄顶、青山，还有穿梭而过的高铁，是古代和谐安宁与现代科技发展的完美结合。

二、西安地铁1号线站点壁画的叙事方式

地铁壁画布设的位置是公共艺术的表达空间，也是城市地下公共空间。此处流动人口数量大，流动性强，乘坐地铁的个体审美水平有较大差异，这就要求地铁壁画的视觉叙事及其表达不应过于复杂，反而应以适应一定距离的、快速的、浏览式观赏为佳。以此来衡量西安地铁1号线站点壁画的叙事特点以

及表达方式，就可以发现每个站点壁画借助最具代表性的地域性图像符号和文字符号，或是具体的描写，或用抽象表达，或以意向引申来叙事。

1. **具象描绘历史与现实生活给观赏者以强烈的视觉吸引力**

具象一词意指具体形象，指再现描绘客观世界中的物象，以形象为主要表达手段的艺术造型。[1] 具象性的描绘方式是指事物具体形象的艺术表现。由于地铁壁画艺术是放置在人流量较大的公共场所，直接服务于社会公众，因此壁画内容应当符合社会公众的审美倾向并贴近当地人民的生活，唤起人民的共鸣。总之，具象性的描绘手法能够让人在短时间内对壁画内容有一个全面、直观的认识，让公众直接获得全面的信息。

西安地铁 1 号线壁画作品的图形多采用具象描绘的方式，这与地铁壁画艺术的属性有密切关系，地铁壁画艺术中用具象描绘的图形可以将西安的历史文化、人文风情、地域风貌以及民俗特质等完美直观地呈现出来。比如西安地铁壁画中有很多描绘历史纪念性题材的壁画作品采用了具象描绘的手法，画面气势恢宏，人物造型逼真，力求还原真实的历史场景和人物形象。西安地铁 1 号线中多幅壁画对有历史纪念性的站点进行了描绘，它们大多采用具象描绘的表现手法，一方面对历史情节或者人物形象进行具体地描绘，直观真实地表达物象，另一方面合理地运用形式法则把视觉元素重新组合，再利用材料的多样性来综合表现，使壁画更具有观赏性。

---

[1] 王勃凯. 新疆少数民族题材的具象油画语言运用研究 [D]. 新疆：新疆师范大学，2010.

图 7-2　半坡站壁画《半坡之源》（局部）

例如设置在半坡博物馆附近半坡站的壁画《半坡之源》，直观地展示了新石器时代古老的半坡文化。壁画采用浮雕艺术手法，色彩明亮且材质通透，描绘了钵、罐、盆、细颈壶等与史前人类生活息息相关的农耕用具，形态生动地呈现先民们的渔猎生活。还有，壁画艺术与地面上的半坡博物馆互相呼应，通过一些标志性文化所蕴含的特殊的象征意义，既体现了西安远古文明的博大精深，也不断强化乘客对壁画所展示的城市印象，引发人们关于美好城市的向往。

2. 抽象表达视觉元素以高度概括的方式增加作品的表现力

抽象化的叙事特点是指从现实中提取能指代的视觉元素，并对所有抽象元素进行拼接组合，使得整体壁画看起来极具抽象感。抽象图形提取出的元素是众多视觉元素中最本质的视觉元素，是一种高度凝练概括的表现语言，不是一种随意堆砌的组合方式，需要进行合理的艺术加工。抽象的表现手法主要运用平面构成中的点、线、面的组合来完成，既摆脱了具象描绘事物的束缚，又突破了时空的限制，充分发挥了设计师的想象力以丰富作品的表现形式。

当代艺术家经常使用抽象艺术手法来创作作品，具有抽象风格的作品成为地铁壁画的主流。地铁公共空间有限，艺术家想表达的文化内涵丰富。在内容的多样性与空间的有限性存在矛盾的情况下，抽象化的表达更符合地铁公共空间的特点，加上其强烈的结构感和装饰性也更符合地铁空间的环境特点，能在短时间内让公众读取到更多样的信息，增加公共艺术空间的表达内容，也使得匆匆路过的公众对壁画内容有更深的印象。

图 7-3　劳动路站壁画《蔚蓝产业》（局部）

如劳动路站的壁画作品《蔚蓝产业》，壁画艺术提取了代表科学技术的齿轮、汽车、电缆等图形，与大自然的绿色森林重新组成了一幅抽象的壁画作品。画面整体色调为绿色，既充分展现了现代的科技感，也给人一定的稳定感。从壁画作品的呈现效果来看，抽象图形的组合表现使地铁壁画具有更加强烈的视觉冲击力和时代感。通过重组变形的形式，使地铁壁画更具平面的装饰性，让地铁壁画更加新颖活泼和富有视觉吸引力，拉近与观者的距离，也使地铁壁画与环境的结合相得益彰，更加体现出地铁壁画的现代美感。

3. 意向延伸突破事物界限以艺术想象拓展作品意境

意象延伸手法指的是对存在于客观世界中的事物进行想象式加工，打造出一种新的、没有具体表现的艺术作品。在一般情况下，意象是以表达这里观念为目的、以象征性或荒诞性为基本特征以达到人类理想境界的表意之象。[①] 艺术家通过自己的想象，将现实中存在的物象经过头脑的加工，重新塑造出一种新的形象，蕴含了自己的主观情感。在中国传统艺术，尤其是中国画中，意象的表现手法是表达人们丰富情感最好的形式。现如今，壁画艺术中依旧保留了意象的表现手法，并在艺术创作中大量运用。

西安地铁壁画艺术通过意象的表现手法，提取出一些视觉符号，通过独特的艺术表现手法，诠释了设计师眼中中国特有的艺术风格和审美趣味。如枣园站壁画作品《丝路贸易》，通过提取枣树的视觉元素进行艺术加工，从而形成了新的意象图形：现代城市模块和渐变的枣树相互穿插，形成了色彩绚丽、装饰感极强的现代壁画，反映了城市人文与生态和谐发展的理念。

图 7-4 枣园站壁画《丝路贸易》（局部）

[①] 朱永明. 视觉语言探析 [M]. 南京：南京大学出版社，2017：87.

从西安地铁壁画的图形表现内容来看，无论是具象描绘、抽象表现还是意象引申，图形与内容都反映了西安城市的历史人文、精神风貌、民俗风情和地域特征。地铁壁画不仅承担着传播城市历史文化精神的重任，还要引发人们审美情感和心灵记忆的共鸣。如何灵活掌握地铁壁画视觉元素的排列方法，更有效地传播地铁壁画信息，需要创作者们不断挖掘城市文化内核，从中提炼出核心元素，创新表达方式。西安地铁壁画艺术通过意象的表现手法，提取出一些视觉符号，通过抽象表现风格的壁画使装饰性更强且视觉表现力更为突出。另外，在西安地铁壁画艺术中，意向引申这一极具中国传统艺术韵味的表现形式也有少量运用，这也与西安这座古城的特质相吻合，使壁画风格更为传统悠远，让人浮想联翩。

4. 符号选择突出区域特点以塑造特色浓郁的城市文化

借助鲜明的区域性视觉符号突出西安浓郁的城市文化。区域性与地域性均是一个"空间加时间"的概念，它包含着一定的地理环境，也包含了历史渊源、人文情怀、风物人性等，是特定的社会历史文化形态的独特体现。

西安地铁1号线在设计公共空间的壁画时充分考虑了该地区的历史文化发展情况、经济政治等因素，将这些因素经过具体的选题、设计、组合、绘制，最后形成独具特色的地域性艺术作品。一方面满足公众的公共审美需求；另一方面可以培养公众对西安地域文化的认同感。在西安地铁线路的建造中，展现历史发展脉络的地铁空间壁画数量较多，是地铁空间壁画地域性体现的重要组成部分。

图7-5 开远门站壁画《丝路风情》（局部）

西安号称十三朝古都，历经千年的王朝兴衰，还具有多民族融合的文化特征，是一座历史文化内涵厚重的旅游城市，城市文化特征鲜明。西安地铁壁画中有很多反映历史题材或者旅游名胜的作品，如半坡站的壁画《陶纹情》，通过半坡文化中代表性的鱼纹彩陶纹样为底形，人面鱼纹为主形，表现出了中国传统艺术强大的生命力，更显示了西安这座古城悠久的历史。此外，开元门站的壁画《丝路风情》，有来往贸易的商人，有载歌载舞的女子，还原了大唐风采。地铁壁画艺术不仅可以让人们更好地感受西安这座古老城市的文化脉络，还可以透过地铁壁画艺术反映出的历史文化精神，给予西安更明确的城市标志，与受众产生情感上的交流。

随着西安现代化进程的不断推进，现代交通工具也逐步完善，西安地铁也逐渐成为西安公共交通中的重要构成部分。然而，地铁不仅是公共交通工具，作为城市地下公共空间，还是城市文化展示、传播的窗口。西安是一座文化底蕴深厚的城市，千百年来积累了丰富的周、秦、汉、唐历史文化遗迹和浓厚的文人底蕴。所以，地铁文化建设应当在促进西安现代化城市发展，展示其浓厚的历史人文色彩、地域色彩的基础上，向外界宣传西安悠久的优秀历史文化和城市形象，彰显这座现代化都市的立体化发展。

三、西安地铁 1 号线壁画艺术对西安城市形象的塑造

早在 1962 年，城市规划学家迈耶就指出了城市和交通、通信等广义传播系统之间存在的相互作用关系。[①] 地铁作为公共交通的重要组成部分具有开放性和公共性，所以地铁无疑也会成为影响这种相互关系的重要中介。

一座城市的形象定位通常基于城市已经具备的种种优势，伴随着城市的不断发展，城市文化软实力的提升，城市形象不再是固定的，而是呈现出动态有机的变化。地铁站作为城市中主要的公共空间，存在人流量大、人员密集等特点，这在一定程度上有利于城市文化、历史内涵的传播，借助壁画这样一种大型装饰艺术，不仅仅能够塑造城市的视觉形象，也更加完善了人们对城市的认知。

通常情况下，地铁空间主要包括地上空间、站厅空间以及站台空间。其中，地上空间主要是指地铁站的出入口设计；站厅空间一方面是连接地上地下的过渡空间，如包括安检出入口、问询台、售票处等；另一方面则作为整个地铁的主要文化空间用作广告宣传、壁画展示等；站台空间则是核心候车室，供乘客休息、候车、换乘等。

在城市传播已有的研究成果中，其核心观点就是最终需要建构一个"可沟通城市"。从这一方面来说，壁画实际上充当了地铁站空间内的一个重要"沟通角色"：壁画首先与自身所处的空间，也就是站厅空间的一切人、事、物的沟通，壁画的主题选择、色彩搭配、元素设计等都会有意识地与地

---

① 吴予敏.从"媒介化都市生存"到"可沟通的城市"——关于城市传播研究及其公共性问题的思考 [J]. 新闻与传播研究，2014，21（03）：6-19+126.

铁站名及本站的历史典故相呼应，就这个层面而言，地铁壁画塑造的是城市的视觉形象。

其次，壁画会与每一个处于地铁主体空间中的客体——乘客进行沟通。地铁壁画通常设置在乘客刚从地下站台空间出来后能够直观看到的站厅墙面上，巨大直观的壁画就这样直面乘客。乘客观看壁画的过程就是与壁画沟通的过程，通过壁画呈现的视觉印象，乘客能够在其已有的认知系统中提取出相关知识或联系到相关符号，地铁壁画所唤醒的这些知识和符号会进一步塑造城市的认知形象。例如劳动路站的壁画《蔚蓝产业》，其中齿轮、高塔、树林等元素的运用很容易让人们联想到"筚路蓝缕，以启山林"的奋斗与发展精神。总体来说，西安地铁1号线的19组壁画主要围绕人文、生态、科技、和谐四方面绘制，可以进一步概括为对西安历史、经济与人文形象的塑造，从视觉和认知两个层面统一并平衡了西安的历史、经济与人文形象。

1. 选择汉风唐韵为主要元素塑造西安历史名城形象

自秦汉以来，我国历史上先后共有13个王朝在西安建都。这些更迭不朽的王朝也为西安留下了极为丰富的历史文化遗产和古迹景观资源。西安还与雅典、罗马、开罗并称为世界四大文明古都，客观来看，西安确实是一座历史名城。

西安地铁1号线的站内壁画基本上以汉唐历史文化为主题，这一点在壁画的色彩选择上就有所体现。色彩作为一种重要的艺术语言，不仅仅是构成艺术视觉美感的重要元素，也是地域文化和社会认同的重点体现。[1] 不同的民族、宗教等都有其倾向或崇尚的色彩，因此对于色彩符号的应用，使用者会更加注

---

[1] 胡慧滢. 地铁壁画艺术的视觉传播研究 [D]. 西安建筑科技大学，2015.

第七章 地铁"画"语：艺术媒介的叙事对城市形象的塑造　151

重它的象征意义。地铁壁画艺术中的色彩，不仅仅需要快速引起人们的注意，也需要间接地向乘客传达出城市的人文风貌和文化特色，还需要与地铁站的整体风格和基调相协调，使乘客通过壁画的色彩达到视觉和认知的双重享受。

西安地铁1号线中以历史文化为主体的壁画大都色彩鲜明，重点运用红色、黄色，显示出强烈的历史底蕴和人文色彩。红黄两色喜庆协调，红色也在一定程度上符合人们对于古长安城软红十丈、繁花似锦的首都印象，而黄色则代表的是权力富贵与金碧辉煌的庄重感。汉城路站的壁画《炫彩西安》就大胆使用了绚丽缤纷的色彩来演绎西安印象，将红、绿、蓝、橙等色彩巧妙相融，在沉闷的地下空间开辟出一块彩色天地，使过往的乘客对城市产生深刻的印象。除了色彩之外，1号线壁画元素的选择也颇有讲究。半坡是我国新石器时代仰韶文化的聚落遗址，因此半坡站的壁画元素选择就选取了大量半坡彩陶器，如钵、碗、盆、罐等，这些彩陶器是半坡文化的标志性符号，能够直接带乘客开启一场穿越之旅，体会六七千年前人们的日常生活场景。开远门站的壁画名为《丝路风情》。据悉，开远门被视为古代隋唐丝绸之路的起点，基于此，这一站壁画的元素就主要突出长安特色和异域风情，既有大唐女子的窈窕歌舞，也有胡商正风尘仆仆赶路的场景。

此外，壁画主题的选择还有意识地与当地的历史典故相结合，也就是将历史典故符号化，经由符号化的历史典故主要表现为外在能指和所指指涉的隐形含义。[①] 所谓外在能指主要包括色彩、字体和图形整合等壁画的造型要素，指涉的隐形含义则包括典故本身及其历史文化信息、审美与象征意义等精神内涵和文化要素。例如浐河站的壁画《折柳送别》，柳树在我国文化背景里本身就作为送别、告别的一种文化符号，壁画中柳树下送别的场景是壁画的造型

---

① 陈明辉，徐静怡. 基于符号学视角的历史典故文创产品设计研究 [J]. 设计，2021，34（02）：133-135.

要素，右上角刘禹锡的《柳枝词》更是画龙点睛，进一步强化了杨柳送别这一文化意象在人们心中的地位。五路口站的壁画名为《解放西安》，这幅壁画刻画的历史典故是西安迎来解放，精神内涵显然超过了壁画的造型要素，英勇善战的人民子弟兵、欢呼雀跃的劳动人民、金色的和平鸽……既洋溢着强烈的爱国主义精神，也凸显出人们珍爱和平的美好心愿。

2. 描绘迢迢丝路风情以连通西安古今之重镇

西安不仅仅作为古都名城闻名于世，它还具有十分重要的战略地位，是当之无愧的西北重镇。首先，西安的地理位置十分优越，它地处我国内陆腹地，位于黄河流域的关中平原，这里土壤肥沃、物产丰富，《史记·留侯世家》曾评价关中平原"金城千里，天府之国"。除了天然物产富饶，西安的交通条件也十分发达：陆路往东有三条要道，分别是北上辽东的函谷道、南下闽粤的武关道，以及直达汾晋燕代的津浦道；往南则有贯通秦岭的子午道和傥骆道，是古代入蜀的必经之路；往西则是赫赫有名的丝绸之路，经河西走廊进入西域，跨越帕米尔，沟通中亚和西亚，最终到达地中海沿岸。就水路而言，西安有渭、泾、沣、涝、潏、滈、浐、灞等八条河流，素来有"八水绕长安"之称。① 汉唐时期，西安周边的渭、灞、浐等水系经过疏通与黄河相连，此举极大促进了长安水运的发展，促进了长安城及周边的商业繁荣。《新唐书·食货志》曾记载：开元二十一年"凡三岁，漕运七百万石"，刷新了当时漕运的最高纪录。

到了1949年5月，第一野战军解放大西北时，最先解放的城市就是西安。新中国成立后，西安立刻成为支援解放的后方基地，为前线大军提供了

---

① 常伟，张良，李远望，等. 八水绕长安 秦川曾经是"陆海"[J]. 中国国家地理，2007（12）：126–135.

源源不断的物资。1952年，国家意图将西安打造成一个以电气、机械制造为中心的工业化城市。"一五"计划中重点落户陕西省的项目一共有24项，其中西安独占17项，涉及航空、电子、机械加工、能源、船舶、兵器等行业，自此奠定了西安乃至陕西工业的雄厚基础。① 在最新的《西安市国土空间总体规划（2021—2035年）》中，进一步明确西安"贯通古今的世界人文之都，和合南北的绿色发展之城"的国土空间发展目标与规划。

基于以上地理、历史和政策背景，西安地铁1号线的壁画主题必然少不了这些突出西安工业经济形象的事件或元素。纺织城站的壁画《繁花织锦》、长乐坡站的壁画《长乐未央》、劳动路站的壁画《蔚蓝产业》等都体现的是高新科技与重工业相结合的现代都市形象。纺织城站得名于周边的以轻纺工业为主的工业基地，壁画元素的选择集中于纺织活动的瞬间切片，包括女工、织布机、纺线等；长乐坡站则更加体现古今碰撞与拼贴，将工业齿轮与彩色油墨结合，完美展现出现代化都市形象的锐意进取；劳动路站的壁画《蔚蓝产业》就更契合西安"绿色发展"的形象，强调工业发展高水平、高效率的同时也应注重环保，高塔、生物链等代表工业与科学发展的元素同时穿插其间，共同构成了一幅工业与科技并重，环保与效率同存的城市印象画卷。

在描绘西安的经济印象时，丝绸之路不可或缺。古时候的丝绸之路是连接欧亚大陆的重要桥梁，在如今各种高新技术和政策的帮扶下，丝绸之路在现代焕发出全新生机，至今仍然是欧亚重要的商贸、文化交流渠道。开远门站的《丝路风情》和枣园站的《丝路贸易》描绘的就是丝绸之路沿线的风土人情。枣园也恰恰得名于丝绸之路沿途的代表性作物"枣"，壁画整体呈渐变排布，将枣树的生长周期和大小变化尽数表现出来，使封闭的站厅空间呈现出

---

① 李东梅. 历史建筑确定标准细化研究［D］. 西安建筑科技大学，2020.

纵深感，也侧面体现出丝绸之路百余年来的更迭变化。

唐长安城本身就是一座国际化大都市，城区内部的贸易集会也十分丰富。隋唐时期的通化门在当时是重要的交通枢纽，人来人往之地必然会催生商贸发展。到了今天，通化门附近就形成了在长期商业与交通贸易的累积下形成的西安城东商贸体系。通化门站的地铁壁画名为《绽放金花》，主体选择古时的青衣花旦与现代的时髦都市女性作为金花的象征，既体现出古今更替的时代特征，也表现出通化门周边的时尚商贸特点。

3. 倡导生态人文理念以共建西安宜居城市

城市是人类社会发展到一定阶段的产物，城市既是人们社会物质生活的一部分，也是人们寄托精神需求的必备品。一座现代都市如果仅仅只有历史和经济是远远不够的，还需要人文去赋予它最重要的文明内核。随着城市化进程的不断加快，地铁正逐渐成为现代城市里最重要的交通工具之一，地铁空间可以作为一个城市形象建设、城市文化传播的有力窗口。地铁空间可以通过环境装饰的设计和乘坐地铁的仪式感，为乘客提供一种沉浸式体验，借助地铁壁画及其文化内化能够进一步为乘客构建出场景感、亲切感和地方认同感，加强其文化自信。类似丝绸之路、折柳送别、大唐盛世等经典文化符号有助于消除个人对城市的距离感，弥合个体与城市的裂痕，使个体能够进一步认识并融入城市。

从这个方面来说，西安地铁1号线的壁画也十分注重绿色生态与人文关怀，意图塑造出西安"文创之都，水韵林城，美丽西安"的城市形象：万寿路站的壁画作品《万寿终南》、朝阳门站的壁画作品《旭日东升》、北大街站的壁画作品《鹿柴》、洒金桥站的壁画作品《莲湖鱼趣》等都是以自然生态为主要设计元素。以山河、森林、阳光、祥云等自然元素为主，在地下公共空间中营造出一派生机勃勃的景象，不仅起到了对站厅空间的装饰美化作用，也能在一定程度上缓解地下空间带来的压抑感，蓝绿为主的色彩基调可以帮助乘客从视觉和心理进行放松。

值得一提的是，康复路站在这条以历史文化为主题的地铁线路上显得格外突出，看似与其他站台并不适配。然而实际上与其他站台一样，康复路站体现的是另一层面的城市印象。这一站的壁画作品名为《白衣天使》，其周边就是西北有名的大型综合性医院西京医院，壁画的主要元素选择基本围绕医护人员和普通市民，是从普通市民的视角来看待自身所处的城市。壁画中既有早已白头的老年夫妇相携而行，也有一路共同成长的母子相伴在一起，体现出西安本身就是一座充满人文关怀的宜居城市。

四、结　语

城市公共空间的发展就是城市的历史记录者，地铁壁画根据城市形象进行设计，被设计的地铁壁画最终反过来塑造城市形象。本章首先分门别类地对西安地铁1号线的壁画进行介绍，紧接着对其叙事方式进行具体分析，最后详细论述了壁画艺术对西安整体城市形象的塑造。西安地铁1号线的这19组壁画风格迥异，主题涵盖较为全面。壁画设计的在地性十分显著，不论观看者是本地人或是外地人，本国人或是外国人，都能从简单却不失巧思的壁画图形中找到自己熟悉的事物，加强自身对西安这座城市的认知。

整体而言，西安地铁1号线的19组壁画都较好地完成了其传播城市文化、塑造城市形象的基本任务。然而壁画是一个综合性的艺术媒介，身处城市公共空间的地铁壁画也应该被发掘出更多的可能性。经过实地调研发现，西安地铁1号线的壁画在整个地铁空间内只占很小的一部分，作为地铁内部装饰的点缀存在，地铁空间并没有通过壁画营造出全面的文化艺术氛围。因此在未来的地铁壁画设计中，设计者有必要综合考虑地铁站内的所有空间，尤其是上下客的电梯中庭墙面，可将壁画及其内涵进行充分延伸，例如加大壁画作品的尺度，不将其框限起来等，也可以借助电子屏或全息影像等新的传播技术进一步加强壁画的互动性，与地铁站内空间和来往乘客形成有机互动。

第八章　动静之间：
移动与固定的媒介勾连及其意义再生产

近年来，随着我国城市化进程不断加快，人们对城市建设、城市空间、城市形象等关于城市发展问题的关注度不断提升。这些问题在新的媒体环境下得到放大与辐射，使"城市"和"传播"的联系越来越紧密，并相互构建形成了"城市即媒介""建筑即媒介"等一系列理论观点。其中，城市公共交通工具及其所承载的符号体系在传播城市形象的过程中扮演着重要的角色。

基于地下轨道运行的城市地铁，不仅极大地缓解了城市地面道路的交通压力，还不占用地表交通资源，不影响地面景观设置，同时也是展示城市形象的重要载体。截至2019年9月，西安市开通试运营地铁线路有1号线、2号线、3号线、4号线和机场城际线5条线路，里程共计161.76公里。其中，西安地铁3号线于2016年11月8日开通运营，呈半环形走向，东北自灞桥区的保税区站起，途经未央区、新城区、碑林区，西南至雁塔区的鱼化寨站，连接了西安国际港务区、西安高新技术产业开发区，是西安市轨道交通线网规划的骨架线路。与其他线路一样，3号线各站点的地铁壁画艺术也是城市视觉文化的主要构成部分，对提升城市形象有着重要的作用。

一、以写实再现、浪漫表达与元素组合的图像叙事

地铁将人们的生活空间延展至地表之下，各个站点既是人们停靠、换乘的主要空间，也是将整条线路或多条线路串联为一体的重要节点。由于地铁站点独特的地点和空间优势，常常被作为城市区域文化展示和传播的载体与窗口。地铁工程的建设者在站点设计中巧妙地融入多种文化元素，不仅装饰了建筑空间，丰富了城市形象内涵，也增强公众对城市的文化认同，还可以将独具特色的城市文化有效地传播出去。在对地下轨道空间的艺术利用中，地铁壁画艺术是最为常见的一种类型，也被视为典型载体与绝佳方式。[①] 地铁站点的壁画作品通常集绘画、书法、诗词等艺术形式于一体，具有强烈的视觉感染力与形象冲击力。在设计地铁壁画时，需要考虑城市的人文、历史、地理、民俗、审美等众多因素，通过图形、色彩、材质以及科学的构图法则来营造地下空间的文化氛围。

西安地铁3号线贯穿多个城市商圈，集中而全面地展现了现代西安在工业、科技、时尚、文化、生态等多个方面的快速发展。整个线路以大雁塔为文化中心向四周辐射，意在凸显汉唐时期丝绸之路带来的经济贸易与文化交流的历史成果。3号线的壁画设计以"再一次，中国与世界相通"为题，自东向西集中表现"新丝路之旅"的主题。全线共分为五个区域："起点"从保税区至石家街；"对话"由胡家庙至长乐公园；"交流"由咸宁路至青龙寺；"共享"自北池头到太白南路；"融合"由科技路至鱼化寨，分别展现了凿空之旅、横贯中西、互通有无、天涯比邻、长乐未央的"新丝路"主题。

[①] 李路葵. 城市地下轨道交通公共艺术研究——以西安地铁三号线为例 [J]. 陕西教育（高教），2016（05）：6+8.

第八章　动静之间：移动与固定的媒介勾连及其意义再生产　159

图 8-1　保税区站壁画 《传递》

　　西安地铁 3 号线壁画多以平面化叙事场景为主， 其内容大致可分为历史形象的写实与再现、 历史文化的浪漫式表达， 以及同类型元素的结合与对比三个主要类型。① 所谓历史形象的写实与再现类地铁壁画， 意在充分强调画面的历史特性、 环境属性、 体积感与场景叙事效果， 通过逼真的人物造型与宏大的构图安排， 将地铁站点的功能形象进行写实、 再现， 能够瞬间拉近观者与地铁站点的认知距离， 增强其对地铁站点的历史印象与环境记忆。 青龙寺曾是唐代时期的护国寺庙， 乃佛教八大宗派之一的密宗祖庭， 现位于西安市东南的乐游原上。 青龙寺站壁画名为 《长安春深》， 借助寺庙建筑、 佛塔、 樱花等元素， 着重描绘青龙寺院的雄伟与樱花盛开的美丽景象， 同时融入丝路沿线阿富汗民族的标志性建筑， 以花海春深的静谧氛围表达丝绸之路文化内涵的深远意义。 壁画采用对角线构图的方式， 由一厘米见方的玻璃锦砖颗粒拼接而成， 并点缀樱花式样的金属贴面， 配色有青色、 红色、 金色、 褐色。 而咸宁路站所在地是当时唐长安街的主干六街之一， 凡外宾入城均要经过此门。 该站壁

---

① 宗少鸽. 古都城市地铁空间壁画设计表现方法的研究 [D]. 陕西科技大学， 2020.

画《西域天马》材质为铜和石材，以丝绸之路沿线土库曼族的12匹汗血宝马形象为主体，配以"昭陵六骏"砖石刻马图案装饰，集中表达古丝绸之路游牧民族的文化特征，反映出两国的历史渊源、深远友情和两国间文化交流、贸易往来的美好心愿。

图8-2 青龙寺站壁画
《长安春深》（局部）

图8-3 咸宁路站壁画
《西域天马》（局部）

至于历史文化的浪漫式表达类地铁壁画，往往与站点周围的环境或历史信息无关，着重强调情感精神与文化风韵的展现与传递。它们能够让观者主动开始由内而外地思索此类精神所表达的内容并引发情感回忆与价值共鸣。例如，北池头站壁画《丝路易宝》，以丝绸之路上的贸易畅通为创作素材，通过对丝路沿线伊朗民族的典型器皿、纹样和清真寺等标志性符号进行描绘，表现西域商人贸易交流的热闹场景，展现古丝绸之路上的繁荣经济和深远友情，展现唐代独特的外向性审美精神。吉祥村站壁画《丝绸华文》，将中西方文字的渊源与发展作为创作素材，结合两河流域的楔形文字、叙利亚地区的腓尼基字母、中国的甲骨文等文字元素，融入帕尔米拉古城、大马士革清真寺、"大秦景教流行中国碑"等图案，表达出丝绸之路对世界文化繁荣发展的深远意义和影响，展示古都西安对外开放的互融精神。

图 8-4　北池头站壁画　　　　　　图 8-5　吉祥村站壁画
《丝路易宝》（局部）　　　　　　《丝绸华文》（局部）

再者，同类型元素的结合或对比类地铁壁画与站点周围环境或站点历史信息黏性不高，着重强调画面情感中对同类题材的内容展示，能够让观者感受到较为宏观的叙事场景。丈八北路站壁画《五彩荣光》，以古今中外的体育运动为创作素材，以奥林匹克五环与帕特农神庙作为背景，提炼标枪、长跑、铁饼等古希腊奥林匹克运动项目与中国马球图等元素，并结合现代运动形象，表达和平、友谊、开放、包容、进取的丝绸之路精神文明为世界繁荣所带来的积极意义。石家街站壁画《斗巧争新》，则以丝绸之路造纸术向西传播为创作主题，通过对造纸术的描绘，以及对丝路沿线国家的代表性建筑符号的融合，歌颂科技为丝绸之路沿线文明带来了繁荣与昌盛，寓意中国和亚欧各国科技交流、互利共赢的发展愿景。

图 8-6　丈八北路站壁画
《五彩荣光》（局部）

图 8-7　石家街站壁画
《斗巧争新》（局部）

二、古朴沉稳与盛世明艳相辉映的图像色彩

西安地铁 3 号线壁画色彩大多从西安地区的历史文化遗迹与艺术作品中采集原型，在此基础上与其他颜色进行归纳整理，形成了具有西安地域历史文化的色彩识别特征。

西安建筑色彩布局的形成是历史选择的结果，深受地域环境与传统意识形态的长久影响。调查研究结果显示，西安城市建筑色彩布局主要由三大色系构成：代表明清传统民居的灰色系，代表汉唐建筑木作色彩的赭石色系以及独具唐风的灰顶赤柱白墙的复合色系。同时，西安作为十三朝古都，代表沉稳的灰色与代表黄土高原的土黄色更能体现古城深厚的文化底蕴，更能凸显秦人的古朴与沧桑。同时，唐代作为中国历史上色彩最为浓烈的一个时期，出现的色彩很多，其应用的色彩几乎囊括了色相环中的大多数色相，并多集中在红色、橙色、绿色、蓝色四大色相上。因此，壁画色彩选择在保留古韵的同时，还运用了大量鲜亮的"唐色"，以彰显西安地区的唐文化历史风韵。①

图 8-8 鱼化寨站壁画《丝路霓裳》（局部）

当然，壁画的色彩与创作使用材质及工艺是紧密相关的。3 号线站点壁画综合使用陶瓷、金属、石材、亚克力、玻璃锦砖等传统材料，以及金属錾刻、马赛克拼图、铜浮雕等常见工艺。另外，采用全新的艺术手法突破了以往地铁壁画的创作模式：结合新技术，将 3D 打印等新技术融入壁画的创作之中；采用耐磨、抗腐蚀的安全环保新材料；打破原有的二维画面，向三维乃至四维空间发展；利用"高温热熔马赛克"、多种材料相结合等新技法，制作出独具一格的 3 号线壁画艺术，呈现了突出的文化个性与真挚的民族情感，有效完成了社会大众审美的需求。

---

① 汤雅莉. 地铁站域空间标识系统的地域性体系研究 [D]. 西安建筑科技大学，2014.

三、"新丝路之旅"凸显核心城市的新标识

作为公共空间的一部分以及公共艺术本身,地铁壁画具有强烈的公共性与平民文化属性。它是城市与人交流的窗口,代表着城市的历史文化与现实形象。将地铁与壁画艺术相融合,有助于唤起人们对城市的人文回忆与文化认同度,彰显城市历史文化的新风采。[1]

作为连接亚欧商贸的国际通道,起始于两千多年前的丝绸之路,具有显著的象征价值与重大的历史意义。自通商以来,它一直是历朝华夏文明与周边文明,乃至欧洲、非洲、美洲等地区沟通往来、互通有无的重要商贸通道。时至今日,仍是连接中国和亚欧国家的关键桥梁。而西安作为丝绸之路的起点城市,在中西方交流的历史中更是留下了辉煌灿烂的一页。丝绸之路已然成了西安的一张历史文化名片。因此,西安地铁3号线壁画将"新丝路之旅"作为主题,希望借此达到明确西安历史文化名城定位,推动城市精神文明建设的作用,从实践上促进丝绸之路经济带的建设。

图8-9 小寨站壁画
《丝路锦绣》(局部)

图8-10 小寨站壁画
《丝路锦绣》(局部)

---

[1] 祝博伟,柯惠瑶. 城市文化传播视阈下的地铁壁画传播研究 [J]. 今传媒,2020,28 (09):44 -46.

第八章 动静之间：移动与固定的媒介勾连及其意义再生产　165

地铁3号线壁画设计采取的是结合城市文化元素的方式，以"一带一路、四海协同、承古接今、丝路核心"为理念，通过"一线一景"与"一站一景"相结合的表现手法，集中表现"新丝路之旅"的主题。地铁全线设置了大型壁画共计52幅，从保税区代表的中国到鱼化寨代表的罗马，覆盖丝路申遗、文化传播、贸易交流、科技发展、风土人情、乐舞百戏、沿途风貌、现代发展、站点文化等各个方面，创新性地将中国传统绘画形式——手卷融入地铁公共艺术的设计中。以宏大叙事的概念、穿越时空的设计、富丽跌宕的画面全面展现古今丝绸之路上重要国家、地区、城市的历史风情和现代发展，从历史、文化、经济等不同方向体现政策沟通、设施联通、贸易畅通、资金融通、民心相通的价值观念，强化了西安丝绸之路起点城市的功能作用与资源禀赋，成为丝绸之路经济带建设的核心城市的新标识。

图8-11　延平门站壁画
《方外睦友》（局部）

地铁3号线壁画设计生动有效地将地铁空间艺术设计与丝绸之路这一文化

大背景相联系，突破了以往地铁空间设计以单个地铁站为设计单元的固有范式，创造性地以一个文化主题串联起沿线各地铁站的设计主题及风格表达，达成公共空间艺术设计与丝绸之路文化特色有机结合的目的。壁画以丝绸之路为设计起点，主要从丝路文化申遗点、丝路遗珍、站点文化和国家文化四个方面入手，展现了丝绸之路沿线各个国家、民族的文化特点、建筑风格等，彰显了西安作为丝绸之路起点承东启西、贯通南北的风采。例如，小寨站壁画《丝路锦绣》，画面采用空间对称的艺术形式，以最有代表性的古代陆路丝路文明和海上丝路文明标志性符号为创作素材，结合丝绸之路路线图，表达"一带一路"深厚的文化内涵与兼容并蓄的精神。延平门站壁画《方外睦友》，画面以丝绸之路沿线俄罗斯民族文化为创作素材，通过克里姆林宫等标志性建筑、芭蕾舞套娃、航天和能源等经典文化符号，集中体现中俄两国在"丝路经济带"建设中的深厚友情、经济交流与创新发展愿景。而胡家庙站壁画《互通有无》，则以古丝绸之路商业贸易为创作内容，通过对粟特商人贸易形象的描绘，以及孟加拉国的代表性建筑、古罗马金币、萨珊银币、器物、珠宝等符号的融合，表达出丝绸之路对世界民族的经济繁荣、文化交流、贸易流通等方面产生的深远意义和影响。

四、在固定的壁画和移动的地铁之间演绎着动与静的变奏

作为实体的地铁建筑因其特殊的地下空间特征，不可能像其他建筑物一样清晰地将其外形轮廓呈现在人们面前，主要是由序列式车站和区间站实体空间围合而成。[①] 出入口和通道如同大厅和玄关，作为一种虚空间直接对应地面外

---

① 金旭东. 地铁站域空间语境下空间设计系统的理论初探 [J]. 城市轨道交通研究，2017，20 (8)：139-143.

第八章 动静之间： 移动与固定的媒介勾连及其意义再生产 167

部空间。因此，地铁就像城市空间中的经过性通行空间。城市走廊是地铁的特有属性，它是穿行于城市空间内部的地下交通走廊，其地位和作用更近似于城市"街道"。它与城市对外道路交通，如火车站、机场等一类交通建筑有着本质上的不同，因为地铁车站的出入口紧贴城市道路边界。地铁车站空间是封闭的、公共的、流动的、有规律的复合式空间。地铁在城市区界范围内运行，作为一种高效率的交通工具，空间的交换属性和活动过渡中介属性以及高速变化的流动属性均是其最显著的特征。正是由于地铁的这些显著的特征，使得人们的移动速度更快、出行效率更高。然而，快速的空间变化与城市其他慢节奏的活动相比，具有一种隔离了人与城市交流的心理障碍，使人们感觉到地下空间的生疏和冷漠，造成人与人、人与物、人与空间、人与环境互动的最低限度，形成了一种"地铁化了的城市旅程"。

地铁作为城市组织交通的特殊工具，其本身具有向内辐射和向外辐射的双向循环性特征。其原因有两点：一是地铁内部空间可被理解为是内向性和外向性合二为一的辐射空间。地铁站点内部空间的闸机处和站台空间的升降功能均具有典型的双向性辐射的特征；二是就站域城市空间而言，地铁仍然是一种典型的辐射空间。正如前面所述，如果从城市空间网络或交通系统的宏观角度看，它就是一个具有辐射力的"点"的空间，从城市整体角度看，地铁站域就如同一个由"点、线、面"构成的辐射型的空间网络系统。因此，地铁车站的空间是将集中式空间和线式空间兼而有之的辐射型空间，人们在其内部所产生的行为和心理影响是极为复杂和矛盾的。

地铁存在的本质目的是更好地服务于交通，服务于人们出行的需要，因此它的首要属性是"移动"。这种移动意味着四通八达，也就意味着"扩散"。而移动工具必定会承载巨大的载客量，客流量大，也就为壁画的观看率提供了保证。两个条件叠加，地铁相当于一个巨大的传播平台。在这个传播平台上，"固定"与"移动"之间形成了静与动的变奏。

1. 固定的历史与移动的现实之间彼此融合

西安是一座千年古都，地铁壁画在设计的时候多围绕历史文化来进行。历史是不可改变的客观存在，而现实处于瞬息变化之中。地铁壁画是以传统文化为依托，添加多种现代元素创作而成。如2号线以大秦岭为背景，突出保税区logo，以丝绸之路沿线各国的标志性建筑为装饰，用长安号、飞机、汽车来体现信息港务区的交流和互动，衬托出保税区国际市场的发展。还有《传递》的壁画，采用陆地、海洋、浩瀚星空等符号，展现古代陆、海丝绸之路及现代"一带一路"理念，衬托出保税区国际市场的融合，表达了古今丝绸之路文化交流的博大、包容。《丝路花彩》这幅画以"花"为创作核心，通过对哈萨克斯坦的郁金香和中国的牡丹相映争艳的描绘，结合可汗之帐、巴伊捷列克塔、哈兹拉特苏丹清真寺等地标性建筑表现丝绸之路的繁荣前景和中哈两国协作共赢的友好往来。这些作品运用"历史＋现实"的元素进行勾画，用一种静态的方式呈现出时空的动态变化。

2. 图像的固定与意义的变化之间的相互作用

过去，壁画上的图像、文字、色彩等艺术符号或许可以说是一种静态的呈现，其价值局限于观赏评鉴以及获得审美体验等，即强调其观赏价值。地铁壁画被布设到地铁站这个媒介空间中就具有了另一种重要价值——传播价值。这种功能意义的流变是根据时代的发展而变化的，也随着人而变化。对本地人来说，这或许是一种观赏艺术的"复现"，而对于外地来游客来说，这是一种城市文化内涵的艺术性"预告"；临走的时候再看到，极有可能成为艺术观感的一种"加强"，或是对一个城市文化精神的领悟。在上述群体中，每个人又有自己的个体体验。这种个体和群体的体验感差异造成了意义空间的不同，所以我们说它的意义也是"移动"的。

当今世界已经进入了以图像为中心的时代，视觉性在文化中扮演着极其重要的作用，甚至直接成为文化生成方式的主因，即人们用以解释、理解和再现世界的方式很大程度上依赖于视觉化的形式、经验和趋势，"视觉因素一跃成为当代文化的核心要素，成为创造、表征和传递意义的重要手段"。海德格尔索性将当前时代称为"世界图像时代"，"世界图像并非意指一幅关于世界的图像，而指世界被把握为图像了"。① 视觉修辞的基本策略是在图像符号中植入某种隐秘的象征意义，其基本的话语途径是借助某种过度正当化的言说方式来完成图像意义的生成与争夺。按照赫尔默斯的观点，图像符号的意义构造过程产生于一个由视觉景观、观赏空间和客体本身所搭建的心理认知场域之中。在这一意义空间中，制造了某种认同，生产了某种意义。

按照认知心理学的观点，当人脑面对某种劝服性的话语刺激时，本能地会采取一定的抵抗策略。这是因为：致力于改变人们原有认知图式的符号行为往往会被视为一种信息入侵，随之而来的便是弥漫着不确定性、无方向感的认同危机。于是，在劝服性的符号面前，人们往往本能地转向自己曾经熟悉，甚至温暖的经验与记忆，因为在那里，总会给人一种方向感、安全感。然而，经验与记忆分别之于语言、文字符号和图像符号的抵抗效果是完全不同的。如果说在文字化的语言文本面前，经验与记忆尚且保持了具有抵抗意义的话语性格和表达模式，然而，在视觉图像文本面前，这种对强制性话语的抵抗意义则显得微不足道。而正是在图像符号及其意义之间不稳定的指涉结构中，图像符号以其逼真的方式，让我们真切地体验到感觉的现实性。这种自我充足的现

---

① 马丁·海德格尔. 林中路 [M]. 孙周兴，译. 上海：上海译文出版社，2004：253.

实感总是提醒我们图像意义的合理性，即图像的逼真性与在场感往往酝酿着强大的情感力量。理性意识往往会毫无抵抗地被卷入感性刺激所制造的情感漩涡中，这进一步抑制了系统性认知机制的激活与发生。相对于语言和文字而言，图像文化运作过程激活并调用的是启发性认知机制，而非系统性认知机制，在完全情感化的心理接受行为中，我们会对图像符号产生瞬间的认同力量。

3. 固定的城市与意涵深厚的城市形象之间互为激发

城市形象是一个意识产物，意识产物便是根据现实和人脑而改变的。近几年，西安逐渐成为"网红城市"的典型代表，多是因大唐不夜城、西安城墙、钟楼等这些经典形象频繁"触网"而形成的。而地铁这一"地下走廊"对城市形象的建构性作用却很少有人关注。其实，地铁虽为交通移动工具，却并不局限于载客拉货，它们已被打上了城市的烙印，成为一个传播载体，承载着城市形象的物化符号，体现着城市独一无二的特色，担负着城市形象的表达与扩散的职责。

一般来说，城市形象是通过多种语义方式呈现出来的，能够集中反映城市整体的素质、品位和文化的符号体系。城市形象作为城市管理者的重要经营领域之一，其目的在于通过城市形象的塑造，促进城市社会、经济、文化等方面的全面发展。千年古都西安早以悠久的历史形象深入人心，西安地铁以独特的主题文化进行设计，无不透露着这座古都的文化底蕴。地铁的速度是城市的速度，地铁的文化表现城市的文化。建设地铁改变的已经不仅仅是城市的区位和商业，更多的是对城市个性和区域文化的表现。因此，地铁的空间绝不限于进出站口、月台、隧道、车厢，乃至一个站点到另一个站点的运输距离。在一抬头就能看到的扶手电梯两侧设置有趣的壁画，这其中传播着丰富的信息。从这个意义上讲，地铁的内部空间在很多城市已不单纯是一种交通的通道，它作为城市的公共空间，是城市的窗口，展现着城市的文化、艺术与生活。地铁实际上是城市道路的一种特殊形式。

可见，城市道路作为城市交通的物质载体与活动空间，在满足基本交通功能要求的同时，又是城市基本空间环境的主要构成要素。城市道路空间的组织直接影响城市的空间形态和城市景观，又在一定程度上成为表现城市面貌和建筑风格的媒介，体现特定时期的城市综合形象。地铁空间与街道空间一样，承载了很多城市功能：地铁空间与商业的结合；地铁空间中的公共艺术；地铁空间传播了城市的文化；地铁提供了一个交往性空间。当数以百万计的人在地铁里往返穿行时，它不仅仅是一个空间，而是一个世界。

五、城市形象与城市空间意义的再生产

早在20世纪60年代的美国，城市形象研究就出现在设计学领域。城市规划专家凯文·林奇首次提出城市形象的概念：由道路、节点、区域、标志物以及边界等多种要素构成，且各要素之间相互关联、相互影响、相互作用，从而形成了一个统一的有机体。[①] 城市形象是城市物质和精神层面发展水平的重要表现，是规划城市发展的目标，提高城市竞争力的重要手段。地铁作为城市现代化的标志之一，已经嵌入人们的日常生活场景，既发挥着交通工具的属性，又作为媒介发挥着重要的传播功能，与城市形象的建构有着不可分割的紧密联系。基于此，在移动的地下交通空间与各站点固定设置的艺术作品之间的动静变奏中，西安的城市形象将会不断地丰富其内涵，其城市空间意义将会不断地进行再生产。

[①] 凯文·林奇. 城市意向［M］. 方益萍，何晓军，译. 北京：华夏出版社，2001：23.

首先，深度激活历史文化元素，并与现代城市发展诉求相结合，塑造古今相通的城市形象。西安地铁3号线通过"一线一景"与"一站一景"相结合的表现手法，巧妙利用丝绸之路文化所包含的丰富的创作素材：政治经济、民风民俗、宗教信仰、地理环境等诸多方面进行创作。在丝绸之路文化主题的具体应用上，主要从丝路文化申遗点、丝路遗珍、站点文化和国家文化四个方面入手，通过每一站站厅的文化背景装饰墙的展现，将一定地域内的人们在历史的不断发展中创造出来的，并经过积累、延续和发扬所形成的地方文化特色，以及具有极高的可识别性的地域性风格融入地铁三号线的建设中。如在壁画创作中不仅讲述了丝绸之路上被人们广为认知的丝路现象：驼铃、沙漠、车队等。并且在传统的丝绸之路的意象上增添了许多具有现代感及新潮的设计元素，如现代运动、舞蹈、建筑、音乐等，以过去、现代、未来表现当下"一带一路"新丝绸之路上各国文化、艺术、经济的发展愿景，同时也蕴含着期望通过传统与现代风格相结合的地铁壁画，传递更现代化的城市形象。具体如胡家庙站，通过作品结合站点名称，将胡人贸易作为主要表现内容，展示阿拉伯、粟特商人在丝路经济中的推动作用。在丝绸飘舞中穿插孟加拉国的星辰、清真寺等国家元素，另有古罗马金币、萨珊银币散落其间，结合贸易的器物、珠宝寓意丝路促进了各国经济的快速发展。而小寨站的壁画表现的是：丝绸之路经济带仿佛一条金链，串联起亚欧大陆上的颗颗明珠。画面以丝绸之路的路线图为主题，用串联十二条屏的方式表现丝绸之路上最有代表性的古代文明：中国、印度、埃及、希腊、罗马等。左右两端为唐代阿拉伯的海船黑石号与明代中国的福船，展示"一带一路"深厚的文化背景与兼容并蓄的精神。科技路站的画面以东西方不同时期的舞蹈为主要元素，展现能歌善舞的土耳其民族文化与中国千丝万缕的关系。以唐代流行的胡人乐舞作为主要创作内容，体现"回风乱舞当空霰"的效果，前端以剪影的方式表示现代舞蹈，体现两国深远的民族情谊。延平门站着重体现俄罗斯的特色文化遗产——克里姆林宫、瓦西里升天大教堂、莫斯科大学、套娃、芭蕾舞等，融合俄罗斯在航天和能源上的优势，以点带面地展现俄罗斯的现代发展。前方飞驰的列车体现中俄两国在"丝路经济带"中的友好合作。

舒茨提出类型化能够使行动者高效率地处理与周围世界的惯习，并使调适的过程简单化。① 在视觉统领其他感官的当下，西安地铁壁画帮助人们形成了对于西安城市形象及丝绸之路状况的第一认知。"新丝路之旅"作为地铁3号线文化墙的主题，强化了西安丝绸之路节点城市的功能作用与资源禀赋，成为丝绸之路经济带建设核心城市的新标识，展现了丝绸之路起点城市开放包容的丝路文化内涵，同时巩固了人们印象中"古都西安"及"历史文化深厚"的城市形象和特色。

其次，以空间内独特的结构布置与序列组合实现文化空间意义的再生产。空间可以叙事，尤其是将空间以其独特的结构进行序列组合与布置，就可以通过叙事实现意义的生产与再生产。如果不仅仅依托物质及其表征进行"叙事"，而是借助仪式的实践活动所构成的一系列流动的仪式场景来叙事，就可以实现记忆的唤醒与重现。一般情况下，城市的扩张以土地要素为主导的物理空间的扩大为主要类型。而以空间符号与信息的内爆式为主导要素的城市扩张，一定会激发城市信息内在密度的提升与内涵转换，其特征为不再盲目地追求外在可见的城市自身空间扩张的外爆，而转向既有空间意义的"内爆"，即消除真实与虚拟之间的界限。意义内爆在媒体之中，媒体和社会内爆在大众之中，城市实体向城市符号系统转化升级。西安地铁3号线与地铁壁画的组合使得这个地志式的场景更具氛围式与话题式的潜力。从地志式的场景来看，西

---

① 阿尔弗雷德·舒茨. 社会世界的意义构成 [M]. 游淙祺, 译. 北京：商务印书馆，2012：4-5.

安地铁3号线的壁画在地铁运营中扮演着重要的角色。地铁壁画的设计实质是整合和组织空间环境的相关信息，从而帮助人们快速地进行信息设计活动。地铁壁画是一个综合的空间信息系统，是一个透露站点信息的标识系统。好的标识系统可以提高空间的使用效率，提高认知空间的根本功能。壁画的主体仍以站点主要景观为主，能够帮助乘客尽快识别站点信息并加深站点印象。此时，西安地铁3号线的壁画帮助地铁从一个单纯的交通空间或交通转换空间，转化为兼具媒介意义的空间形式，承载着文化传播及意义传播的功能。[1]

最后，数字媒介时代的城市空间逻辑将会发生一定意义上的改变。在数字信息技术与新媒体的广泛影响下，现代城市作为"网络社会"与"媒介城市"的特性日益凸显。在更深层次上，社会、空间与时间的物质基础正在转化，并围绕着流动空间和无时间之时间组织起来。城市地铁属于地表之下的物理空间，它们作为城市标志性的空间，其媒介性日益增强。城市地铁作为信息散播的场地和关键因素，作为感觉的介质和社交性的模具，作为象征传递和流通手段等的集合，以一种组织关系与不可或缺的媒介形态融入传播与交流系统来实践与运作。因此，城市地铁壁画在这个意义上也逐步从特定的地理、历史与文化指代中解脱出来，体现出经由资本流、信息流、技术流共同重组的"流动空间"的新特质，具有氛围式传播和话题式传播的新特质。这种网络化逻辑的扩散实质性地改变了生产、经验、权利与文化过程中的操作和结果，也极大改变着人们感知空间及其形象的方式。流变建构了存在，时间驯服了空间。所以，西安地铁3号线在更新城市空间形象的过程中，在空间意义与活力的驱使下，将城市更新实践与其空间内社会、传播实践紧密关联，共同构建根植于城市生活的多元流动的传播网络，助力社会大众在具有特色的

---

[1] 严惟茜.地域文化视角下地铁站域标识系统设计研究［D］.西北农林科技大学，2022.

地铁壁画的基础上进行"流动空间生产"的动态过程。

六、结　语

卡斯特曾说:"空间不是反映社会,而是表达社会,它是社会的基本维度之一,无法从社会组织及社会变迁的整体过程中被分离出来。"[1] 地铁壁画设置在地铁内部,有着巨大的流量,能够通过持续稳定的曝光,输出与更新城市形象,让大众通过标志性空间区域的信息集合和理念传递进行意义的重构,形成一种全新且深刻的综合性媒介形式与传播关系网络,增强文化认同,触发城市标志性区域之间的主题性联动,实现实体空间与虚拟空间、主观意向的交融。通过人们的交往与空间更新实践的重合,人们的空间体验行为与城市公共空间、历史记忆的相遇,重新界定了城市空间形象的建构、传播所依托的载体,反推文化意义的再生产。

---

[1] 曼纽尔·卡斯特. 21世纪的都市社会学[M]. 刘益诚,译. 北京:商务印书馆,2006:93-100.

第九章　穿越古今：
墙面艺术的美感及其媒介符号表征

随着城市化进程的不断推进和城市区域的不断拓展，以地铁为代表的城市轨道交通逐渐成为大众出行的重要交通工具，地铁已经成为很多城市的"第二公共空间"，并成为城市公共空间的重要组成部分。作为城市"第二公共空间"重要组成部分的地铁壁画已经成为建构城市形象、展示城市文化、传递城市精神的重要阵地。本章以西安地铁 2 号线现有的 21 个站点内的装饰壁画为研究对象，阐释以壁画为代表的墙面艺术在地铁空间媒介建构过程中的艺术美感、实践路径和符号表征。

一、地铁壁画艺术的历史文化性表达

西安作为一座古都，蕴含了悠久的历史内涵和厚重的文化底蕴。地铁壁画是这座城市的特殊文化表现形式，其艺术创作和符号表征也逐渐成为古城西安展示历史文化属性的特殊资源。另外，西安作为国际化大都市，彰显着高质量发展的时代气质和精神内涵，地铁壁画艺术的创作及其艺术成就是向全世界传达西安文化精神的桥梁。综上所述，在西安地铁壁画艺术的创作实践中，如何通过有效的传播手段和表现方式，创造出强大的视觉效果以吸引大众的目光，既营造出西安千年古都的良好形象与现代化国际化大都市的城市形象，又起到传播交流的功能，是值得探究的课题。

西安地铁2号线作为西安首条通车的地铁线路，① 共设21个站点（不包括暂未开通的车站），每站都布设着壁画艺术作品，虽然内容各不相同，但总体来看涵盖了人文西安、科技西安、生态西安、活力西安、和谐西安五大主题思想。其中，钟楼站的文化墙主题为《大秦腔》，采用陕西地方戏曲秦腔的经典曲目为设计元素，体现了陕西独有的文化特色，是地铁2号线上最具秦风秦韵的文化墙。行政中心站是全国唯一采用天窗结构设计的地铁车站，站厅与站台相通，顶部由球型玻璃天窗包裹，该站文化墙图案《夏荷飞雁图》以荷为题，寓意中华民族"出淤泥而不染，濯清涟而不妖"的品格理念。市图书馆站的文化墙取材于闻名天下的西安碑林，采用金属与石材镶嵌的制作工艺展现中华名碑的风采，既展示了中国悠久的诗词文化、书法碑刻艺术，也从侧面展示出古都西安的文化魅力。

地铁壁画艺术的历史文化性表达在有着厚重文化底蕴的地方更加凸显，例如大明宫站以《万国朝贺》的盛景描绘大唐繁华，以中心对称的形式将各国使臣及大堂礼宾官员向画面中央汇聚，体现大唐盛世对外交流的开放与包容。自唐高宗起，唐朝的帝王们大都在大明宫居住和处理朝政，使这里成为国家的统治中心，也是中国古代乃至世界上面积最大的宫殿建筑群，后被誉为"丝绸之路"的东方圣殿。龙首原站的文化墙上既有书法，也有诗词，均以中国龙为主题，充分反映出中国龙文化的特色。画面上镶嵌的山势造型则呈现出龙首原特有的地形地貌特征，艺术效果给人金碧辉煌的视觉美感。安远门站文化

---

① 西安地铁2号线于2006年9月29日开工建设，一期工程北段（西安北站至会展中心站）于2011年9月16日通车，一期工程南段（会展中心站至韦曲南站）于2014年6月16日通车。

墙名为《出征图》，以飘舞的旗帜、整齐的骑兵队列和催人的战鼓等展示出古代军队出征的场景，映衬出现代生活的和平安宁。

文化墙既有对历史的表达，也有对现实的书写。纬一街的标志为陕西广播电视台主体建筑，从文化墙中能看到我国古代四大发明和现代航天卫星、高分子化学技术、电子技术、DNA生命科学等高科技符号，同时也能看到代表西安的区号029以及韦一街的邮政编码710061等信息。这座文化墙不仅是一件艺术品，更像是一个穿越历史、感受未来的使者，展现出古今信息科技的传承发展，表达着永恒的西安之美。航天城车站标识以发射塔、火箭、宇宙中的繁星为要素，寓意着西安航天城独特的航天文化，文化墙包含星球、宇航员、仙女、卫星等元素，体现出人类从古至今对浩瀚宇宙的探索。除此之外，小寨站的《古韵新尚》、凤栖原站的《凤舞》、三爻站的《天地合一》以及韦曲南站的《关中八景》主题壁画同样各具特色，令人震撼。

从整体来看，地铁2号线壁画主题主要与所属站点文化、西安地域文化和盛唐历史相关，充分体现了西安的地域特色、文化特色和作为十三朝古都的浓厚历史底蕴。例如体育场站壁画作品《盛世》，以浮雕的形式展现了唐代盛行的马球及蹴鞠运动，画面中一群唐代仕女骑马飞奔、腾空跃起、挥杆击球，运动画面动感十足，展示了唐代盛世幸福生活的美好情景。此站壁画内容既与体育场这一站相契合，又巧妙融合了盛唐文化，借古喻今，体现当代太平盛世的美好生活和时代风貌。此外，2号线站点壁画中的《秦岭四宝》《大秦腔》《文化之光》等作品，分别呈现了秦岭特有的熊猫、羚羊、金丝猴、朱鹮四种珍稀动物。西安所拥有的中国古老秦腔剧种和以西安碑林为灵感来源的隶、楷、行、草等书法艺术，将西安独有的地域文化以壁画艺术的形式加以展现，使得西安地铁这一公共空间悄然成为极具浪漫和文化色彩的"地下艺术馆"。

图 9 – 1　体育场站壁画 《盛世》 （局部）

二、壁画艺术构建浪漫的 "地下世界"

　　1863 年， 英国伦敦开通了世界上首条地铁线路。 自此， 地下公共交通的建设逐渐发展起来， 由此诞生了城市的 "第二公共空间" ——地铁空间。[1] 地铁以其方便快捷的特性迅速成为备受人们青睐的出行工具， 但由于地下空间狭窄和光线不足等特性， 以及作为交通工具本身的人员密集属性， 地铁空间的舒适度有所欠缺。 美化地铁空间这一议题开始受到关注， 地铁公共艺术应运而生， 而壁画正是应时对景的一种艺术形式。

　　以地铁为代表的城市 "第二公共空间" 是城市历史文化与城市现代形象的交汇点， 其中地铁壁画艺术是城市与市民交流的窗口， 是历史与现实的对话， 也是公共空间与公共艺术的对话， 更是地域文化与站域文化的结合点。 将地铁

---

[1] 曹振国. 地铁空间艺术：地下的浪漫之城 [J]. 新世纪智能, 2021 (91)：7 – 9.

与壁画艺术相融合，有助于唤起对城市的人文回忆和文化认同度，在新时代彰显历史文化新风采。

地铁站作为人口密集的交通枢纽，地铁壁画不仅是一种文化表达，还赋予了环境一种文化性的存在，使这一物理空间上升到了精神文化层面，满足了现代社会人们对文化的精神需求。1971年北京地铁开通后，袁运甫先生在北京2号线建国门站创作了《天文纵横》，张仃先生在西直门站创作了《大江东去图》和《燕山长城图》。这几幅壁画开创了国内地铁公共艺术创作的先河，壁画艺术开始从"地上"走向"地下"，介入了地铁这一公共空间，实现了美的空间性拓展，也缓解了人们的视觉疲劳。

西安地铁2号线全线均在地下，每个站点都有壁画，各站点壁画一般正对着刷卡进站的闸门处或进出轨道层的电梯处，人们从"地上"进入"地下"空间后，壁画便可映入眼帘。壁画墙均居于乘坐地铁的必经之处，人流量大，但空间相较于轨道层更宽敞，能够满足人们行走时浏览或短暂驻足观看，而不会造成人员拥堵。

1. 巧用图形细节传播文化

地铁公共空间的首要用途仍是交通用途，西安地铁2号线贯通南北，人流量大，人们以出行为主要目的，因而除了候车，很少会长时间驻足。在这样的环境下，地铁2号线的壁画内容都较为明晰，人们在行走时简要浏览便能较快获知壁画的主题，符合大众的审美特点与认知能力。然而稍微放慢步调并进一步去欣赏2号线的壁画时，就能发现壁画中设计者的巧思。例如地铁2号线龙首原站的壁画作品《龙之原》，关于龙的诗词歌赋镶嵌于祥云、水波等图案之中，画面恢宏大气，颇显艺术魅力。仔细观赏就可见几条抽象的线条贯穿整幅画面，这正描绘了古都西安龙脉之首的山形地貌特征。由此来看，那些金色祥云与水波纹图案除了装饰效用，更辅助于象征中国的图腾——龙——既能上天又能入水的祥瑞之意，壁画中的这些细节使得画面更完整，意象更突出。此外，如凤栖原站的壁画作品《凤舞》，宏观上主要以凤凰羽毛为主进行艺术化创作，但作品底部细节处分布有大雁塔、城墙等西安历史建筑的金属浮雕图样。图形是一种特殊的视觉传播符号，西安地铁2号线的壁画使用了最有西安代表性的图形符号，既增加了壁画的艺术性，又与受众产生接触式交流，成为向人们传播观念的载体。

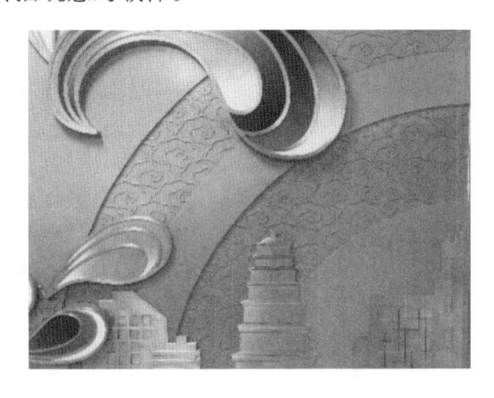

图 9-2　凤栖原站壁画《凤舞》（局部）

图 9-3　龙首原站壁画《龙之原》

2. 材质与色彩契合西安形象

西安地铁2号线作为西安的第一条地铁线路，2号线壁画的整体风格较为沉稳大气，与西安古朴厚重的城市形象相吻合。这一风格特征在壁画的色彩和材质上也体现得十分明显。地铁2号线倾向于用稳妥的方式来表现地铁壁画，使用的材质大多为传统的、常见的、易于获得、造价较低且不容易产生误导和分歧的普通材质。所用材料都有耐腐蚀、耐潮湿、耐用、易清洁、低造价、防震性能好的共性，其中，不锈钢材质出现频次最高。色彩上，地铁壁画艺术中的颜色不仅要吸引公众的眼球，还要向受众传播城市的风貌和文化特色，与建筑空间环境的色彩相协调，与地铁的线路色相一致，使人们在地铁空间中能够通过壁画色彩达到审美和心理的双重满足。西安地铁2号线壁画整体偏暖色，与地铁2号线的红色图标及西安深厚历史文化背景下的城市气质相契合，在地下空间中给人以温暖敦厚之感。

三、壁画艺术对城市形象的建构路径

地铁壁画的布设是城市形象建构的重要方式之一，不仅是展示和宣传城市形象的主要媒介，也是参与城市形象塑造的途径之一。壁画艺术反映着城市本身的人文素养和时代特色，既可以展现城市的精神文化面貌和人文特征，也可以营造城市的精神氛围，让人们在地铁出行中感受城市的文化魅力，以加深对城市的认知和身份认同。城市的历史、文化、特色和城市变迁等都可以通过地铁壁画等公共空间的视觉设计进行展示。地铁壁画作为展现城市形象的主要媒介，凭借视觉传播的形式参与到建设和传播城市的形象中，既可以作为地铁公共空间的艺术表达，也是展现城市形象的重要途径。基于此，西安地铁公共壁画主要以"在地性"符号呈现西安特色,多元化符号展示西安精神,"即时审美"体现人文关怀等方式,成为城市形象沟通的途径。

1 "在地性"符号呈现西安特色

地铁壁画的设置是宣传城市文化最直接的渠道之一。西安地铁的壁画是本地文化的缩影,也是西安展示其城市文化色彩的主要载体。由于地铁站形态的相似性和封闭压抑的视觉感受,乘客往往易失去方向感和场所感,而充满本地文化特色的艺术墙既加深了辨识度,又符合乘客普遍喜欢看到的本地文化。地铁2号线的壁画艺术通过特色鲜明的主题文化艺术墙充分展现大唐神韵,以地铁公共空间的文化艺术作为载体与平台,有效建立站域的"地点感"。作为历史文化及其厚重的旅游城市,西安十三朝古都的城市特征也非常明显,而地铁壁画通过打造"地铁文化长廊"的方式,反映本市、本地和本土的特色,尤其是地铁2号线突出其地域文化和历史人文功能。

在此,以地铁2号线永宁门站壁画为例:它以迎宾为创作思路,主题墙《迎宾图》长14米、高2.65米,将天然的花岗岩材质、高浮雕的塑造技术与金属锻造的质感相结合。整个文化墙包含大明宫及源自唐代绘画的仕女形象等唐代元素,采用大角度全景式构图,以公共文化记忆作为创作题材及意象参照,高度真实地再现了大唐盛世的场景。《迎宾图》描绘迎接外来宾客的宏伟盛况,永宁门也被称为"南门",是历代封建王朝举行隆重迎宾仪式的场所。[1]创作者通过具象的描绘手法,将花岩石、大理石和金属锻造的质感结合在一起,从而使作品画面更华美、尊贵、沉稳。《迎宾图》也体现了西安人开放包容、热情好客的城市精神。受众可以透过《迎宾图》反映出的历

---

[1] 李康明. 西安地铁壁画对城市形象建构作用研究 [D]. 西安:陕西师范大学,2020.

史文化精神，对西安的城市历史记忆有更深刻的印象，从而产生情感上的交流。除《迎宾图》外，像钟楼站《大秦腔》等壁画以标志性的文化特征不断强化乘客对壁画展示的城市形象的记忆，以其特殊的象征意义在地铁站向人们展示西安的繁华景象，引发人们对于美好西安的向往。

图9-4 永宁门站壁画《迎宾图》

2. 多元化符号展示西安精神

城市形象的建构过程就是城市精神的外化呈现过程，而城市精神往往是丰富且变化的。西安的城市精神是开放包容、追赶超越。地铁2号线行政中心站的壁画作品——《和谐满园》中的荷花，象征着高洁，而紫铜荷花、白玉水纹等都属于贵金属材质，象征着古都的繁荣、昌盛、祥和。该文化墙把栩栩如生的《夏荷飞雁图》生动地镶刻在汉白玉背景上，在白色背景上隐约浮现楼阙、山脉和城墙，将古长安的恢宏大气以及政治地位恰到好处地呈现出来，以地域性的多元化符号载体彰显西安这座城市的特色风貌。

图 9-5　行政中心站壁画 《和谐满园》

在西安地铁 2 号线的壁画中，几乎所有站点的壁画作品都与站点周边的文化历史相联系，多元地由内而外地展示城市的形象。乘客在乘坐地铁的途中欣赏壁画作品，不仅有助于人们了解站点周边的历史文化，也能感受到城市的文化内涵，有利于西安城市形象的建构和传播。凤城五路站的壁画作品 《凤鸣朝阳》展示了西安城市发展的多姿多彩，象征着西安包容开放的城市精神。《凤鸣朝阳》文化墙是将色彩绚丽的彩虹光圈形象，抽象的纹样符号及当地代表性的工业符号组合，描述了凤城五路作为西安北城经济中心的蓬勃生命力，展示了西安城市发展的多姿多彩。

图 9-6　凤城五路站壁画 《凤鸣朝阳》

3. "即时审美" 体现人文关怀

地铁站是城市的交通枢纽，人流量较大，幽暗封闭且环境嘈杂，人们处在地铁站容易感到心理压抑，而逻辑严谨的地铁导视系统和生硬的指示牌也无法传达出城市的人文关怀。在此种环境中设置壁画能很好地调节人们的空间压抑感。而饱含文化内涵的地铁视觉艺术更可以满足乘客的心理安全需求，有利于弥补环境的缺陷，体现人文关怀。其次是地铁站中的乘客来自五湖四海，人流量大，人在不停移动的过程中，视线在导向牌、广告灯箱之间游弋，地铁壁画往往是被"即时审美的符号"。人们行进动线的目标性很强，只会短暂停留，所以地铁壁画艺术的设置位置、主题、构图、色彩都至关重要。

此外，城市特点、时代特征、城市文化和城市精神都往往具有历史性和阶段性，它们会随着时代的发展而变化。西安地铁在视觉沟通系统设计表现方面以西安独特的历史文化背景为主题，选择不同的历史时期具有符号学价值的元素，能够反映出这些特点。地铁壁画艺术将阶段性、历史性的城市"软实力"固化外显，作为媒介留存城市记忆，在一定程度上也能体现公共空间艺术的人文关怀。如地铁2号线中市图书馆站的壁画作品《文化之光》，作品由损碑组合而成，透出残缺之美。地铁市图书馆站的文化墙取材于闻名天下的西安碑林，采用金属与石材镶嵌的制作工艺展现中华名碑的风采，既展示了中国悠久的诗词文化、书法碑刻艺术，也从侧面展示出古都西安的文化魅力。《文化之光》通过材料的不同构成，空间的多样组合，展现了中国的汉字文化。它通过图形、色彩、材质来提升地下空间的文化氛围，美化视觉环境，使人们走在地铁空间中能通过观赏壁画艺术产生身心的愉悦感，可以说地铁空间就是流动的艺术展台。

图 9-7　市图书馆站壁画《文化之光》（局部）

四、城市形象对地铁壁画艺术的地域性表达

城市的现代化发展直接影响着地铁壁画的视觉表现，城市形象的发展也影响着地铁壁画的视觉表达，两者形成了一种双向互动的关系。地铁壁画通过呈现城市特色、展示城市精神、体现人文关怀三种方式进行城市形象的建构，而城市形象又通过实际发展的动态需求影响、滋养着地铁壁画的视觉表达。这种相互影响的动态发展，实现了地铁壁画和城市形象的意义共建。

1. 城市顶层设计影响地铁空间艺术的视觉转向

地铁壁画艺术所展示的城市文化是城市精神的物化，也是城市实力的展现，所以城市顶层设计会影响地铁空间艺术的视觉转向。城市的发展策略、国家政策和重大历史时间，都可能影响到城市形象的建构。像地铁 2 号线航天城站的壁画《未来梦想》就与其所在站点的背景有紧密的联系，航天城站得名于附近著名的西安国家民用航天产业基地。航天城车站的标识以发射塔、火箭、宇宙中的繁星为要素，寓意着西安航天城独特的航天文化。而车站的文化墙以星球、宇航员、仙女、卫星等为元素，10多米长的蓝色背景墙全部由1厘米的各色马赛克拼接而成，体现出人类从古至今对浩瀚宇宙的探索，表达了人们对美好未来的向往。因为站点环境和人文等优势资源以航天为背景，地铁壁画也突出了这点，顺应了文化产业的发展和城市顶层设计所需要的形象和精神面貌。

图 9-8　航天城站壁画《未来梦想》（局部）

此外，城市文化的宣传与辐射也影响着壁画艺术这一公共空间艺术形式的转向。北苑站的壁画《变迁》通体由原石雕刻和不锈钢镶嵌而成，绿色石雕由左及右向我们展示了交通工具变迁的历史步伐，生动地再现了人力、畜力运输到汽车、火车，直至我国高铁、动车发展的伟大变革。随着西安市行政中心的北迁，北苑站逐步成为西安城市建设及开发的新热点。还有像龙首原站的壁画《龙之原》，既有书法，也有诗词，均以中国龙为主题，充分反映出中国龙文化的特色，画面上镶嵌的山势造型则呈现出龙首原特有的地形地貌特征，给人以金碧辉煌的视觉美感。地铁壁画对城市文化进行视觉表达。在社交媒体时代，地铁壁画作为一个创新点，可以通过网络分享的方式快速辐射到更广阔的地区，更有利于传播城市文化。

2. 城市的精神文化转向成为地铁壁画的创作源泉

城市的精神文化是城市的灵魂。西安作为十三朝古都，其悠久的历史文化财富以及包容精神是历代人民的物质累积和精神累积。地铁2号线的壁画艺术受到城市精神文化内涵的影响，整体风格以唐文化为基本文化底蕴。城市精神文化滋养了地铁壁画的视觉文化建设，城市的历史文化、现代科技文化、现代商业文化、社会主义核心价值观、城市精神、生态文化等内容都在为壁画创作源源不断地提供素材。而地铁2号线的壁画艺术有着"一站一故事，一站一人文"的特点，充分挖掘地铁站点的地域文化特色，与地上人文景观紧密结合。地铁2号线安远门站的壁画《出征图》，以飘舞的旗帜、整齐的骑兵队列和催人的战鼓等艺术符号让人感受到军旗迎风展，战鼓迎敌擂，保家卫国的英武雄姿。这幅壁画也展示出古代军队出征的场景，展现出视觉图像符号所特有的冲击感和震撼感，映衬出现代生活的和平安宁。

同时，随着城市化进程和现代生活节奏的加快，壁画艺术中又穿插了一些现代文化元素，追逐时代潮流，具有独特的魅力。比如在全民健康运动和西安举行全运会的背景下，地铁2号线运动公园站的壁画《律动之风》通过林立的都市建筑群和都市人生动活泼的运动姿态，揭示了运动公园这一主题。把人们追求健康，人与自然、人与社会和谐相处的美好愿景展现出来，迎合了当下追求健康生活的时尚新潮。地铁2号线体育场站的文化墙《盛世》以古代体育运动"马球"和"蹴鞠"为主要元素，整幅作品与体育场站内涵贴切，不仅显示了中国古人对体育的爱好和追求，还体现了中国体育文化的源远流长。而西安城市的意识形态和文化传播正是随着社会大众文化的变化而发展，不断具象化地存在于一幅幅地铁壁画作品之中。

图9-9 城市运动公园站壁画 《律动之风》

五、结　语

2000多年前，古希腊哲学家亚里士多德曾言："人们为了生活，聚集于城市；为了生活得更好，留居于城市。"[①] 对于在大城市生活的很多人而言，地铁是生活场景的一部分，每天挤在狭小的车厢里去往城市的各个角落，地铁不再只是一个实用的旅客输送管道，更是艺术家与大众传播的公共空间。因此，无论是在艺术美感方面，还是媒介符号的表征方面，都应该有受众意识和传播意识。

1. 壁画信息不足阻碍深入欣赏

地铁2号线的壁画内容都较为明晰，人们大多都能在浏览中知晓画面的主题与主要形象，壁画左下角均标注了壁画名和壁画简介的介绍牌。但普通大众并不具备深厚的历史知识储备和专业的艺术鉴赏力，当人们对壁画产生兴趣并企图深入了解壁画内容时，却发现壁画介绍牌上只有寥寥数字，此外再找不到

[①] 苗力田. 亚里士多德选集·伦理学卷 [M]. 北京：中国人民大学出版社，1999：163.

其他资讯。这种信息的缺失使得艺术家的巧思难以被观看的大众获知，使得西安地铁 2 号线壁画的艺术效果和传播效果大打折扣。由此来看，地铁壁画应当找寻恰当的方式，既实现壁画的信息补充，使得人们从看壁画，到了解壁画，再到真正欣赏和鉴赏壁画，又能保证交通通道本身的畅通，使得地铁壁画发挥出最大效用。

2. 不合理遮挡影响壁画视觉效果

在对西安地铁 2 号线的壁画展开调研时，会发现存在壁画被其他物体遮挡而难以发挥其效用的情况。如西安地铁 2 号线会展中心站的壁画作品《八水绕长安》，其两侧分布着两个承重柱，左侧承重柱前有多媒体电视屏，承重柱外 50 厘米处围有防护栏，壁画两侧受承重柱遮挡影响观看整幅作品，而防护栏又阻断了近距离观赏壁画的可能。壁画左下角注有壁画名称、壁画简介和壁画设计制作单位的信息牌被承重柱完全遮挡，失去了传递信息的效用。此外，壁画前方天花板上的筒灯处于关闭状态，使这幅色彩本就不明艳的壁画在地下空间中更显暗淡，使得原本充满文化韵味，精心设计并制作的壁画存在感大打折扣。除了承重柱、多媒体设备、防护栏外，地铁站还有武警执勤或悬挂标语条幅等不同程度遮挡壁画的情况，虽然正是出于艺术装饰和传播文化的重要目的而将地铁壁画设置在人流量较大的区域，但在地下空间内，应当辅以相应的灯光配合，同时合理摆放其他公共设施，才能让地铁壁画有效地传播视觉信息。

图 9-10　会展中心站壁画《八水绕长安》（局部）

3. 壁画记忆点弱，难以助推城市记忆

当下地铁已经成为城市重要的交通方式，同样也是游客旅游出行、感受城市风貌的重要一环。西安地铁 2 号线人流量大，对地铁及其空间的印象也逐渐成为人们城市记忆的一大组成部分。巴黎地铁挂满画等艺术品的复制品，使乘客犹如进入艺术殿堂；莫斯科地铁以其宏大的建筑格调，不同历史事件或人物的主题浮雕、壁画或油画展示为主，有"地下灵魂"和"艺术陈列馆"之誉。然而，在对西安地铁 2 号线展开调研时，我们发现公众路过壁画时很少有人仔细驻足观看，都是迅速离开地铁空间。部分壁画墙前有人驻足，但大多是将壁画作为标志性地点而在此等人。当然，在钟楼站壁画作品《大秦腔》前会有部分游客身着汉服、唐装等服饰前来打卡拍照，但这样的情况不多且未在其他站点发现明显的类似情况。并且由于西安地铁建设是在具有 3000 年的历史文物遗存土层中进行的，还连接了明朝城墙和钟楼等重要的古建筑，其本身就是一个天然的地下"历史博物馆"，把握好地铁公共空间的文化传播

可以进一步加强大众对西安的城市记忆。目前，钟楼站2号线换乘6号线的通道内出现了两口古井遗址。将发掘出土的文物进行就地保护展示，这在国内尚属首例，此做法在展现西安悠久历史文化的同时，也能切实在地铁空间中加深对西安的城市记忆。

第十章 流动艺廊：
西安地铁 4 号线壁画的媒介文化表达

当前，地铁不仅仅是单一的城市运输工具和运营机构，它更是一个传播文化思想、进行内容推广与营销的媒介空间。因其服务的乘客群体是流动的、不确定的人群，地铁媒介的传播效应不可忽略。地铁空间内较为引人注目的站厅壁画、通道壁画及文化墙等文化标识和载体可被用来探究公共艺术形式与城市功能发挥之间的关系。

西安地铁 4 号线（以下简称地铁 4 号线）纵贯西安市南北，是陕西省西安市建成的第 4 条地铁线路，于 2018 年 12 月开通运营。由北向南将西安市的北部交通枢纽——西安北站与南部航天科技基地连接在一起，途经西安市重点文物保护区、新兴商业区与文化教育区，包括大明宫遗址、含元殿、钟楼、大雁塔、大唐芙蓉园等众多名胜古迹，为地铁内多种类型文化标识的设计提供巧思和经典元素。地铁 4 号线沿线主要包括 15 幅大型文化墙组壁画，可谓兼具"颜值"与"内涵"，按壁画装修与造型风格可分为北、中、南三段。本章将分别从地铁 4 号线北、中、南三段壁画中得出地铁 4 号线壁画作为城市公共艺术在媒介文化视域下的功能性研究。

第十章 流动艺廊：西安地铁 4 号线壁画的媒介文化表达 195

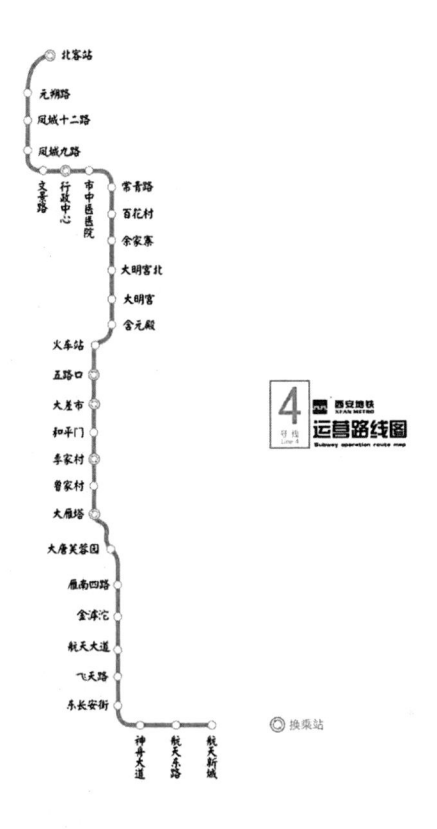

图 10 – 1 西安地铁 4 号线线路图

一、"艺术长廊"的视觉呈现与实地探究

地铁壁画虽然依附于地铁空间，但是其作为公共空间中的公共艺术媒介必然是城市形象的一部分。西安地铁 4 号线站点设计以"一站一景"为设计目标，每一站设计的壁画均不相同，体现出西安地铁站点独特的地域文化性。地铁壁画作为一种符号，不仅发挥了空间分割的具体作用，提示了站点信息，同时借助铜制雕塑、马赛克拼接等装饰形式展现出西安独特的文化魅力。

1. 地铁壁画空间布局

公共艺术的"公共性"内涵是它作为一种艺术形态的根本特征。[①] 它被设置于公共空间中，为社会公众开放。壁画通过与周遭的地铁空间所形成的对应转换关系，从而达到与地铁空间的互补和交融的效果。[②] 作为城市公共交通系统的重要组成部分，地铁壁画主要绘制在乘客入站通道的墙壁、站厅和站台墙壁上，作为乘客入站引导标识，以及提供站点信息，方便乘客辨识站点。而地铁壁画的空间性在于它为空间生产提供了重要的作用与意义。

西安地铁壁画的独特性在于其"一站一景"的设计理念，因此，每一幅地铁壁画都构成了一个独特的意义空间。地铁壁画利用不同的材质，搭配不同的色彩，选择不同的内容元素建构出不同的意义，从而形成独一无二的意义空间。具体而言，乘客到达大雁塔站，如果仅通过壁画是可以得出身处大雁塔站这一具体信息，而不会误认为自己处于大唐芙蓉园站。大雁塔站壁画以大雁塔为核心的唐风文化风景区为主要设计元素，虽然包含了大唐芙蓉园的元素，其空间语言传达出的核心主题仍然是大雁塔。而大唐芙蓉园站则通过仕女形象展示，其空间语言从唐朝仕女的服饰和妆面汲取灵感，表现出人物形象的现代性，从而传达出大唐芙蓉园的文化场地功能。

另外，西安地铁4号线的壁画在空间位置的选择上，在保证地铁交通这一主要功能的前提之下，起到了空间分割和信息引导的作用。地铁4号线各站点会在转角处设置小幅壁画，将入站通道和进站通道进行分割，并不突兀地将空间功能进行转换。站厅和站台处的壁画则采取大幅长壁画的形式，且多分布在站厅下行通往站台的楼梯出入口及行人电梯通道处，既有效地为乘客提示了站

---

① 季欣. 中国城市公共艺术现状及发展态势研究 [J]. 大连大学学报，2010，31 (05)：70 – 73.
② 范军，胡慧滢. 西安地铁壁画旅游开发之初探 [J]. 中国包装工业，2014 (22)：99.

点信息，同时利用壁画将站台和站厅进行了有效分割。利用壁画进行空间的转换，首先在视觉上会对乘客起到提醒的作用，提示乘客即将进入新的区域，即乘客进入地铁站厅，需要做出前往站台乘车或者出入站的下一步行动。其次，看见地铁壁画也会对乘客起到一种心理暗示功能：乘客到达了全新的站点。与此同时，壁画本身就具有艺术性，是设计者表达意义的作品。当壁画被放置在地铁站中，就会形成一个单独的艺术空间。当人们注意到壁画并因此停留欣赏时，人们将壁画的艺术性置于首位，而忽略其本身是地铁的一部分。也就是说在这个空间中，壁画本身就是空间中的唯一主体，是被欣赏和解读的对象。

图 10 – 2 大雁塔站壁画 《雁塔秀色》

地铁对疏散城市交通、充分发挥城市功能和提高其工作效率起到了积极的作用。地铁中的艺术也并不是单纯的装饰，它更是社会精神文明和物质文明的标志。作为地铁艺术的主体——地铁壁画，其本身也属于建筑空间设计的一部分，壁画艺术所采用的语言必须与所在的建筑语言相符合，它应该构成空间而不是破坏空间。[①] 地铁壁画公共空间的属性是无法被忽视的，这就决定了它不

---

① 孙淼. 地铁站壁画设计定位分析 [J]. 文艺争鸣, 2010 (16): 31 – 33.

是设计者自我艺术的表达，而应该是服务于地铁功能，以及面向大众的普世性艺术创作。地铁壁画设计的成败关系到整个地铁建筑，甚至整个城市的面貌和气质。因此，它的设计应该是谨慎和科学的。西安地铁4号线壁画结合了每一站站点所在地的文化背景，或者民众集体记忆而设计，因此它的画面语言简单，色彩鲜明。这样简洁、流畅的设计理念就保证了其作为城市公共交通的空间功能，即乘客不会因为观赏地铁壁画而停留过长时间，即使匆匆走过也可以接收到壁画所要传达的信息。

2. 地铁壁画材料选用

在城市的可视空间进行文化形态的表达过程中，公共艺术品的造型结构、空间布局、色彩搭配等元素的呈现可以在观赏者"目光所及"之间轻易获得感触和共鸣。相较于上述显性的观赏因素，游客反而会忽略艺术作品中材料使用的重要性，忽略创造者在材料选用问题上所耗费的心血。然而，公共艺术作品之所以成型，离不开合适的材料工艺这副"骨架"的支撑。

因其创造的独特的视觉效果，马赛克镶嵌工艺可以说是西安地铁4号线壁画制作中最亮眼的工艺。马赛克镶嵌图案被称作最古老的装饰艺术品和图画艺术品之一，将其运用于艺术品制作中，具有坚固、耐潮湿、耐晒而不变色等优点。也许正是源于马赛克镶嵌的诸多优点，墙面、天花板、地板、人行道、便携式的雕像等都成为马赛克镶嵌工艺"大施所长"的空间。马赛克镶嵌图无疑也成为最耐久的艺术品之一。高明的镶嵌细工艺术家能用补色创造出许多效果不同的马赛克镶嵌图案。有色玻璃、石头、大理石、木头、陶器或者任何其他坚硬的、不容易毁坏的材料都可以成为马赛克镶嵌物。硬质材料的质感与量感以及镶嵌工艺产生的形、色、光的效果，使镶嵌画在色、质、量感方面显得色彩斑斓、粗犷浑厚。飞天路站壁画、西安北站壁画《舞动陕

第十章　流动艺廊：西安地铁 4 号线壁画的媒介文化表达　199

西》、大明宫站壁画《万国宾至》、大差市站壁画《丝路遗韵》等将马赛克镶嵌工艺与各站点的历史文化背景巧妙结合，创造了别有洞天的视觉效果。以大明宫站壁画《万国宾至》为例，丰富明丽的色彩亦为马赛克镶嵌图添色不少。大明宫站汲取大明宫建筑形态和风格进行设计施工，反映了唐代建筑艺术加工和结构的统一，将瓦当图腾宫灯和石材浮雕金漆喷涂结合使用，体现了唐朝大明宫千般尊严、万般气象的皇家气派。

图 10 - 3　大雁塔站壁画《雁塔秀色》（局部）

图 10 - 4　行政中心站壁画《高风亮节》

除了在壁画上较大面积地使用马赛克镶嵌技术之外，铜质浮雕在 4 号线壁画制作中以辅助技法出现。行政中心站站厅设有《夏荷飞雁图》文化墙，采用隐喻的艺术手法，将洁白、清纯、高贵且象征友谊的荷花跃然于平静、悠扬的水面中。以汉白玉天然石雕为背景，紫铜锻造艺术表达荷花"出淤泥而不染，濯清涟而不妖"的高贵品格。画面背景隐约浮现山脉、城墙和楼阙，将长安的大气和行政中心的地位恰到好处地表达出来，与西安市行政中心点题对应；《高风亮节》文化墙以水纹为背景，象征为政清明，以竹子为主要元素进行设计，寓意君子应像竹子一样挺拔、刚正不屈，体现高风亮节、两袖清风的高尚品质。

3. 色"彩"而不"繁"

心理学试验测定，在视觉两大构成因素"形"与"色"之中，人类对色彩的敏感力为80%，对形状的敏感力约为20%，色彩是影响感官的第一要素。建筑色彩是城市景观的重要内容，也是城市性格和心情的体现。[①] 从色彩斑斓、视野开阔的魅力古都进入封闭枯燥、人流涌动的地下空间，在时间和空间的感知失衡之下，视觉成为人们在进站、出站的既定路线中获取信息最重要的途径，色彩也成为空间生产中注意力资源最为集中的场域，发挥着物质性和精神性的多重作用。西安地铁每条线路都有其主题和主题色，4号线全线的装饰风格以"丝路长安"为主题，标志色是青色。"青青子衿，悠悠我心"，可见作为古代丝绸之路起点的汉朝，青色是较为普遍的颜色，并且青色作为中国特有的且在中国古代社会占有重要意义的颜色，象征着生命、坚强、希望、古朴和庄重。为了达到整体的一致与和谐，4号线壁画还有车站顶部、车站墙柱的结构和造型或多或少地采用青色及其同种色、同类色、类似色和邻近色等与主题色相呼应。如和平门站的《数字门神》用科技化的电子线路板勾勒出传统门神的形象，用清新的青绿色替代传统红色的门神形象，将传统与

[①] 朱霆. 色彩心理学与城市色彩 [J]. 安徽教育学院学报，2007 (01)：115-118.

科技相融，与主题色相呼应；航天大道站的《追梦飞天》将敦煌壁画的飞天形象进行抽象加工，并用蓝紫色的太空星图作背景，给人以置身于凡·高油画《星月夜》的梦幻和中国古典艺术的美轮美奂之中；再如大差市站的《绿意疏影》以几何拼接为艺术表现手法，展现出草绿色的城市生态，并与车站顶部的靛青色吊顶和谐一致，体现出现代西安对人文、环境建设的重视。此外，地铁4号线的装修设计又根据其地域和历史文化特征细分为三段。因此，从北向南，受众可以感觉到明显的色彩变化。北段以展示新时代风貌为主，色彩明快；中段重点展示悠久的盛唐历史文化，黄、红色系彰显雄浑与磅礴；南段聚集航天科技产业园区，天空色系寓意从古至今的飞天梦。最后，西安地铁"一站一景"的设计理念使得壁画的色彩呈现出多样性，并与其主题、材质和人文历史以及自然地理环境产生深刻的关联性。比如，大唐芙蓉园站在地理位置上接近皇家园林大唐芙蓉园，因此，其壁画《芙蓉赏灯》以盛装华服的大唐侍女结伴赏灯为主题，把大唐芙蓉园的建筑融入背景中，并且底部选用粉色的牡丹花进行装饰，顶部采用随微风拂动的各色花灯作为点缀，以雍容华贵之景再现大唐盛世之繁华。而这种颜色的呈现又离不开其所采用的玻璃马赛克的材质和镶嵌拼接的工艺手法，绚丽典雅的视觉效果给人带来美的感受。

图 10-5　大差市站壁画《绿意疏影》

4. 地铁壁画符号文本表达

地铁壁画是一个地域文化的缩影，更是一个承载文化的媒介，同时又是再现地域文化的符号，体现文明的标志，是文化与艺术的共同体。① 地铁壁画依附于地铁环境中，不同的地铁壁画在不同的车站展现的文化要素和符号不同，其与乘客之间具有一定意义的交流作用。乘客通过壁画中的要素和符号得出关于站点和城市的信息，进而唤起乘客对城市的记忆与感情。

西安地铁4号线串联起西安的北部交通站点、行政中心和南部的科技中心，沿途经过多处西安市代表性文化旅游景点和历史遗迹。壁画的画面主要以站点所在地的风景、历史背景或代表建筑为主要设计元素，所包含的符号元素主要有建筑、文物、人物和风景。画面内容结合站点历史背景，主要元素取材于相关代表性文物，对站点进行抽象化介绍，展示文化背景底蕴。

地铁壁画依照站点顺序设置内容。西安作为我国历史文化名城，其中包含多个朝代的宫殿遗址，占地面积广阔，所以地铁设计动工之时会在这些区域设置站点，以满足城市交通需求。因此，西安部分地铁站点的壁画内容就需要进行合理规划。西安地铁4号线途径大明宫国家遗址公园，其占地面积约3.84平方千米，沿途设置大明宫北、大明宫和含元殿三处站点以满足交通需求。这三站因地处大明宫遗址公园北、中、南三段，在壁画内容选择上均以大明宫为设计元素，但是壁画设计师分别选择了远眺大明宫宫殿、外国使臣朝拜和展现唐代仪仗作为三站壁画的具体内容，借助不同的站点展现大明宫整体建筑的恢宏，还原宫殿中某个历史瞬间，让乘客感受唐代的自信开放和介绍宫殿的历史功能地位。这样既避免了壁画内容的重复和单调，又保证了其站点信息传

---

① 王春涛，张赛勇. 地铁公共艺术中壁画材料及造型语言创新研究［J］. 艺术工作，2017（03）：88-91.

达的准确性,同时也有效地表现三站的整体性。

图 10-6　含元殿站文化墙 《威仪天下》

大明宫北站的地铁壁画以大明宫的宫殿造型为主要元素,主要体现唐代大明宫宫殿造型的恢宏;大明宫站地铁壁画中的含元殿作为唐代大朝会的举办地,展现外国使臣齐聚大明宫朝拜唐天子的盛景;含元殿站地铁壁画设计取材于唐代懿德太子墓壁画——《阙楼仪仗图》,以体现大明宫作为唐代政治中心的历史意义和其作为西安城市代表符号之一的媒介功能性。这三站壁画分别展现了大明宫的整体造型艺术、功能地位和历史盛景,设计视角涵盖宏观、中观和微观场景,同时贯彻了西安地铁站点"一站一景"的设计理念。乘客乘坐地铁时,无论是从北向南行驶,还是由南向北行驶均能通过壁画了解大明宫的历史意义和功能地位。

5. 构建新的媒介情景

梅罗维茨在媒介情景论中将情景看成动态的信息系统,认为新的媒介会带来新的情景,情境的变化又会改变原先身份和行为的界限,进而影响人们的行为和社会角色。[1] 面对流动的和广泛的受众，地铁壁画被放置在川流不息的公共出行空间，打破了既往艺术载体在特定的设置空间被少数人或者部分群体观看的限制，模糊了出行交通情景与艺术观展情景的地域界限，从而创造了一个新的语境空间。在这个情景内，不同年龄、身份职业不同的受众不需要特别抽出时间，也不需要付出昂贵的金钱成本，就能在地铁出行中观看到不同的壁画艺术，并拥有驻足观看或行进远眺的选择自由。显而易见，地铁壁画的创作是面向广泛的人民群众，这就决定了其主题和形式是为大家所喜闻乐见的，因此受众不需要拥有极高的文化素养和背景知识储备就能轻松地完成解码。此外，围绕着地铁壁画也会产生新的社会角色和新的交往互动。笔者观察到：驻足观看的行人会就壁画内容进行一定的话语交流，也有游客进行拍照打卡记录，并在网上进行二次传播，地铁官方在旁边张贴二维码，通过主动的话题引导来增加互动等。长此以往，地铁壁画产生的新的媒介情景和交往互动，不仅带来了短暂的视觉盛宴和舒缓封闭空间造成的生理压抑，更是对人们的审美素养，以及对西安这座城市的体验感、认同感、归属感和城市形象的建设都发挥着显著的作用。如位于西安北客站北广场负一站台层的《大美陕西》和负二站台层的《舞动陕西》，为出入西安的游客在行进路线中创设了视觉上首次和最后感受西安的情景，且这两幅壁画在媒介符号上分别选择了华山、秦岭、太白、青松和黄河、黄土高原、安塞腰鼓等广为人知的特色形象，充分彰显了陕西的地域特色，并表现出陕西人民的热情好客，无形中强化了游客对于陕西文化的认同，增加对西安这座城市的好感与喜爱度。

---

[1] 何梦祎. 媒介情境论：梅罗维茨传播思想再研究 [J]. 现代传播（中国传媒大学学报），2015，37（10）：14-18.

二、从物质到媒介：地铁壁画的公共艺术媒介属性

在文化领域中，公共艺术具有来源于生活又高于生活的品质和属性，多种艺术形式也因能更好地反映社会生活、表达人们的思想感情而被赋予了不同程度的艺术性。地铁壁画融合了绘画、书法、诗词等艺术形式，给人们带来强烈的视觉感染力与冲击力。西安地铁4号线壁画的设计结合历史和现代的众多因素，"一站一世界，一城尽繁华"的精致设计为日常穿梭在地铁空间且短暂停留的乘客创造了唯美和现代相融的"穿越"感，或许正因如此，西安地铁4号线荣获"第十九届中国土木工程詹天佑奖"。

"艺术性"或可表达人们对西安地铁交通文化空间的高度赞赏。作为对一件艺术作品艺术价值的衡量标准，地铁4号线具有鲜明、具体和典型的艺术形象，生动曲折的艺术情节以及艺术语言的准确性和鲜明性等，这些共同塑造了地铁4号线独特的艺术表现。

1. 地铁壁画的艺术景象与细节设计

首先，西安地铁4号线对当地深厚的文化历史积淀的收编构成了地铁文化墙的艺术情节。公元前179年到公元前141年的"文景之治"是我国历史上著名的盛世之一，汉初七十多年施行"无为"之政给汉朝留下了丰厚的历史遗产，天下粮仓丰足，百姓安居乐业，至此无为亦是有为。4号线的文景路站以文景之治的典故展开文化叙事，壁画中汉文帝、汉景帝两位皇帝的铜质浮雕栩栩如生。另外，楼阁建筑、车骑仪仗、竹简、半两钱、画像砖等重要元素的集合向观赏者展现了汉代政治、经济、文化的盛况。

图 10-7　文景路站壁画 《西汉盛世》

其次，鲜明的艺术形象结合地域特色创造典型的文化传播形式。纵观西安地铁站的壁画设计，大唐芙蓉园站的仕女图形象历来备受赞誉。整体来看，大唐芙蓉园地铁站将芙蓉花的图案运用得炉火纯青，车站天花板的单一空间加上芙蓉花的点缀尽显古朴雅致，墙面的广告灯箱采用古典建筑中的花窗形式进行演绎，是西安地铁圆形灯箱装饰的首例。最为显眼的当属地铁站站厅中间的文化墙 《芙蓉赏灯》，它是由彩色马赛克拼接而成的一整幅牡丹仕女图，炫彩夺目、美轮美奂，给游客提供了感官上的视觉享受，本站也因此被称作 "最美地铁站"。

图 10-8　大唐芙蓉园站壁画 《芙蓉赏灯》 （局部）

即使放眼全国，大唐芙蓉园地铁站的美丽精巧也是让人惊叹的。作品以芙蓉园游园赏灯为创作主题，以唐中宗之女李仙蕙为形象，描绘长安城中盛装华服的丽人结伴赏灯游园的场景，汲取唐仕女形象及其妆容特色，在设计中更注重表现人物形象的现代性。这幅文化墙制作极为精良，牡丹花背景以及仕女衣裙的牡丹花采用的马赛克砖颜色多达百种，完美还原了牡丹花瓣的渐变之美和层次感，甚至连仕女露出衣袖的胳膊都不是用简单的白色马赛克制成。据研究者观察，仅仕女的一节小臂就呈现了粉色、白色、粉白相间、紫白相间、半透明白等多种颜色，马赛克砖的质地与多彩搭配完美还原了仕女白里透红的冰肌玉骨之感，兰心蕙质、知书达理的淑女形象瞬间跃然"纸"上。

此外，独具特色的艺术语言和艺术处理在西安地铁的文化空间构建中展现得淋漓尽致。地铁壁画与站内文化墙固然是游客观赏的主阵地，但细节上的处理也绝对称得上极具艺术性，可谓锦上添花。一方面，地铁4号线的站内设计可依据其营造出的不同的文化氛围大致分为北段、中段、南段三个阶段——北客站至大明宫站为北段，含元殿站至大雁塔站为中段，大唐芙蓉园站至航天新城站为南段。由此可以发现，北段线路的装修风格凸显现代装饰手法，展现新时代的城市风貌；中段重点展示悠久的盛唐历史文化，展现西安十三朝古都积淀的中华文化底蕴；南段的装修风格及色彩则突显了新中国航天产业科技的发展。三个阶段迥异的设计特色和艺术语言融于一条线路，为这条城市轨道的运行增添文化色彩。

另一方面，地铁空间内除了引人注目的文化墙作品，站台标识、站徽、站内广告栏、车厢广告等空间也不乏值得参详之处。例如，在大差市站内墙壁上设有"开元通宝"的徽标，取自唐朝开元年间流通货币的样式；航天大道站内墙柱上内嵌中国古老的指明航向的工具——司南的石刻图，传统文明与现代主题的结合亦妙趣横生；另外，在大唐芙蓉站的广告栏旁设置着一块

"社会主义核心价值观"的主题宣传文化窗，文化窗为红色，并采用传统中式的"回字纹"来设计窗型和天花板顶灯，尽显大唐恢宏端庄的气态。

2. 存在与想象结合下的空间隐喻

加拿大著名经济学家哈罗德·伊尼斯在自己的著作《传播的偏向》中提及：任何媒介都可以被分为偏向时间的媒介和偏向空间的媒介。地铁壁画一旦完成便不易改动，作为媒介的地铁壁画更加适合知识在时间上的纵向传播。因此，地铁壁画设计既要考虑整体线路的发展规划与功能定位，又要考虑各站点所在地的个性特质与优势资源，将两者进行有效的结合。而其所在地的地形地貌、气候生态、动植物资源等自然条件，以及历史民俗、文化信仰、建筑风格等人文特质，都应被纳入设计思考的范围，予以回应和表达。①

图 10-9 和平门站文化墙《和平长安》

西安地铁 4 号线的站点包含行政区域、商业区、文化历史区、科技教育区。在现代化城市发展中，这些功能定位与西安作为中国历史上十三朝都城所在地的厚重历史相结合，使得西安的城市地区命名具有独特的历史传承体系。文景路站壁画设计以"文景之治"为设计主题来呼应地名。行政中心站壁画

---

① 曾昱棋，吴曦，曾强. 轨道交通站房建筑艺术设计的在地性表达[J]. 中外建筑，2022（10）：29-33+17.

设计元素为竹，喻示高风亮节，同时象征了为政清明，与该站点周边西安市政府和中共西安市委员会等行政办公场所相匹配。在以大明宫站、含元殿站和大唐芙蓉园站等唐代历史文化展示集中地的站点，壁画设计以展示盛唐气象为主，采用唐代建筑和唐风仕女形象等元素，设计取材于历史文物，有效弘扬其历史文化风貌。在和平门站、建筑科技大学·李家村站等商业集中的站点，壁画则多体现西安市的商业贸易场景和现代化的城市生活。在西安市城市规划中，航天产业区以航天产业为主要核心功能，同时兼顾文化科教商业等设施。以航天大道站为代表的航天产业区域的壁画设计取材于敦煌飞天元素，既符合"航天"这一核心主题，且"飞天"本身包含的文化艺术元素也与城市发展规划一致。

值得注意的是，西安地铁4号线的线路设计规划中包含西安站——原"火车站"设计。西安火车站是西安市最早的大型交通站点之一，也是西安市的"门户"。该站壁画以西安城墙作为设计背景，既包含以钟鼓楼、大雁塔等极具西安特色的古代建筑，又包含陕西广播电视塔、陕西省图书馆、法门寺合十舍利塔、西安火车站站厅等现代化建筑，另点缀有兵马俑等文物。乘客在进出站台时会经过该幅壁画，可以借助壁画中的建筑元素对西安进行初步了解，亦可唤起乘客对这些建筑所在地的回忆，由此产生意义的交换。

图 10-10 大差市站壁画《丝路遗韵》

在地铁壁画中以出土文物形象为主要设计元素拼合成整幅壁画的形式并不多见。大差市站壁画《丝路遗韵》将有关于丝绸之路的各种历史文物组合在画面之中。这些文物以三彩马、三彩骆驼为主要元素,展现了丝绸之路上商贾队伍来往的盛况。这其实与大差市在唐代长安城的历史定位与现代西安市中承担的功能紧密相关。大差市原是唐末至明清时期中国西部最大的驿站——京兆驿的所在地。唐代时,京兆驿站是全国最大的公文邮件和官旅护送机构,车马过往,商贾云集。唐代以后至明清,经千余年,京兆驿名称不改。独特的历史渊源也让大差市成了西安市最早发展的商业区域之一,且连接着西安火车站、西安汽车站这些重要的交通站点。在地铁 4 号线规划设计时,也将本站作为 4 号线与 6 号线的换乘站。

3. 地铁壁画的公共性

在讨论地铁壁画的公共性问题时,必先言及公共空间的可达性。这是一个在社会和城市学科领域中经常被提及的抽象而宽泛的概念,也被视为公共空间最重要的属性。① 简而言之,可达性是指所有人都可以合法自由进出的开放属性。地铁作为人们日常出行最为常见的公共交通空间,由政府相关部门来负责运营管理,具有很突出的开放性、便利性、服务性和公益性,因此任何有出行需求的普通民众都能轻松地选择地铁这一出行方式进入地铁空间。因此,依托于地铁空间的地铁壁画在客观上也同样面对着不同年龄和身份的庞大流动人群,并且与封闭和收费的展厅和美术馆不同,地铁壁画在规定运营时间内以免费的形式被所有人观看和可达。为了让物理层面的可达性达到最好的效果并且给公众带来更好的观看体验,在位置的设置与选择上,4 号线地铁壁画呈现出

---

① 陈竹,叶珉. 什么是真正的公共空间?——西方城市公共空间理论与空间公共性的判定 [J]. 国际城市规划, 2009, 24 (03): 44-49+53.

一定的规律性和特殊性。总体而言，地铁有着既定的进站、乘车、换乘，再到出站的行进路线，以及对乘客开放的进出口、通道、站厅和站台这四大组成部分。因此，地铁壁画的位置选择必须得考虑地铁空间的可承载性与适宜性，以及游客流动过程中的视觉变化和心理感受。西安4号线的小幅壁画主要放置在地铁通道连接转折处和通道墙面，如东长安街站的小幅壁画《汉舞罗衣》和航天大道站的《圆梦时代》等。这是游客进入地铁之后视觉焦点最先触及的地方，并且在行进的过程中不会因为遮挡而看不到完整的画面，加之行人需要捕捉和寻找安检处以及乘车方向，此刻注意力更为集中，再综合考虑到墙面的高低和宽窄，选择在此设置小幅壁画是为了能较大程度地被更多的行人注意到和观赏到。4号线的大幅壁画和主壁画主要位于地铁站厅层的空间界面，如大唐芙蓉园站的《芙蓉赏灯》及和平门站的《和平宜居》等。地铁站厅层是行人进出站和乘车的过渡空间，人流量大、流动性强，空间相对开阔，有利于表现出作品整体的艺术效果。不同于进入通道之后需要去进行安检、扫码和购票或在站台候车和乘车，再加之即将出站的时间上的留白，相对而言行人在站厅会有更多的时间和主观意愿去驻足欣赏大幅壁画，并进行仪式互动。因此，大幅壁画的位置选择也为其内容、主题和形式的传播和可触及提供了必不可少的客观环境因素。此外，为了让受众能够更好地观赏壁画，4号线壁画也将人的活动范围和行为方式纳入考虑范围，选择了适宜的安装高度，留出了足够的可视距离，并且采用多样的构图方式，比如散点构图、罗列构图、情景构图，与行进中的人们进行互动，呈现出较为完整和完美的视觉效果和艺术效果。

其次是公共艺术的互动性。公共艺术是使存在于公共空间的艺术能够在当代文化的意义上与社会公众发生关系的一种思想方式，是体现公共空间民主、开放、交流、共享的一种精神和态度。① 可见，不能将位于公共空间的艺术形式和物质载体片面等同于公共艺术，真正的公共艺术是拥有热切的人文主义和社会关怀，不是自上而下的精英式创造和单向度撒播，而是以社会问题和人们的需求为导向，通过与环境和空间的友好共处来进行平等的融入以及良好的分享与沟通。4号线壁画作为典型的公共艺术，它没有舍弃与地域和站点在人文历史或自然地理之间的关联性，既不是放置在人群中却又高傲地顾影自怜和孤芳自赏，也不是陈列的理想和花瓶，脱离其实践和现实意义，更不是耸立的高墙来增加人们之间的隔阂。具体而言，地铁壁画通过对站点进行强化和标识来与人们的日常生活进行互动和沟通。标识系统能为城市提供良好的环境秩序。② 作为地铁标识系统的一个重要组成部分，位于通道和站厅等空间界面上的地铁壁画能让人们在进入封闭、枯燥、拥挤和缺少自然光线以及和其他视觉信息的地下环境中增加对方向和空间的辨别，对地铁这一封闭线路的行进流程和路线有更加清晰的把握。此外，西安地铁采取"一站一景"的设计理念，其壁画的内容、形式、结构以及材质充分考虑到站点所在地的文化特性、区域规划特征以及自然地理特点，充分反映出每一个站点的特色，与站点名称和站点logo等一起组成标识系统嵌入人们的集体记忆和日常生活。如4号线地铁壁画《高风亮节》位于行政中心地铁站，正如其站点名称所示，这一站是西安的政治中心，西安市人民政府、中共西安市委员会、西安市人大常委会、西安市政协等都聚集于此。因此，考虑到所在站点的区域规划特征，壁画选用了"高风亮节"作为主题，寓意品格高尚、清正廉明、政治清明；在内容上选用了从古至今象征着刚正不阿、不屈不挠、虚心向上的"竹子"作为主要元素，并用水纹作为背景点缀，让人联想到"水能载舟，亦能覆舟"，

---

① 孙振华. 什么是公共艺术 [J]. 雕塑, 2002 (04)：32 - 35.
② 徐邦跃. 标识系统的特性分析 [J]. 南京艺术学院学报 (美术与设计), 2010 (04)：156 - 158.

寓意为官者要与百姓保持良好的互动，并全心全意为人民服务；在颜色上为了彰显主题的庄重，舍弃了竹子原本的翠绿色，而选用了黄铜色，给人以肃穆和历史的厚重之感。此外，画面符号的选用和呈现使有着共同生活经验和文化传统的人们可以轻松地理解壁画的主旨，从而打造出共同的意义空间，与公众进行沟通和互动，让地铁壁画作为真正的公共艺术融入公共空间中。

三、空间的生产：地铁4号线文化长廊的媒介功能拓展

城市文化是人类文化的一种特殊形态，是人类历史发展中的物质和精神产物。而公共艺术是城市发展的社会实践创作活动，它呈现了城市文化和城市生活的社会形态，也反映城市文化和城市生活的价值取向。① 公共艺术的存在与功用构成了当代城市文化的一个重要组成部分，它在特定的城市形态与空间中承担着特有的文化使命，它的基本功能和审美以城市文脉作为设计依据，塑造城市历史、宣传城市形象、凸显城市品牌等。尤其是近年来，很多城市在形象建设中大力挖掘和发扬本土文化，突出其文化特色和悠久历史。城市公共艺术也注重本土文化的表现，力图以新形式传播本土文化气息。②

1. 地铁壁画提供的审美体验与教育

地铁壁画是西安地铁用于装饰其站点所采用的一种艺术方式，具有场所的公共性、受众的流动性、观赏的自由性等特征，可以被定义为公共艺术的一种。地铁壁画作为城市公共形象的重要组成部分，其实也是一种媒介，其画

---

① 蒲江. 公共艺术设计与城市文化价值的实现 [J]. 包装工程, 2011, 32 (16): 144 – 146.
② 张斌, 马皎. 基于传播学视角探析城市形象的公共艺术媒介 [J]. 新闻知识, 2014 (04): 40 – 41.

面设计、元素构成和色彩搭配等在传播美学与教育的基础之上，滋养民众精神，展现城市独特的精神风貌，并进一步加强城市本土文化的发展。

西安的建城历史最早可以追溯到距今约6000年前的新石器时代，中国历史上曾有十三个王朝建都于此。时至今日，人们仍然能从西安市的各个角落里发现历史在它身上投射出的印记。在地面之上，这些历史印记多保存在西安现存的古代建筑之中，如明城墙、大雁塔、钟鼓楼等。更不用提西安还存在大唐芙蓉园、大明宫国家遗址公园等已经被损毁的历史遗迹。但是，现在很难从这些建筑中直观地感受西安独特的历史文化，西安市民也只能从前人的叙述和感悟中瞥见盛世的影子，而外地游客更难从几日的短暂停留中领略昔日长安的繁盛。地铁壁画反而将这座城市的历史脉络和独特的城市记忆具象化地展现出来，不仅巩固了本地市民的集体记忆，更能帮助外地游客抓住西安城市文化的精髓。以西安地铁4号线大明宫站为例，该站点站厅的壁画《万国宾至》展现了丝路各国以及与唐王朝建交的各个国家的使臣在含元殿等候觐见的场景，其设计既与西安地铁4号线"丝路陕西"的整体主题相契合，同时也暗示了站点所在位置的文化意义。壁画的创作参考了章怀太子墓出土的《客使图》壁画，同时进行了合理的加工创作。在展现的主要人物中，外国使臣或紧张不安，或神情肃穆，唐朝的几位鸿胪寺官员却表情淡然；殿外祥云环绕、仙鹤起舞，设计者通过合理想象的方式重现了唐代著名诗人王维《和贾舍人早朝大明宫之作》中的名句"九天阊阖开宫殿，万国衣冠拜冕旒"。该壁画以独特的配色抓住了乘客的视线，暗示含元殿的功能作用，并且以画面还原"天朝上国"之姿，在给予观看者巨大的想象空间之际，同时激发他们的文化自信与文化认同。

视觉形象是传达美学艺术最直观的方式。地铁壁画作为一种媒介，其画面设计、元素构成和色彩搭配等均具有传播美学与教育的功能。地铁壁画设计与站点相结合，通过视觉元素介绍站点的特征或反映站点的特色。西安地铁4号线壁画除了在以"大明宫"为设计核心的三站力求还原盛唐时期大明宫的形象，以展现西安市的唐文化核心外，在大唐芙蓉园站这类文化传播重点场域则通过场景的渲染来体现现代西安"古今融合"的文化特质。

大唐芙蓉站的壁画设计主要以上元灯会中仕女们结伴出游为主题，画面中以唐代芙蓉园为背景，却借助了现代构图手法；仕女形象均身着唐风服饰，妆面却十分现代，这种古今交融的独特审美情趣也正体现了现代西安的独特审美风格。正如在西安我们随处可见身着汉服的男女，他们散落在城市的角落而非只集中在某个区域。这些地铁壁画在交通工具中创造出了独特的美学空间，每一个路过的人都会或多或少地受到它的感染与暗示，它诉说了西安市的历史与发展，还原了人们对于西安市古今的想象和期望，通过鲜明的色彩和古今交融的艺术手法告诉每一个乘坐地铁的人：我们看到的是悠悠历史长河在西安城中留下的几个回眸，而今天的西安人从这些回眸中感受过去的恢宏，同时坚定地迈向未来。

2. 地铁壁画建构的西安城市形象

从一般意义上来讲，城市形象是城市以其自然的地理环境、经济贸易水平、建筑物的景观、交通、教育等公共设施的完善程度、法律制度、政府治理模式、历史文化传统以及市民的价值观念和行为方式等要素作用于社会公众，并使社会公众形成对某城市认知的印象总和。西安的古都形象历来深入人心，亦是新时代中国城市社会发展综合实力靠前的新一线城市，鲜明独特的城市特色已然形成。如若从符号学角度看地铁承载的城市品牌的文化传播功能，地铁所标识的是西安城市形象建构的表层语言，即"能指"；历史文化则为城市形象的形成提供内核，是"所指"。当然，在西安这座历史名城中，四通八达的地铁线路承载着"历史之城""人文之城""明日之城"等城市形象,无论来自何方,人们都会深深折服于西安的城市魅力。

图 10-11 壁画《芙蓉赏灯》仕女形象

一是作为"历史之城"的西安城市形象。西安的城市文化建设依托于深厚的历史文化底蕴,是个不折不扣的"历史之城"。地铁 4 号线共设 29 座地下车站,如按照车站内壁画或文化墙设计取材重大历史事件的关联度来看,文景路站、大明宫站、含元殿站、大差市站、大雁塔站、大唐芙蓉站的壁画对西安"历史名城"形象的建构与宣传作用巨大。如文景路站厅壁画《西汉盛世》中呈现了汉代花纹、竹筒、汉文帝与汉景帝铜雕、汉代画像砖,两侧以汉阙为装饰,表现汉代建筑的特色和艺术特征。另外,站厅壁画多以鲜明的颜色、精巧的制作手法凸显当朝繁盛的经济发展和大国风范。例如《万国宾至》中,无论是壁画右边三位唐朝官员的朝服,其他各国使臣的服饰颜色,还是大殿均以明亮的色调来修饰,表现了传统的盛唐文化,尽显唐朝的恢宏气势。

二是作为"人文之城"的西安城市形象。西安的人文特色与其独特的旅游资源和美食文化紧密相连。一方面，根据《2022中国数字旅游地图研究报告》分析，西安在大众关注的文史名胜城市中高居榜首。而在西安众多名胜古迹中，兵马俑、大唐不夜城、大雁塔尤其使游客印象深刻，由此构成西安古色古香的城市形象；另一方面，自2022年1月以来，西安的城市繁荣指数一直居高不下，城市影响力大，西安成为名副其实的热门城市。从城市特色来看，历史文化古迹和小吃街最吸引到访西安的游客，其中选择参观兵马俑的游客占61%，游览不夜城和大雁塔的游客均占52%。可见，当地特色、老字号是打动游客的重要因素，当地的美食街、传统老店、特色餐厅都是旅行就餐的首选。回民街特色小吃、骊山藤原豆腐店、朱师傅脆皮五花肉、王菊面馆总店是各个社交平台上人们到访西安最可能光顾的热门餐厅和必吃清单。短视频平台和内容分享平台已成为继朋友圈之后的重要分享渠道，大部分人会同时在多个渠道分享自己的出游经历和心得体会，由此对其他期望来到西安旅游的人们形成"媒介朝觐"效应，吸引出游者解锁西安这座古城，了解这座历史名城。

热情好客、豪放大气是大多数西北人民的性格特征，同样是当地人文元素的重要体现。4号线中北客站站厅壁画《舞动陕西》以黄土高原为背景，以气势宏伟的壶口瀑布为元素，以陕北安塞腰鼓欢快的表演画面为主题，彰显三秦大地的好客之情和地域特色。地铁壁画和文化墙作为一种公共艺术，协调了不同层次空间的视觉感，将人文主义的气息贯穿到地铁空间的各个角落，既美化了地下空间的整体环境，又是城市地表空间设计的延伸，让生活在西安的人们感受艺术与人文气息的熏陶，提升并维持了市民的生活幸福感、积极向上的生活态度。

三是作为"明日之城"的西安城市形象。融合了历史文化元素和现代时尚创新的气质，西安俨然成为一座朝气蓬勃的"明日之城"。4号线南段地处西安航天城基地，航天大道站的《追梦飞天》、李家村站的《都市唐韵》、大雁塔站的《炫彩生活》均用现代题材进行创作，设计上又与传统元素巧妙融合，达成"润物细无声"的效果，塑造了西安蓬勃活力的新面貌。和平门站站厅壁画《和平宜居》以城市生活为创作主题，和平门内融入古典建筑，与门外现代城市建筑相呼应，站立的银制人物呈现不同姿态，展现了都市生活的丰富多彩；空中飞翔的和平鸽从和平门内飞至门外，寓意追寻和平安宁。壁画采用时尚与传统穿插的艺术手法，展现出都市快慢节奏生活的碰撞与融合，带来赏心悦目的视觉效果，承载和彰显了新西安的政治文化经济和社会面貌。

3. 集体记忆的媒介建构：过去、现在和未来

莫里斯·哈布瓦赫提出集体记忆是一个特定社会群体之成员共享往事的过程和结果，保证集体记忆传承的条件是社会交往及群体意识需要提取该记忆的延续性。[1] 正如我们所处的环境是由媒介建构出的"拟态环境"，集体记忆也不是绝对客观的过往事实，而是人们立足于现在的需要对过去发生的事件的重新建构及其合法化。集体记忆的形成和积淀离不开媒介的运用和表达，从口语、文字、印刷再到互联网，媒介对于集体记忆的形成、保存和再现等发挥着至关重要的作用。麦克卢汉曾言"媒介即讯息"。地铁壁画作为公共空间中新的可视化媒介，重要的不是其呈现出的色彩斑斓的内容，而是作为一种新的媒介形式介入公共空间中，在潜移默化之间对人们的思维方式和社会变革产生影响。地铁壁画参与建构人们对于西安这座城市的整体认知和集体记忆，以

---

[1] 莫里斯·哈布瓦赫. 论集体记忆 [M]. 毕然，郭金华，译. 上海：上海人民出版社，2002：40.

及由此带来的文化和身份认同。

具体来看，4号线地铁壁画对西安集体记忆的建构过程主要包括以下三个方面。首先，通过视觉符号的呈现与凸显再现集体记忆。媒介通过再现、遮蔽、凸显、创造等手法，把过去和现实联结在一起。[①] 地铁壁画的媒介叙事同样是立足于现实发展的需要，选取西安特定的过往进行强调和凸显，并进行符号化地加工处理，以艺术的方式呈现在公共场域之中，来再现人们对于十三朝古都的集体记忆。如《九天阊阖》选择再现唐大明宫的正殿含元殿的建筑群，将"九天阊阖开宫殿，万国衣冠拜冕旒"的盛况铺展开来；《西汉盛世》通过选用汉代花纹、竹筒、汉阙、汉代画像砖、文帝、景帝等元素和符号，来再现与建构对汉代的悠久记忆；《芙蓉赏灯》通过选取芙蓉花、花灯、侍女等元素，勾画出大唐繁华昌盛的气象。其次，通过所指与意蕴空间的想象与留白来激发集体记忆。集体记忆的建构不是单方面的话语实践和当权者的随心所欲，而是多个主体在公共场域中进行的不断妥协或协商，这就要求集体记忆的建构必须把受众也作为主体纳入考虑的范围，避免出现传承的断裂和对抗式解读。因此，遵循着"过犹不及"的原则，符号所指与意蕴空间适当的留白才能更好地激发受众对符号内容的传递以及对意义空间的解码。比如位于西安航天科技产业聚集区的《追梦飞天》将敦煌壁画中的飞天形象和凡·高作品《星月夜》下的天空进行融合，在绚烂的蓝色画面中留下充分想象的空间，激发受众对宇宙空间的无穷幻想，无形中嵌入了人们对西安致力于祖国航天事业发展的集体记忆。相反，如果画面采用了生硬的、直观的元素符号，可能非但不会引起受众的共鸣，还会激起受众的反感。最后，通过官方话语的诠释与指向来建构集体记忆。尽管每一幅壁画的内容没有出现语言符

[①] 陈振华. 集体记忆研究的传播学取向[J]. 国际新闻界，2016，38 (04)：109-126.

号，但是4号线地铁壁画的下方都会有一个铁制的标示牌，对壁画的主题、内容和寓意进行简单介绍，使得行人能够迅速完成对壁画的解码工作，并受官方阐释的影响来对壁画进行想象性解读。与其他各种各样的符号相比，语言符号的接受门槛更为简单直接，而官方话语的阐述也更有权威性和公信力。因此，官方注释能够建构出最符合主流期待的集体记忆。

四、结　语

从古城墙看西安，感受历史对这座城市独有的偏爱，从地铁交通看西安，体验封闭空间中流淌的文化气息，将其塑造为极具媒介属性的公共艺术空间。因此，地铁文化源于城市文化，地铁运输系统不再是简单意义上的城市基础设施，不仅承载着市民出行的基本生活需求，还是展现西安大气磅礴的古都形象、绚丽多姿的现代都市面貌的前沿窗口。地铁空间的媒介文化设计和表达方式为城市中短暂聚集的乘客提供了欣赏城市文化和风景的一种新的维度。与摩天大楼、主题公园、历史博物馆等地面建筑不同，地下公共空间的文化性表达不是观赏者目之所及的共鸣，往往只有人们在一定的议程和时间里才能感受地铁这一"流动的艺术长廊"传递给乘客的独一无二的文化静思。对地铁空间的想象和探索也不该止步于此，一种和谐交流、互动互助的交往方式亦是有温度的媒介文化体验的应有之义。

第十一章　以艺化境：
皇城西路墙绘的城市传播及其文化认同

　　随着市场经济的发展、商业文明的繁荣、消费文化的兴起、信息文化交流的日益便利和广泛公众审美层次和要求的多样化，作为公共艺术的墙绘也呈现出多元化的特征，墙绘凭借独特的艺术形式成为展示一座城市精神气质和文化内涵的重要媒介。就十三朝古都西安而言，墙绘因其独特的艺术性、直观性和可操作性，在城市改造升级和乡村文化建设中被广泛运用。西安市新城区皇城西路本来只是一条平常的小巷子，现在却吸引了不少人前来拍照打卡，只因改造后的街道两侧墙体仿照"超级玛丽"游戏进行涂鸦，巧妙运用墙体绿化，模拟游戏关卡，唤起 80 后、90 后心中的童年记忆，让原本略显陈旧的墙面焕然一新、意趣横生。本章重点解析皇城西路墙绘艺术的表现形式和空间形态，分析核心视觉元素"超级玛丽"中的卡通动漫形象在营造轻松愉快的城市公共空间氛围过程中的重要价值。

一、从墙绘艺术叙事到城市公共空间生产

　　艺术总是在与时代精神的结合中，散发出不一样的光芒。墙绘艺术同样如

此，西安皇城西路墙绘已经从街边文化走向公共艺术，而且已经融入城市公共空间景观中，在城市更新的过程中因地制宜、就地取材、变废为宝。通过墙绘改变千篇一律的城市景观，打造具有地域特色的城市景观环境，在城市公共空间生产的过程中起到了锦上添花的作用。

1. 情感化色彩充分激活受众感官

在城市建设迅速发展的过程中，人们愈加关注所在城市的空间建筑环境建设，色彩成为其设计的重要组成因素，它不仅直接影响着公众的心理和城市的景观环境，同时也是衡量一个优秀城市环境建设的重要条件之一。在城市建设中，色彩依附于不同的载体上，因此使用者在对色彩产生感知意象的同时，无形中也形成了对载体的认知。通常人们接触到的色彩存在于一个大背景之中，很多时候我们看到的不仅仅是色彩，而是彩色的物体，所以我们接收的是物体与色彩的相互作用。

色彩是视觉语言的重要构成元素，不同的色彩能带给人不同的情绪、精神和行动反映，同时也是表达创作者的情绪和思想的重要媒介之一。色彩的形式美，依附于色彩本身所具有的感官体验，也依附于创作者对色彩的理解和感受。[①] 而位于公共空间中的墙绘艺术，色彩的选择和运用会直接影响到公众和环境，因此也格外重要。走进皇城西路巷子腹地，一大片蓝色就闯入眼帘，这里以"超级玛丽"为主题，沿街墙体以蓝色为主色调，模拟复杂的游戏关卡情节，再现经典游戏"超级玛丽"的有趣画面。

色彩情感化表现是心理感受与已有视觉经验活动相结合的描述过程，把客观存在的色彩符号重组、转化为具有主观情感表现性，并使观者产生视觉心理

---

① 何勇. 浅谈绘画色彩的形式美 [J]. 艺术科技, 2017, 30 (07): 222.

感受的色彩符号，以色彩赋予艺术作品情感。不同的色彩形式有着不同的表现形式，选择合适的色彩搭配，才能让公众产生愉悦和温暖的心理感受。正如皇城西路的大片蓝色激活了人的视觉和感官，加上大蘑菇、绿乌龟、食人花、仙人掌、砖块、水管、问号等超级玛丽元素，使这条小巷由古老变得纯真而活泼。

色彩在墙绘艺术设计中可充当一个有价值的与使用者沟通的工具，一个好的墙绘艺术设计在很多细微之处都融入了色彩，并注重色调、色相和色度的变化与协调。墙绘艺术"运用各种现代化的艺术手法与视觉效果对自然的色彩进行了提炼和纯化，使色彩具有强烈的装饰性"[①]。简洁明了的图形和绚丽明亮的色彩形成了视觉冲击力，使得受众能迅速被作品吸引，捕捉到作品中所要传达的信息。墙绘艺术通过色彩展现出的装饰性也使得它与城市环境建设能够更好地组合在一起。色彩的冲击增强了观察者的视觉感受，丰富了整个画面效果。

2. 多元化材料的选择突破艺术本身

墙绘是一种可以追溯到原始时代，有着悠久历史的绘画形式，原始的材料语言是单一的，凡是在墙面上以涂绘或其他造型手段进行绘制的作品都被称为墙绘。但随着人们对材料应用的审美觉醒，它开始向一切可利用的材料延伸，不再局限于仅使用原有的工具材料，现代化的色彩工具开始在墙绘创作中泛用，包括一些生活中的综合材料，如麻布、报纸、植物、废旧物等。与此同时，科技的进步也为材料语言提供了更多的资源和条件，陶瓷、漆艺、玻璃、金属、光电、水体等诸多材料都极大丰富了墙绘艺术的材料语言。

---

① 谭艺，邓昱. 浅谈现代绘画的色彩语言及表现 [J]. 金田，2013（04）：56.

新的绘画材料为墙绘艺术的发展提供了新的物质基础。皇城西路大量使用"PVC-U花槽+攀缘植物+花卉",在废弃的PVC管道里种植各类花卉,一改以往的传统表现形式,通过材料本身的叙事方式,让作品表现出意想不到的、新颖的、强烈的视觉效果。像这种材料从幕后走向台前的变化,不仅改变了人们的审美经验,同时也突破了绘画的表现形式,拓展了精神品质与文化空间。与此同时,丰富的材料选择激发了艺术家的创作思维,新材料的运用促使艺术家研究新材料的特性和表现形式,并且力争将新材料的表现形式和作品本身的意境完美结合。

图 11-1 皇城西路墙绘 PVC 花槽

在这个过程中,不少艺术家对新材料的运用进行了探索和尝试,为绘画语言开辟了新路径、新形式、新空间。宣纸、木材、麻布、纤维板、棉布、沙子、矿物质、金属、马赛克、木屑等,均被用作对物体质感的真实模拟,有时直接应用于画面创作中。这种综合材料的运用使墙绘艺术在多维空间中同样造成了视觉冲击力,不同的材料之间产生的对比让画面更加丰富,同时更富有张力。

3. 虚实相生的构图语言建构多样性的公共空间

构图是绘画的重要形式，一幅艺术作品构图的好坏直接影响整体效果，墙绘艺术也不例外。墙绘艺术的构图是对视觉元素组织安排的过程，通过对形、色、空间、环境等多种元素的综合使用来传达对艺术的理解。不同于一般的绘画，墙绘对构图的要求更加严格，因为受制于物理空间影响，构图的可选择性比较有限。但在视觉艺术中，物理空间与实际作品的立体形态相互配合、衬托，构成了不同虚实层次和空间节奏等方面的心理感受。[1] 因此，墙绘艺术构图要复杂得多。一方面，由于墙绘艺术相对而言比较大，不利于对内容和整体比例进行把握和控制；另一方面，墙绘艺术作品不是独立存在的，更不是随心所欲的，不能只注重墙绘艺术本身的形式。设计者需要充分考虑墙绘艺术与周围环境、文化习俗以及艺术特征之间的内在联系，需要以物理空间的约束、物理载体的功能要求为出发点，在了解作品主题、设计理念和受众喜好的基础上，通盘考虑、选择相应的视觉元素，然后进行构图。

皇城西路沿线居民区多，人口密度大，绿化空间有限，因此在改造的过程中实施多层次的微型立体绿化。PVC-U型排水管经过切割组合形成立体花槽，悬挂于沿街的栏杆和墙面上，花槽内搭配种植了月季、鸢尾、红叶南天竹等易成活、耐观赏的植物，打造出一个时尚个性的"空中"小花园。皇城西路改造过程中的各种设计并非随意堆砌，每一个元素都是根据墙面特点确定的，综合材料的运用和摆放位置的选择都是在创造不同的立体形态，以此来产生不同的空间效果。墙绘作品的大小、轻重是有限的，而它生产的空间美感是无限的。

---

[1] 岳继平. 空间、媒介与沉浸：基于儿童参观语境的美术馆展览设计 [J]. 中国博物馆，2022 (04)：63-67.

4. 形象写意的造型营造空间文化氛围

墙绘艺术要求观者在意识中重建形式与内容，它不仅是一种以唤起观者的某种心境的具有象征性的符号，同时也是一个具有整体性且承载了意义与创作者情感经验的表象性符号，[①] 因此墙绘艺术的表现形式更加多元化。这种多元化不仅是对新材料的探索利用，也包括对新壁画创作题材的挖掘。这种多元化并不是精英主义的多元化，而是在符合大众审美需求的基础上的多元化。细数当代墙绘艺术，题材类型主要有政策类、纯装饰类、商业广告类、历史故事类、卡通动漫类、城市文化类和植物类。皇城西路的墙绘艺术就属于卡通动漫类，依靠经典的"超级玛丽"游戏卡通动漫形象，营造出轻松愉快的城市公共空间氛围。

艺术从根本上讲都是相通的，无非就是形式不一样，产生的效果不同。对墙绘艺术中的卡通动漫形象而言，传播文化是其目的和意义所在。在不同文化区域影响下的公共空间必然有着各自不同的建造形式，但最终都要满足大众的需求。如果没有恰到好处的设计墙绘，往往吸引不了大众的眼球。设计感、观赏性成为继功能性之后墙绘设计的重要因素，卡通动漫形象自身的优势恰恰吻合了这一特点。将卡通动漫形象作为元素的墙绘艺术，从视觉和心理上都能满足人们的需求，最终实现文化传播、公共服务和人文关怀。

城市生活方式的改变让人们对邻里关系不再重视，对门或者楼上楼下住了多年却仍然形同陌路，这样的生活方式也使人们产生一种距离感。彼此陌生的空间中，人们需要更多的亲切感、存在感、归属感。卡通动漫形象大多基于人的形象或使物象拟人化，赋予它们人的情感和特点，这样会使人们产生亲切

[①] 岳继平. 空间、媒介与沉浸：基于儿童参观语境的美术馆展览设计 [J]. 中国博物馆, 2022 (04): 63-67.

的感觉。当生活中的某种场景或生活情节出现大众熟知的卡通动漫形象时，都会带给人们心灵上的愉悦。墙绘艺术中的卡通动漫元素会吸引人们相互交谈，从而成为建立良好人居关系的话题契机。

二、从公共空间再书写到集体记忆建构

现如今，城市化进程不断加快，公共空间建设及其蕴含的知识体系也呈快速增长趋势。而大众传媒的兴起，使得媒介开始进入公共领域，公共空间开始了"视觉转向"，人们对公共空间乃至世界的理解，多靠视觉感知而不仅仅是以纯粹文本模式来把握。① 不同于其他老旧街区的改造，皇城西路在它的改造过程中有着突出的特色。以"超级玛丽"为主题的彩绘形式和大面积蓝色色彩的运用，为西安这座历史文化古城增添了独特的现代文化色彩。同样，伴随着西安旅游业的快速发展，皇城西路也成了年轻人的全新打卡地，不少博主在社交媒体上分享皇城西路打卡经历，以及"超级玛丽"为主题的彩绘。这些身临其境的共同感受构成了群体之间的集体记忆，在社交媒体的传播助推之下呈现出独特的叙事语言与交互的代际之间的共通情感。

1. 独特元素符号勾勒共同记忆

我国学者冯天瑜认为，文化认同是"一种肯定的文化价值的判断，即文化群体或文化成员承认群内新文化或群外异文化因素的价值效用符合传统文化价值标准的认可态度与方式，经过认同后的新文化和异文化因素将被接受和传

---

① 岳继平. 空间、媒介与沉浸：基于儿童参观语境的美术馆展览设计 [J]. 中国博物馆, 2022 (04)：63-67.

播"。[①] 超级玛丽作为一款爆款游戏，是某一时代人们的共同记忆。

"怀旧"似乎成了人们经常挂在嘴边的一个词，互联网上充斥的怀旧金曲、怀旧影视、经典动画、经典游戏的视频、图片、帖子等各种各样的怀旧主题内容，表明在这个略显浮躁的时代，"回到过去"似乎成为人们的心灵寄托。在这样的时代背景下，"超级玛丽"卡通动漫形象作为几代人成长起来的"共同记忆"，将其运用到墙绘艺术创作中不仅增加了作品的趣味性，还可以勾起受众的回忆，在情感上产生共鸣。

随着公共空间中大众媒介的不断介入，公共空间逐步被广告牌、电子屏幕、电子监视器等视觉媒介全面覆盖。学者们相继提出了视觉媒介重构公共空间的问题。不同于电子视觉媒介，墙绘艺术作为较早的一种传播及美化的艺术工具，有着更生动的表现形式。皇城西路马里奥系列彩绘呈现出来的特点与传统的城市公共空间构建之间并不是一种矛盾的关系，而是一种包容的状态。多年来，马里奥的形象几乎没有变化：矮矮的身材、戴着一顶"M"标志的帽子、棕色头发和胡须、白色手套、蓝色背带式工作裤。在游戏世界里，马里奥被描述成一个善良勇敢的英雄，经常会毫不犹豫地帮助他人，不顾自己的英雄地位，马里奥还很温和。在皇城西路墙绘画中呈现出不同的马里奥形象，这种艺术的迭代创作不仅是绘画技艺、画师风格等艺术领域的问题，还是具有内涵的文化交融认同表征。[②] 从受众角度看，文化交融背景下的多元墙绘艺术为城市空间的扩展带来了沉浸感、真实感、延续性更强等观看体验感，强化了皇城西路特色街区文化与西安厚重历史之间的情感联结，而这种情感联结是以集体记忆为纽带的。

[①] 冯天瑜. 中华文化辞典 [M]. 武汉：武汉大学出版社，2001：20.
[②] 岳继平. 空间、媒介与沉浸：基于儿童参观语境的美术馆展览设计 [J]. 中国博物馆，2022（04）：63-67.

第十一章　以艺化境：皇城西路墙绘的城市传播及其文化认同　229

图 11-2　皇城西路墙绘（局部）

2. 视觉语言冲击符合大众审美

作为一种能长时间储存记忆的载体，景观承担着传承与发扬城市文化的重要责任，因此，城市景观空间与文化之间是一种密不可分的关系。将景观视作一种空间媒介，不难发现，除了视觉化传播功能之外，景观空间还发挥着加强文化认知的作用。① 换句话说，各类景观空间的简单组合与拼贴是直观了解世界的渠道。如今的皇城西路沿街墙体以蓝色为主色调，模拟游戏关卡情节进行涂鸦，使原本略显陈旧的墙面顿时焕然一新、妙趣横生。例如，"PVC-U花槽+攀缘植物+花卉"与"经典的卡通造型+新工艺+新材料+大胆的墙面美化方式"相融合，激活了人的视觉和感官，使这条小巷由古老变得天真而可爱、纯真而活泼。老街道已悄然改变原有的模样：鲜艳明快的墙体涂鸦，造型独特的立体绿化，花槽内的各色植物争奇斗艳，道路西侧北段的狭叶五彩络石也仿佛一幅画卷铺展绵延。"马里奥兄弟"活跃奔跑在绿色之中，共同

---

① 黄露，杨敏. "网红打卡地"的空间生产与规训[J]. 青年记者，2022（14）：56-58.

迎接昔日小巷的华丽转身。动漫彩绘，蓝色背景，花卉美景以及以通关游戏为灵感的大胆设计都是城市空间中极为重要的一部分，能够显示出一个城市在文化上的追求。皇城西路主题彩绘的空间元素可以是物质的，也可是非物质的，它能在潜移默化中影响受众的审美情趣，在此基础之上又对城市公共空间赋予更丰富的包容性。

3. 社交平台打卡辐射艺术魅力

艺术是一种反映现实、寄托感情、创造形象、营造氛围的手段和媒介的文化。墙绘艺术是为了装饰和美化建筑物，在天然或人工的墙面上，用绘画、雕刻等造型手段描绘的艺术形式。在皇城西路"网红打卡地"文化生产的过程中，最突出的是打卡文化的生产，这种基于"网红打卡地"生产出的打卡文化是社会化媒体语境下的流行性文化，它以流行为标签，强调用户的互动与参与。不可否认，伴随着西安旅游经济的大力发展，皇城西路特色主题墙绘也有着消费符号的烙印，但不同于传统的旅游景点，这里能够成为网红打卡地背后有社交媒体时代深度互联的必然性，皇城西路在社交媒体的搜索多见于"攻略""打卡""小众""出片"等关键词中。综上所述，皇城西路作为以彩绘艺术为主题的特色墙绘街道，以其独特的艺术性及观赏性吸引公众注意力的同时，也为西安城市公共空间的建造提供属于它的力量和经验。

三、墙绘艺术对社区空间形象的影响

皇城西路墙绘创作源于闯关游戏"超级玛丽"，模拟了游戏中的关卡，还原了游戏中的蘑菇、绿乌龟、食人花、仙人掌、砖块、水管、问号等多个经典元素，带领大家重温熟悉的游戏场景。仔细观察墙上超级马里奥的图案会发现这些图案并非随意绘制，每一个元素的位置和形象都是根据墙面的具体特点画成的。当然，这里的墙绘不仅呈现在墙面上，还出现在沿街的水管、垃圾处理站、配电箱以及沿街店铺的墙面上。这样的表现形式让墙绘艺术作品更完整、更流畅，也增加了游戏的通关过程，让模拟的游戏关卡情景更生动、更立体，同时也增强了公众的参与互动性，创造了一个独特的文化景观，让公共空间变得有温度、有意义。

1. 艺术环境与生活环境有机结合

搭配墙绘设置的立体绿化也是皇城西路空间艺术的一大特色。皇城西路原本没有绿化空间，PVC 排水管切割组成立体花槽，悬挂在沿街栏杆和墙面上，中间回填营养土，搭配种植了鸢尾、佛甲草、红叶南天竹、月季等，让绿色长在栏杆上，立在墙面上。立体花槽和墙绘的融合恰到好处，仿佛立体花槽就是"超级玛丽"游戏里原本就存在的元素，这一设计让墙绘艺术变得更加生动。另外，这种设计也是创新型绿化的表现，墙面绿化通常指将植物种植于墙面上，这种将绿化和墙绘融合起来的方式并不常见。PVC-U 型排水管作为一种保护人类健康的理想"绿色建材"，用来作为花槽彰显环保理念。在没有占用土地资源的情况下，大幅度增加了绿化面积，改善了城市生态环境，也是人们在绿化概念上从二维空间向三维空间的一次飞跃。[①] 综上所述，皇城西路将墙绘艺术和多层次微型立体绿化结合起来，实现了墙绘艺术美化空间和改善生活环境的双重功能。

随着时代的变化，人们对于城市公共空间的需求越来越高，对于墙绘艺术在公共空间的呈现效果有更多的期待，过往那种以简单图形和花草为主元素的

---

① 王兰兰. 浅谈城市墙面绿化 [J]. 甘肃农业科技，2013（7）：56-57.

墙绘已经不能满足人们对美好生活的需求。因此，墙绘艺术作品都应与建筑环境的整体比例和氛围相呼应。根据建筑的功能、外观空间结构、建筑风格、材料应用等进行选择与之相协调的墙绘艺术创作，只有这样才可以更合理地赋予建筑美丽的肌肤，更好地调适人们的视觉、知觉和心理感受，甚至艺术手法的运用可以改变建筑物已有的环境，达到另外一种理想的境界。①

皇城西路的墙绘艺术作品在风格、色彩、载体的选择中都与周围的空间环境相协调和呼应，通过制造精美的模拟游戏关卡情景和打造立体微型植物绿化环境，实现艺术环境和生活环境相融合，墙绘艺术作品和城市地域文化相融合，周围空间景观和大众审美相融合，凸显城市的独特文化风貌和艺术魅力。

2. 艺术符号与社区形象相互作用

城市公共空间的墙绘不同于室内墙面彩绘，一般须经过相关管理部门审批后才能进行，其面对的群体更广泛，能够体现一个城市的风貌乃至文化。空间作为媒介，其嵌入日常生活场景的种种表现形式都承载着不同的内容和表达。皇城西路墙绘艺术作品在城市公共空间景观环境中的创作，承担着城市传播和文化传播的媒介功能。同时，皇城西路墙绘艺术作品作为老城区改造的产物，也是在传达新时代社区建设的精神，构建着独特的社区形象和内涵。下面将皇城西路墙绘艺术作品作为传播主体与内容，从三个方面探讨其对社区形象的构建思路与策略：

一是创新社区文化。皇城西路是明秦王府西内墙外的一条马路，是西安老城区内随处可见的"老街道"，居民多是对这条街有很深感情的"老西安人"。在这样充满着历史底蕴和人文情怀的街道进行墙绘创作，首先不能忽略

---

① 徐巍. 墙绘艺术在城市景观环境中的应用研究——对城市公共空间中墙绘艺术的探索研究 [D]. 桂林：桂林理工大学，2018.

当地的社区文化，不能过于浮夸、花哨，在此基础上也要懂得创新。近几年受城镇化进程的影响，同质化的城市空间景观环境越来越明显。城市街道社区中墙绘创作的主题大多以漫画的形式宣传主旋律，如描绘一幅富有内涵的文明故事，以倡导社会道德、文明之风，以及社会主义核心价值观。但这样的墙绘艺术只能单向输出给受众，难以形成良好的互动效果。皇城西路的墙绘艺术突破了这种千篇一律的模式，用大众熟悉且亲切的游戏作为创作主题和背景，让整个街道充满了生气。这一尝试丰富了社区的整体文化面貌，增添了独特的艺术魅力和文化内涵，打破了人们对于西安老社区古旧、厚重、沉闷的印象，给社区形象添上了创新和童真的标签，不仅实现了美化街道的目的，还吸引了大量游客前来拍照打卡，成为宣传社区形象和地域文化的新兴传播载体。

二是符合周围环境。皇城西路墙绘艺术和社区公共空间景观环境的有机融合是其能成功构建出环保、生动社区形象的关键所在。在颜色选择上，蓝色具有调节神经、镇静安神的作用。皇城西路墙绘艺术作品选择大面积鲜明的蓝色色调，给处于闹市之间的一条老街巷再添一份"宁静"，也让所有看到墙绘的居民产生发自内心的愉悦。在材料运用上，创新采用PVC管道材料，这类材料成本低廉、环保无害，和墙绘相得益彰。墙绘材料选择的是丙烯颜料，这种颜料虽然颜色鲜艳，但是并没有含甲醛等有毒的挥发性物质，不仅可以突出墙绘的效果，也不会对人体造成伤害，这些都符合打造绿色社区、弘扬环保精神的新时代社区建设理念。在空间布局上，使用多层次微型立体绿化模式，既有绿化又不占空间，符合皇城西路狭窄的空间布局。除此以外，对沿街店铺、配电箱等周围环境一并进行墙绘，还增加了供行人休息的休闲椅。这些配置和周围环境实现了有机融合，使得皇城西路墙绘艺术作品成为完整而立体的社区文化景观。

三是发挥社交功能。在公共空间进行墙绘艺术，公共性和公开性是不能忽略的因素。基于此，墙绘艺术作品不能止步于提供美化和装饰功能，还应该搭建能聚焦社交功能的社会文化空间，为市民聚集、公众聚会、陌生人邂逅提供可能性的平台和场地，将现实中孤立的人们重新连接起来。皇城西路墙绘艺术自完工以来已经成为各大社交平台的打卡圣地，尤其在小红书上的热度最高，被小红书的博主们称为西安的"网红宝藏街道"，相关帖子的评论区也能看到用户们向自己的亲朋好友发出同游和拍照的邀约。可见，皇城西路的墙绘艺术作品遵从大众审美，能与他人产生情感共鸣，这势必会引起广泛传播，从而提升社区形象，达到亲近人民、服务人民的目的。

图 11-3 皇城西路内景

3. 墙绘特点与社区精神表征彼此融合

社区精神指在一定的条件下，一定数量的社区成员在长期社会实践中，在正确的价值观念体系的支配和滋养下，逐步培育出来的一种社区意识。它是社区成员自觉认同的价值观念、理想、信仰、意志、作风、职业道德、行为规范的综合体现和集中反映,是社区建设和发展的精神动力,其内涵包括时代精神、创新精神、群体精神、自治精神、传承精神、个性精神等。[①] 墙绘艺术作为公共艺术,是城市化过程中社区建设的重要手段,皇城西路墙绘艺术既是传播主体又是传播内容,直接影响着社区精神以及居民的价值认知。

一是打造社区文化。城市社区精神文明建设离不开社区文化的建设,建设社区文化的路径首先要考虑本地文化特色和经济社会发展实际。皇城西路沿街坐落着很多社区,再加上道路不宽敞,走进来难免感到拥挤和脏乱,而墙绘的成功融入给周围的社区注入一股新鲜的"蓝色血液",使得整个小巷子看起来更整齐,建筑和建筑之间疏密有致,一点儿都感觉不到窄小、拥挤和破旧,心情也会平静舒畅许多。皇城西路的"大变身"让周围的居民重新感受到联结,增加了身份认同感,拥有了更多集体感和荣誉感。而皇城西路墙绘艺术凭借其充满环保理念的绿化模式和独特的墙绘主题也在传递着创新、环保、个性的社区文化精神。

二是促进社区人际交往。皇城西路墙绘艺术将人们重新连接在一起,促进了社区间的人际交往。在皇城西路上可以看见居住在附近的居民带孩子在此游览、闲聊,也能在午后看到一些退休老人遛鸟、晒太阳、下棋,还能看到外地游客前来打卡拍照,还有居民上前热情地介绍这条街的历史发展。可以说,皇城西路社区的居民既是墙绘艺术的受益者,也是这一作品的建构者。他们在身体力行地建构和传达着皇城西路温馨舒适的社区形象和热情、善良、共生的社区精神。

三是激发社区情感共鸣。社区景观是能将情感和记忆连接起来的最佳载体。皇城西路的墙绘艺术运用的是丙烯颜料,这种颜料的防水和抗腐蚀性很

[①] 唐亚豪. 论社区形象与社区教育 [J]. 中国成人教育, 2005 (4): 23-24.

好，能长期保存在公共空间当中，也给当地的居民留下了深刻的印象，成为当地居民集体记忆的一部分。记忆不仅是一种个体认知现象，它还能连接个人、家庭和集体，更好地发挥社区精神的作用和影响。不仅如此，因为皇城西路墙绘艺术建构起来的集体记忆也将成为社区文化独特而稳定的表达，在居民与墙绘艺术作品的互动与作用下，社区精神被放大、被重视，其中所包含的文化内涵得到表达。

四、皇城西路墙绘艺术对公共空间建构的意义

皇城西路沿线这些带有历史气息的建筑经过岁月的洗礼散发出属于西安的历史厚重感，但在未加修理和整饰的情况之下，难免会显现出拥挤破乱之感，斑驳的墙面和裸露的电线也显示出岁月的痕迹，这是老旧街道呈现给人们的第一感觉。经过彩绘装饰的皇城西路散发出了与众不同的活力，在保留街道设施原貌的基础上，用低廉的成本最大程度地美化环境，是改造老旧小区公共空间的一种良策。

1. 城市空间美化的实现路径

作为一种方便、低廉、持久，而且备受受众青睐的新型媒体形式，墙绘艺术对城市空间美化、升华有着不可替代的作用，因为其最突出的特点是具有装饰性，真正做到了将生活和艺术完美结合，不仅在实用性和文化性方面体现出本身的价值，它独特的装饰性也受到了广大年轻人的喜爱。[1] 墙绘艺术在改造公共空间景观中有着独特的意义和作用，将墙绘艺术巧妙地融入日常生活公

---

① 刘冬明. 墙绘艺术在公共空间设计中的运用研究 [J]. 设计, 2016 (22)：122 – 123.

共空间，不仅让老旧街道焕发新的生机与活力，而且会形成与众不同的城市艺术景观。与众不同的城市景观只靠一方力量不足以推动，需要各方合力推动形成。在西安只要一提到几百米长的"超级玛丽"墙绘，人们就会想到皇城西路。全新的马里奥墙绘在"遮丑"与"美化"中形成一种巧妙的平衡，首先不会让在这里生活了几十年的居民感到过分新奇而难以接受，其次通过墙绘艺术让社区居民和慕名而来的游客漫步在街道景观中能感觉身心愉悦，最重要的是墙绘艺术让皇城西路洗去旧日的浮尘，以全新的姿态展现在城市中。

在千篇一律的建筑群中保持辨识度并非易事，与众不同的特色墙绘弥补了城市文化的空缺，体现城市个性，也直接或间接地服务着与之密切相关的城市主体。例如，皇城西路沿路商户也是此次改造的受益者，街边商户在改造过程中更换了门头牌匾，而且在各个商户中间连接的墙面上也有不间断的彩绘，让商户也融入多彩的"超级玛丽"世界。

2. "艺术性"与"功能性"统一

公共空间的墙绘艺术具有公开性、服务性的特点。墙绘的创作者决定了其构造、形式和最终画面效果。但民众观看后所带来的思考和领悟才意味着一个墙绘作品的结束，民众是墙绘的体验者和评判者。[1] 墙绘艺术属于公共艺术，皇城西路墙绘所呈现出来的艺术性是大众喜闻乐见的，它以静态和潜移默化的方式来影响人的审美。大众的审美会受到其受教育程度、生活环境、兴趣爱好、年龄地域等的影响呈现出不同的偏好，正所谓众口难调。但策划者在选择墙绘题材时也不能一味地迎合大众的口味，这就需要策划者做出独立的判断。在做到符合正能量、主旋律主题的基础上，兼顾大众审美偏好，体现自

---

[1] 程静，承杰. 中国当代语境下墙绘艺术融入公共空间的思考 [J]. 皖西学院报，2021，37（05）：132 – 136.

身艺术追求的同时开拓艺术视野，不断吸收国内外艺术精华，创新艺术表现形式，为民众带来耳目一新的视觉体验。皇城西路整条街以蓝色为主基调，绘制面积大，选用色彩明亮，能够迅速抓人眼球，吸引注意力。而且随着人向前走动，道路上的图案也在不断地向前移动，会让人产生一种身处游戏世界的感觉。这些墙绘不仅在车水马龙的大街上，还延伸到小区内部。比如在光辉楼小区，蓝色背景的"超级玛丽"墙绘从外向内延伸到小区内部，改善了小区内部环境，也为小区居民的娱乐活动增添了色彩。

功能性体现在墙绘不仅将"超级玛丽"游戏中的各种元素巧妙地藏在街道中，还将大面积绿化装饰在墙面上，绿化包括鸢尾、佛甲草、红叶南天竹、月季等植物，它们也属于墙绘艺术的一部分。这不仅体现了设计者的智慧，而且大面积绿化还可以清新空气，将墙绘本身携带的艺术性和绿化功能统一起来，使年代久远的老建筑焕发新的生机。

3. "政策性"与"创新性"统一

2016年底，西安全面启动"三改一通一落地"，其中三改是指改造老旧小区，城中村以及棚户区。三改政策体现了政府对修缮老旧小区的决心与信心，这不仅是一项民生工程，更是一项民心工程。当居民看到几十年未改的小区面貌经过政府规划焕然一新后，幸福感与满足感也会不断攀升。皇城西路属于三改的范围，这也是一个背街小巷摇身一变成为"网红打卡地"的经典案例。皇城西路凭借政策的助力，从不知名老旧街道跃升成为网红打卡地的关键就是一整条街的"超级玛丽"彩绘。改造计划将居民区与艺术墙绘结合，不仅在墙绘上下功夫，还重新铺设管道沟渠，将居民关心的生活问题落到了实处，为居民日常生活提供了便利，将审美性与实用性完美地结合在一起。

当代墙绘艺术的创新需要多方面知识的积淀，多学科交叉，打破思维定

第十一章 以艺化境： 皇城西路墙绘的城市传播及其文化认同 239

式， 不断推陈出新， 破解僵化思维。 墙绘艺术的创新不仅要从题材选择下功夫， 还可以选择非艺术形式丰富墙绘艺术本身， 将多学科的知识融入墙绘艺术的表现形式中， 这也是墙绘艺术未来可能的发展路径之一， 将各种表面上看起来与墙绘无关的材料融入其中， 会产生意想不到的新奇效果。 比如在皇城西路沿路设置立体微型绿化， 将环保 PVC 管道切割组成立体花槽， 这就是皇城西路墙绘艺术的一大创新点。 "超级玛丽" 中的卡通元素藏在其中， 像是 "微型彩蛋" 般的存在， 让前来打卡的一众游客有新奇且兴奋的体验感。 此外， 皇城西路将一整条街都进行彩绘， "超级玛丽" 中的各种微观元素虽独立存在， 但都附着在整体设计中。 途中的垃圾回收站也一改旧颜， 变身成为网红打卡地。 很显然， 墙绘的魅力不只在于美化环境， 更提升了皇城西路的知名度， 在推动城市品牌建设， 提升城市品牌形象， 促进城市发展中起到积极的促进作用。

五、 结　语

在当前这个万物皆媒的时代， 城市墙绘自然也是一种媒介， 但这种媒介的信息发放和接收都不需要复杂的设备， 只需要一面墙作为载体就可以实现信息的传播。 而受众群体则不需要任何媒介 （如电视、 电脑等） 就可以实现信息接收[1]。 皇城西路墙绘文化作为城市公共空间的艺术表现形式呈现在公众眼前就是在进行文化传播， 公众在欣赏墙绘内容的同时会产生属于自己的价值判断， 并结合自身以往的生活经验产生感悟与联想， 这是直接的文化传播途径。 皇城西路是众多游客青睐的网红打卡地， 游客拍摄的照片经由社交媒体辐射产

---

[1] 兰昱. 城市公共环境中的墙绘艺术研究 [J]. 大舞台, 2014 (09): 242 – 243.

生不容小觑的传播力，被帖子"种草"的其他游客也会争相前来打卡，并将照片上传到社交媒体上吸引更多的游客，如此反复形成良性循环。皇城西路墙绘能够通过社交媒体提升知名度，也从侧面反映了"超级玛丽"墙绘符合大众审美，这也是不同文化间能够顺畅交流的底层逻辑，只有被大众从心底接受的文化才能在不同的社交媒体上获得流量。

此外，皇城西路墙绘选择"超级玛丽"本身就是破壁地缘关系文化认同的表现。首先，"超级玛丽"游戏面世距今已有几十年的历史，迄今多个版本的游戏销量超过5亿，深受全球玩家喜爱。马里奥兄弟被看作一代人的童年回忆。这款游戏本身的关卡设计有趣且门槛低，玩家很轻松就能掌握游戏规则，以上提及的因素都为破壁地缘关系的文化认同做了铺垫。其次，马里奥的卡通形象受众面广，是一代人的童年记忆：红色帽子、蓝色背带裤、圆圆的大鼻子以及马里奥的招牌笑容都让马里奥看起来不像想象中主角的形象，看起来更像是一位在便利店打工的大叔。就是这样亲和力强且具有个性的人物形象，在玩家心目中留下了深刻的印象，因此马里奥适合作为墙绘的对象。最后，这款游戏本身作为横版通关游戏就适合以低矮的墙面作为其载体，符合因地制宜的理念。路过的人们看着墙面上不断延伸的游戏画面，仿佛置身于游戏世界里，在深深的代入感中完成游览。皇城西路墙绘不仅做到了让大众喜闻乐见，还体现了墙绘艺术的娱乐与纪念功能，使墙绘艺术真正做到服务于大众。

第十二章 缝合景致：
顺城巷涂鸦的空间生产与记忆建构

20世纪80年代，涂鸦壁画艺术传入我国后在一些城市迅速发展起来。多种色彩、图形、风格的涂鸦壁画出现在城市公共空间中。城市外形美化也开始主动纳入涂鸦这一艺术表现形式。在不断探索和发展之后，涂鸦已作为城市美化的重要方式被纳入城市形象塑造中，成为建构城市文化与城市记忆的一种独特的艺术形式。作为一种依托于城市的艺术媒介，涂鸦艺术不断与城市进行多层面的交流、碰撞和融合，形成现代城市的公共文化空间。本章以西安建国门顺城巷的涂鸦墙作为研究对象，解析涂鸦艺术在城市记忆建构过程中的功能以及在城市公共空间建构过程中的价值实现。

一、城市公共空间建构中的涂鸦艺术

从繁华都市到县城小镇，无不藏有涂鸦画的身影。涂鸦艺术使得一个个破旧的居民楼重新焕发光彩，使得古老的城市建筑不再平淡无奇。可以说，涂鸦艺术给城市和人们的生活带来了生机与活力，例如上海华池路弄堂涂鸦使得一条老旧的弄堂重新焕发生机，多彩而富有创意的涂鸦，让这条破败的弄堂重获生机。广东佛山的古村落茶基村，无限风光从数百年前延续至今，别有风情，只因其将龙船漂移、茶基十番、武术醒狮等传统民俗"搬"上了墙，成为新一代"网红打卡点"。在千篇一律的城市设计中，涂鸦艺术的出现必然会给城市街道带来新的生机与活力。

在实现老城区的价值再创造，创造性利用城市的临时性界面，缝合城市不协调景致，提升公共空间的艺术品位等方面，涂鸦艺术表现出极大的适应性和积极的社会意义。老城区大多处于市中心，不具备翻新条件，且建筑景观环境差，年代久远，对城市的形象产生严重的影响。涂鸦艺术因其消耗人力物力少、易操作、省时间等特点，可通过对老城区环境的改造赋予其全新的魅力。除此之外，在二维的墙面上，涂鸦艺术可将三维空间感真实地营造出来，使城市获得生命活力，更好地统一规划。以最小的人力、财力与物力消耗，将城市更新过程中遗留下的老城区、老工业区、临时性施工墙等废旧、破败场所，通过发挥涂鸦艺术操作简单、施工快捷的特点，使其在最短的时间内得到改善，并激发活力，进而形成新的、极具艺术性和创造性的场所。西安作为十三朝古都，在城市建设中历史与文化的结合是不可被忽视的。建国门顺城巷的涂鸦墙作为西安的"网红打卡地"，体现的不仅是西安城市的美化与建设水平，更重要的是，它承载着大唐盛世的历史记忆。其运用当代兴起的 3D 涂鸦艺术，将二维的公共空间界面通过特定的角度与透视原理，营造出虚拟的三维空间，赋予公共空间景观新的可能，给人奇特的空间感受。

墙绘作为一种艺术表达方式在人类社会已经存在了几千年，从远古时期洞穴中的壁画，到中世纪大教堂内的墙绘，再到现代城市街头的涂鸦，都可以看作墙绘艺术在人类不同历史时期的具体表现形式。随着时代的变迁和各种文化的碰撞，"墙绘"一词的内涵有所窄化。如今人们提到"墙绘"一词，可能会先联想到墙面的装饰画、宣传标语，而不是洞穴里的壁画或街头随性的涂鸦，这一定程度上是由于涂鸦艺术的影响而导致在语义上形成自然而然的区分。

20世纪60年代，涂鸦艺术在美国迅速发展。这种通过在城市街道、墙面、建筑和公共设施表面进行涂画以表达创作者态度的艺术创作方式，深受当时年轻人的追捧。一个重要的原因是，这个时期的美国爆发了诸如反战运动、女性平权运动、种族平等运动等社会运动，这些运动所反映的是一种反对社会现有结构及其主流意识形态的思潮。思想的传播需要媒介，而城市街道的墙面、公共设施和地铁的表面——具有"公共"和"主流"内涵的象征物便成为表达反抗、宣泄不满的物质载体。因此，"涂鸦从诞生起就具有一定的暴力美学和政治嘲讽的性质"，[①] 并在社会运动的热潮中逐渐蔓延至全世界。涂鸦艺术中不乏富有想象力和视觉冲击的作品，但往往由于其其本身不羁自由的随意性与对抗公权的内核，其所展示的内容和"侵蚀"公共空间的合法性并不能得到城市管理者的认可。再加上涂鸦艺术家表达欲望与尺度控制间的矛盾难以自我调和，十分容易使涂鸦行为走向失控——1970年代纽约地铁涂鸦狂潮就是一个典型的例子。因而世界各国纷纷出台相关法律法规去约束这种大胆的后现代艺术形式，许多国家明确禁止未经允许不得在公共或私人建筑上绘制涂鸦，这也是涂鸦和公共空间二者的对立在法律上得到确认的证明。此后，"涂鸦"一词似乎被打上了叛逆、无序、随意的烙印，形成了人们对涂鸦艺术的刻板印象。实际上，涂鸦艺术本身作为一种后现代艺术形式，是极具艺术价值和观赏性的。随着现代化的发展和城市治理的进步，大众对这种艺术的接受度有所提升，涂鸦艺术也逐渐在规制和管理中步入正规化的道路。也正是此时，"墙绘"一词作为"正规涂鸦"的代名词出现。这种更为正统和被

[①] 赵思嘉. 巴黎城市涂鸦的管理研究 [J]. 同济大学学报（社会科学版），2012，23（4）：57-62.

官方认可的墙绘一定程度上消解了涂鸦的公共对抗特征。为方便论述，下文将以"公共墙绘"来指代这一窄化的墙绘概念。公共墙绘既有别于严肃而不可侵犯的壁画，又不同于叛逆而不受控制的涂鸦，但它集成了传统壁画的教化与审美功能，以及涂鸦艺术的随性风格与鲜活创造力。因此，在西方各国对地下铁路空间进行艺术设计和氛围营造的过程中，公共墙绘成为一种可以广泛使用的形式开始兴起。

改革开放后，中国开始在经济、文化等领域和世界接轨，公共艺术的概念和形式也逐步传入中国，作为公共艺术之一的墙绘艺术也开始在中国本土发展。当然，最初进入中国的墙绘艺术形式主要是涂鸦，无论是作品的构图还是色彩均是对西方涂鸦艺术的模仿，但在创作意图上并无相关性。由于中国接触涂鸦艺术并进行涂鸦工作的群体在受教育程度、经济水平等方面要高于西方的涂鸦者，再加上当时中国并未有十分突出的社会矛盾，社会较为和谐稳定，因此涂鸦艺术在进入中国后并没有表现出很强烈的反叛、愤怒情绪，反而剥离了传统的西方涂鸦艺术的政治宣传功能，转而向视觉表达迈进。同时，中国的涂鸦工作者数量也较少，初期全国范围内大约只有一千多人，而西方涂鸦名城如柏林和纽约单个城市的涂鸦工作者数量就超过一万人，所以涂鸦艺术仍属于一种极为小众的文化。[1]

总之，这种"良性"的涂鸦种子在中国土壤落地后，便呈现出向阳生长的状态，城市管理者并未对这种艺术进行太多法律和管理上的规制。随着这一艺术的不断发展，政府和商家都注意到了涂鸦的价值，并将其运用到城市规划、街区改造和商业展演等领域中。此后，涂鸦艺术便以艺术品、商品、广告等形式正式进入城市公共空间，进而蜕变成"公共墙绘"，并获得了公

---

[1] 麦耀彬. 广州街头墙绘艺术的现状与可行性发展研究[D]. 华南理工大学, 2020.

共艺术的身份，构成了城市一道道亮丽的风景线。

二、顺城巷仿唐彩绘墙的艺术价值与功能

顺城巷是西安明城墙内侧的回字形环道区域，是曾经皇城内部运输物资的重要通道。随着现代工业建设和城市建设的发展，顺城巷并没有消失，而是伴随管理者对西安古城墙的保护作为历史遗产保留了下来。1983 年，西安环城建设委员会成立，从此西安城墙正式由拆除的边缘走向保护和修缮的道路，并形成了墙、林、路、河、巷五位一体的保护模式。[①] 顺城巷也在更新整改中从被忽视的边缘化区域变为具有重要价值的改造对象。

图 12-1 西安明城墙顺城巷

[①] 刘海. 西安城墙预防性保护研究 [D]. 西北大学，2020.

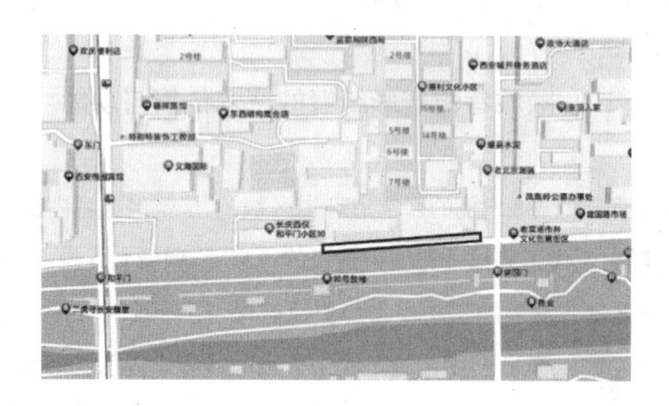

图 12 - 2　仿唐彩绘墙大概位置

如今的顺城巷连接了生活居所、商业区域、文化街区、历史遗迹和交通枢纽，具有极强的区位价值、旅游价值和历史价值。沿线不同的地段具有不同的功能与价值体现：东段除永兴坊商业街区外，以居民居住区和拆迁重建区域为主；北段连接西安火车站、西安汽车站等重要交通枢纽，有打造游、购、娱一体化商业街的趋势；① 西段主要是安置小区、单位大院等居住空间，附带大量绿化；南段是改造次数最多、改造历史最早，也是最受城市管理者重视的地段，既有碑林、湘子庙、书院门、于右任故居等历史遗迹和名人故居，也有以建国门菜市场为代表的商业片区，还有众多博物馆、古建筑，以及以餐饮、酒吧、文创为代表的丰富业态等，具有相对较好的文化消费氛围。作为西安古城区与城墙物理分界的顺城巷承载了深厚的古城历史文化底蕴，是组织公共生活的场所、传承文化记忆的媒介、城市意象的重要构成，是展示西安古城魅力和传统民风民俗的重要窗口，见证了西安城市的发展历程。

---

① 王宇轩. 日常生活视角下西安顺城巷西段街道更新策略研究 [D]. 西安建筑科技大学，2021.

在顺城巷南段地带，"和平门—建国门"巷段东部民宅区一侧位置，有一面长约75米的彩绘墙，从建国门西侧顺城巷路口的指示牌上看，它的官方名称是"仿唐彩绘"。仿唐彩绘处于居民区的一段围墙上，正对顺城巷道路和城墙，在一片灰砖和绿荫的环境中格外显眼，但凡路过的行人无不驻足欣赏。这座仿唐彩绘墙一共有25幅墙面作品，按照所展示的主题和内容的不同，大致分为"城墙古筑""宫廷夜市"和"市井生活"三大类，生动还原了盛唐宏伟的城墙、整齐的建筑、热闹的集市、活泼的民风以及和谐的生态。彩绘作品自西向东按顺序排列，同类主题风格色调统一，整齐划一，不至于给人错乱感。

图12-3 顺城巷路口的指示牌

图12-4 城墙外运送物资的马车　　图12-5 城墙门口的驼队

按数量分，"城墙古筑"有8幅，"宫廷夜市"有9幅，"市井生活"有8幅。彩绘在风格和技法上较为统一，均用丙烯颜料进行写实绘制，同时

在图画主体周围画上与墙壁环境相融合的破碎砖块，通过将主体部分与所画的墙砖边框重合错位的方式，实现 3D 立体效果，给人一种图中景象和人物呼之欲出的感觉，十分震撼。图画的表现视角很丰富，有远景、中景、近景和特写，在表现古城墙建筑的宏伟时常用远景和中景，表现人物时多用近景和特写。有时为了完整展现某一个宏大场景，会使用"连画"的方式，如图 12-6、12-7、12-8、12-9 中的作品，组成了仿佛让观者置身古城墙上观看城内建筑的全景图。而"连画不连壁"的处理方式又可以很好地避免墙面不平可能带来的视觉误差，以保证整个系列"一面一画"的统一性和画面的连贯性。

图 12-6 古城建筑与腾飞的朱鹮（左）

图 12-7 古城建筑与腾飞的朱鹮（右）

图 12-8 鳞次栉比的古城建筑（左）

图 12-9 鳞次栉比的古城建筑（右）

此外，彩绘在细节的描绘上详略得当：对近处的建筑、人物和动物会仔细刻画，讲究光影；而远处的内容则不必事无巨细，简单几笔留给观看者无限的想象空间。

还有一个不可忽视的特征是彩绘打破了虚实界限。首先是3D效果的运用。无论是所营造的人物、动物出墙的感觉，还是所刻画的色调与墙柱统一的碎砖，都能察觉到作品有意让路人不去注意画面与周围的差异，试图增加作品对现实的"入侵感"，让观者真的以为眼前"被打破"的围墙那边就是千年以前盛唐的景象。这种"入侵感"在彩绘对居民区的"入侵"中更加强烈，图12-10和图12-11所展示的作品就是典型的案例：住宅小院的大铁门和巷边居民的家门都在这场消弭虚实的意象建构中出了一份力。

图12-10　大户人家的马车　　图12-11　路边吃早点的客人

事实上，在虚实的互动中，除了画面对现实的介入，现实环境也影响了墙面作品，比如墙顶垂落的爬山虎、墙面的斑驳树影等，是画外之物却又和画面相辅相成，一同构成了绝美的景观。

图 12 - 12 未涂鸦前的老旧围墙

仿唐彩绘墙同样有着重要的功能和价值。首先是对老旧墙体的更新。实际上，在仿唐彩绘着墙之前，这里泛灰的墙壁十分普通，稍显老旧，墙上零星粘贴着一些宣传海报或公告通知。而作为老城改造计划一部分的仿唐彩绘墙打造完成后，既增加了墙面的美观度，同时也是对破旧围墙的一次翻新与保养。为了使画面连贯和谐，墙面与墙间的隔柱需要统一底色，而室外墙绘的特性势必会考虑使用耐腐蚀性强的材料涂刷。其次是具有"连接"的功能。从地理区位上看，仿唐彩绘墙西边连接自和平门纵向贯穿整个古城的和平路——此路是古城纵向上的要道之一（另一条要道是古城的中轴线"永宁门—安远门"之间的钟楼南、北大街）——东边连接以建国门老菜场为中心的商业文化街区。而仿唐彩绘成为一个景点后，区域的文化属性开始连接共振，为文化消费氛围的塑造提供加持，与周边的商业布局发生奇妙的联动反应。同时，对唐代风貌的展现又与整个西安城市的文化意象实现连接，成为西安城市形象建构布局的一部分。然后将人们的记忆与情感进行连接，唤醒老西安人的古城记忆，让来往游客感受西安古城的历史风韵。最后是宣传的功能。图画中展现了唐朝服饰、丝路贸易和绿色生态，一定程度上宣传了西安的城市形象，加深人们对这座城市的理解和印象。网红博主对此地的"打卡"，也能在互联网上让外地友人看到西安的古韵和魅力，萌生到西安游玩的想法。

图 12 – 13　夜市中携裙疾步的女子

三、墙绘涂鸦与城市记忆的同频共振

城市记忆是生活在相同地理空间的人们长期积累的关于地理环境与人文生活的共识，包含历史传承的内容和现代社会与时俱进的内容。涂鸦艺术本身带有个性化的表达方式和多元化的颜色表现形式，伴随艺术者们合理化的应用，涂鸦的内容越来越丰富多彩，和城市视觉文化中的元素逐渐结为一体，展现出良好的发展趋势，渐渐在城市布局中绽放出闪耀的光彩。① 在城市形象的塑造过程中，包含城市记忆相关的内容能够使涂鸦这一形式更好地融入城市公共空间，城市记忆中内敛的、潜在的价值，被涂鸦这种直白的、形象的艺术形式表达了出来。城市记忆的"旧"，与涂鸦艺术的"新"碰撞，在文化、意识与城市空间的协调中迸发出涂鸦艺术与城市记忆共振的火花。

---

① 夏天明. 涂鸦艺术的城市视觉文化表现研究 [J]. 美与时代（城市版），2018（10）：112 – 112.

1. 传统与现代的文化交响

城市公共空间需要居住的人与城市的地理环境长期适应才能形成，它包括人文生活、文化理念、建筑风格、通信交通等，空间因人而异、因地不同。城市记忆是人与公共空间长期交流而形成的关于城市的普遍认同，其中包含着生活在这片区域中的人们对于环境的适应和理解。这种适应与理解是历史的、传承的，也是发展的，由此构成关于城市的历史文化，历史文化与时代的发展共同塑造着城市记忆，也决定着这座城市的发展。城市的历史地理空间是由历史建筑、文物古迹、传统街区组成的，隐含着传统的社会生活情态、历史事件和记忆等非物质要素，[1]其中无不包含文化这一城市发展的精神内涵。顺城巷的彩绘涂鸦在内容表现上大部分是对古代传统生活的描绘，展现了不同朝代中人们的衣着和生活情景，利用三维立体的绘画方式，塑造了一个历史空间，其中就暗含了这座城市的历史文化。游客虽然是在现实空间，彩绘涂鸦展现的历史空间却能打破时空隔阂，将观者引入古代生活的情景中。涂鸦内容的取材在一定程度上是对城市记忆的传承，以彩绘涂鸦为媒介，使传统空间与现实空间交融，让观者更加深刻地理解涂鸦所展现的城市文化。

在年轻人追求新奇和冒险的精神推动下，城市文化开始探索融入年轻血液的更多可能，彩绘涂鸦便是一次有益尝试。在不破坏城市原有建筑结构的基础上，可以重复创作，大胆创新，在新颖的图画中融入历史古韵，年轻人也可以在观赏中学习。在以往城市美化与涂鸦融合的众多实践积累之后，涂鸦这一新潮的艺术形式开始与城市文化相融合，开始考虑到公共空间的环境与公众诉求。顺城巷彩绘涂鸦大部分都因地制宜地展现了古代大唐风貌，与所处的地理

---

[1] 艾文婧，许加彪. 城市历史空间的景观塑造与可沟通性——城市文化地标传播意象的建构策略探究 [J]. 陕西师范大学学报（哲学社会科学版），2021，50（04）：126–132.

环境相协调，在不破坏城市规划的基础上展现城市历史图景。涂鸦内容的取材几乎都源自历史文化中的生活场景，从城市的历史文化中获取创作灵感，用现代的手法呈现历史的画面，其中也展现出城市的文化底蕴。观者从彩绘涂鸦中了解传统文化，形成对于城市公共空间的独特想象。

"由于物之美学属性有其相对稳定的客观性，人之美的观念又必然受其民族审美传统意向的制约。故尽管美感千差万别，但又有民族的审美思维走向的相对同一性……"[1] 涂鸦作为城市文化和历史的反映，从融入历史文化开始，就成为塑造城市文化和历史的一部分。彩绘涂鸦用现代的表现手法，展现传统的历史人文景观，在居民习以为常的生活环境中融入展现传统历史的艺术媒介，不仅能提升居民的审美素养，更能在潜移默化中形塑居民对于城市的认同感和归属感。在涂鸦所构建的城市记忆中，既有对于传统文化的创新表达，也有对新的艺术形式的探索尝试，传统与现代相得益彰，成为保留城市文化记忆的一种方式。

2. 主流与非主流的意识碰撞

城市记忆是伴随城市发展而沉淀、形成的一种长期稳定的意识形态，影响城市美化的同时，也是城市发展的重要指引。彩绘涂鸦作为城市美化外观的一种新兴形式，其创作形式的张扬不拘与城市文化的传统内敛相结合，突破了关于城市记忆的主流叙事，打造出独一无二的城市公共空间。城市美化不仅需要考虑当地人文地理环境，还需要考虑历史文化遗产，将二者融合才能更好地展现城市形象。顺城巷彩绘涂鸦以西安历史文化为内容进行创作，是对主流的传承；又以涂鸦这一艺术形式进行表达，是对非主流的探索；二者巧妙结合，

---

[1] 何楚雄. 中国画论研究 [M]. 南京：江苏美术出版社，1988：185.

既保留了老一辈对于城市的记忆，又吸引年轻一代关注城市的历史文化。西安作为十三朝古都，有着丰厚的历史底蕴，建国门顺城巷的彩绘涂鸦在严肃的历史文化之中，通过强烈的色彩对比和夸张的绘画方式将悠久的历史文化呈现出来，以一种直白的、张扬的艺术呈现方式给观者带来更加生动的视觉体验。

涂鸦可以看作城市公共空间发展到一定程度时，创作者对于自我生存环境的怀疑和反叛的表达，在背离城市普遍认知的同时，构建新的城市公共空间。涂鸦艺术还未与城市形象联系时，内容更多是创作者的自我表达，这意味着小众和边缘化。当城市美化开始借助涂鸦这一表现形式之后，涂鸦逐渐进入大众视野，可以说，城市美化正式纳入涂鸦艺术的同时，涂鸦也开始逐步规范。在塑造城市记忆的过程中，涂鸦在初期只是承载城市文化的一种载体，并没有参与到城市文化的构建之中。但随着居民对涂鸦的熟悉，它开始融入居民的日常生活中。在居民更加深入地理解涂鸦内容之后，涂鸦开始由边缘走向主流，成为城市记忆的一部分。顺城巷的彩绘涂鸦就绘于城墙之下，既没有影响当地居民的日常生活，又增添了游客游历城墙的乐趣。当地居民在与涂鸦长期相处的过程中，将涂鸦墙融入生活之中，将彩绘涂鸦作为地理标志或人文景观，与涂鸦产生联结，将其从物理空间的装饰逐步变成日常生活的标识，再成为集体记忆的一部分。伴随着这一过程的深入，涂鸦逐步取得了主流地位。

当代的公共艺术创作尤为注重与公众的情感联结，公共艺术通过多样的活动形式与公众进行深入互动，体现出作品、环境与人三者之间的和谐共处。它的目的并不在于审美而在于审美的延伸，通过与作品及环境的互动"对话"，消解艺术与观众的距离感，使人们在互动中切身体验审美的快感，从而达到精神上的沟通和升华。① 顺城巷的彩绘涂鸦在表现形式上是夸张的、现

---

① 杨冬江，王兆. 城市的"文化名片"：论公共艺术对城市文化独特性的激发与塑造[J]. 设计，2022，35(20)：94-96.

代的，但其承载的内容是居民对于城市的记忆与共识，是历史的、主流的。这种内容的主流与表现形式的非主流的融合，既消解了主流意识的高语调叙事，又淡化了涂鸦艺术的小众特征，形成了更好的传播效果。观者在由涂鸦塑造的、更贴合环境的传播情景下，理解城市文化，与城市记忆产生良好互动，既增加了观者对城市历史的了解，也增强了居民对城市的认同。

3. 城市空间与涂鸦艺术的"大""小"辩证

城市公共空间作为载体，容纳涂鸦这一艺术表现形式，美化城市公共环境，构建城市记忆。在现代城市的发展中，功能性导向越来越明显，钢筋、水泥、玻璃等建筑材料的使用使得城市外貌大同小异。涂鸦的出现让城市色调变得更加丰富，其鲜艳的色彩与丰富的艺术表现形式，改善了现代城市给人带来的压抑感，也提升了居民的居住体验。出现在街头巷尾的涂鸦受到年轻人的喜爱，涂鸦墙成为"打卡圣地"。涂鸦作为美化城市环境的一种方式，在不破坏建筑结构的基础上，只在建筑表面进行创作，还原建筑原貌，不需要其他建筑材料，使用环保材料且便于二次创作，相较于其他城市美化手段，极具经济价值和环保价值。涂鸦作为城市形象的一部分，有其独特的艺术呈现方式，与城市环境交相呼应，让观者能透过小小的画面感受城市所蕴含的文化底蕴。作为城市文化的载体，涂鸦虽然"小"，其背后蕴含的城市记忆却不小；而城市空间的"大"也能通过涂鸦展现出来。

随着现代社会的发展，城市规划开始朝着年轻化和数字化转变，在城市空间中形成的城市文化更加多元、活泼。在开放包容的城市文化环境中，涂鸦开始崭露头角，从城市的"牛皮癣"变为塑造城市形象的重要形式。在追求高速发展的城市生活中，涂鸦构建了一处回归于"人"的空间。城市的主流思潮是要求快速、高效地发展。与此不同，涂鸦艺术关注的是人本身的表达。在快节奏的城市生活之后，人们在城市的角落看到色彩明亮、夸张有趣的图案，以此唤醒工作之后只属于个人的生活。如果说城市是紧张的办公区，那在融入城市公共空间之后，城市涂鸦则构建了一个属于自我的"休息区"。在涂鸦所搭建的公共空间中，观者可以找到与城市的共鸣，找到对于现实世界的慰藉。城市空间不仅仅容纳了涂鸦，也容纳了在城市生活寻找自由解放的人们。他们能够在千篇一律的城市生活中发现涂鸦所营造的意趣空间，为生活带来新意，从而提升对城市的归属感。

涂鸦所包含的城市记忆能够丰富其内容，使涂鸦这一艺术形式更加主流化。通过涂鸦所展现的城市公共空间也能够容纳个人对于城市的情绪表达。媒介的快速发展使得人们乐于寻求更加多样的表达方式，涂鸦在对城市记忆的表达上更为轻松和自由，这能吸引更多年轻人主动融入城市公共空间，以一种更为主动的方式了解城市文化，参与塑造城市公共空间。顺城巷的彩绘涂鸦与老城墙相呼应，历史与现代的融合提升了西安的城市形象，透过彩绘涂鸦所展现的是有着悠久历史且开放包容的西安。城墙上展现的是历史，城墙下展现的是现代，城墙吸引着越来越多人到此观光旅游，而城墙下的彩绘涂鸦也积极展示了这座城市的另一面。彩绘涂鸦与城市记忆同频共振，彼此融合，相互成就，用简洁的形式展现厚重的历史，构建起传统与现代交相辉映的公共空间，激发了城市活力，带动此地的经济，促进城市的发展。

四、涂鸦在城市空间建构中的多重价值

城市公共空间在不同的历史时期具有不同的特点，不同的城市由于地理位置、社会习俗、经济条件的差异呈现出差异化的城市空间景观，这种差异性伴随着历史的积淀而愈发明显。城市文化则是自然条件和人文条件长期作用的

产物，是生活在区域内的民众从事生产生活创造的物质财富和精神财富的总和，体现了特定区域内民众共同的思想认知、价值观念和行为标准等。而城市公共空间作为城市人居环境的重要组成部分，不仅是有形公共基础设施的载体，还是无形文化的载体。① 因此，在城市公共空间的建设中首先需要考虑的便是城市历史文化。但是，中国在改革开放之后的三十年，社会经济得到了飞速发展，一幢幢高楼出现在中国大地之上，"钢筋混凝土"成了城市公共空间建设的主旋律。城市快速发展的现代化进程使得"历史文化"受到冷落，伴随着全面小康社会的建成和城市现代化的发展，人们的生活水平大幅提高。经济实力已经不再是一个城市吸引人们居住的唯一标准，城市所特有的文化底蕴发挥着愈发重要的作用。

图 12 - 14 运货驼队与街边杂耍

---

① 李熠煜，刘迅. 城市文化视角下城市公共空间建设探究——以印度城市公共空间涂鸦为例 [J]. 武陵学刊，2017，42（02）：120 - 124

历史文化是一个城市的灵魂所在，城市公共空间是城市文化展现和延续的场所。西安作为"十三朝古都"，作为历史上唐朝的都城，保留着许多具有唐代文化的城墙、建筑和社会习俗，在打造城市空间个性化和文化面貌方面有着巨大的优势。

1. 反映城市文化的重要媒介

涂鸦是20世纪出现的新颖的视觉艺术形式，它可以表现出一个团体或个人的身份、价值观和历史背景，也可以用作政治表达和社会评论，以此引发公众对文化认同的思考和讨论。西安顺城巷的古城墙涂鸦表现了创作者个人的艺术追求和价值观念，同时，涂鸦的内容也会引发本地居民和游客对西安古都文化的讨论。城市的文化不是一成不变的，涂鸦通过现代的创作形式，将唐代的宫殿、元宵夜景、丝绸之路、西域的商队等具有唐代特色的历史文化绘制在斑驳的老城墙上，在现代创作者的思想和古代文化内涵的碰撞下，既做到了文化的继承，又形成了新的城市空间文化景观。

涂鸦作为城市文化的反映，具有很高的文化价值和社会价值。它不仅为城市带来了美观和活力，更是对城市生活和文化的一种真实反映。将城市的公共空间建设规划与当地的文化特色相结合，充分利用西安市的文化底蕴，扩大西安城市文化的影响力，增加西安人民的文化凝聚力。通过创建特色的文化品牌，借助文化的力量增加城市的竞争力，以城市的发展反哺文化的建设，创造城市文化发展的良性循环。

2. 丰富城市空间的有效手段

涂鸦作为一种在城市空间中经常可以见到的艺术形式，既可以表现个人的情感和思想，也可以作为振兴城市空间的手段，是促进创造力、文化表达和社区参与的一种方式。首先，涂鸦可以为城市空间带来生机和活力。涂鸦通过将沉闷或被忽视的空间转变为视觉上吸引人的环境，可以提升社区的整体美感。以西安顺城巷的古城墙改造为例，城墙的石砖经过长年累月的风吹日晒，即使经常翻新维护也难以遮盖时间留下的斑驳印记。而涂鸦的艺术表现形式不受传统艺术形式的限制，具有极大的自由性，通常采用鲜明度高的色彩，可以为城市的灰色墙壁带来一抹鲜艳的色彩。色彩鲜艳的涂鸦作品除了对旧城墙本身有修补作用之外，人们的视线会被墙面的涂鸦所吸引，从而忽略掉皮的灰色墙皮和杂乱的电线与树木这些细节。当破旧的城墙穿上了"新衣"，城市空间也不再单调而乏味，反而变得更加生动有趣，更具有艺术与文化的气息。

其次，涂鸦可以增强对城市的认同感。涂鸦作品通常是当地艺术家创作的，它可以反映当地的文化和历史，让居民对自己的城市产生更强的认同感和归属感。在城市现代化的背景之下，社会生活节奏不断加快，生活在城市中的居民不断穿梭于地铁、商场和办公楼之间。工作生活的便利使得人们更愿意生活在基础设施较为完善的社区，因此，以顺城巷为代表的老社区愈发被边缘化。对于感觉被边缘化或代表性不足的社区，涂鸦可以作为一种表达他们的声音，来维护他们在城市中存在的方式。将涂鸦艺术融入城市建设的个人生活空间中，"为人们提供真实、生动、有生命力的感觉"。生活美如画的环境不仅仅指生活的物质条件，更是一种精神环境。涂鸦墙被称为"会说话的墙壁"，人们可以通过涂鸦来宣泄被限制和压抑的本能欲望，在艺术中得到情感的寄托，与涂鸦内容产生共鸣，通过他人的作品来实现自我情感的宣泄和对理想环境和情感的向往。[1] 因此，这些被边缘化的富有历史底蕴的社区文化不会被抹杀，通过涂鸦让城市居民认识到历史文化与现代性结合的个性所在，破旧

---

[1] 张元明. 涂鸦艺术在城市建设中的积极作用研究[J]. 美术大观，2016 (08)：138-139.

不代表落后，陈旧的文化往往具有更积极的力量。

此外，涂鸦还可以作为推广城市旅游业的一种手段。涂鸦是极具个人色彩的艺术作品，涂鸦与城市文化的结合孕育了独特的城市标志。厦门大学作为全国最美的大学之一，是莘莘学子向往的高等学府，学校内的芙蓉隧道本是为了方便学生们在校内活动所建造的，因为隧道内墙壁上和厦门大学校园文化相关的涂鸦作品，使得这条原本普通的隧道成为厦门的"网红打卡地"。上海作为中国的经济核心城市，现代化水平也体现在无处不在的涂鸦作品之中。其中，坐落在上海杨浦区的"东方渔人码头"阶梯涂鸦作品，其蓝色为主的涂鸦色调与"渔人码头"的名字相得益彰。涂鸦作品赋予原本平平无奇的石头阶梯新的意义，形成独特的城市空间文化，吸引更多游客前往游览和拍照。中国的城市文化背景差异性明显，有些城市具有深厚的历史文化底蕴，有些城市拥有强劲的经济实力和完善的城市基础设施建设。涂鸦因为其个性化、开放的创作特征，可以结合不同城市的空间和文化特点，呈现出富有吸引力的公共空间景观。尤其在当下新媒体的时代，在信息快速传播的背景之下，富有特色的城市空间涂鸦作品容易在网络上引起情感的共鸣，吸引人们进行"朝圣"，从而促进当地旅游业的发展。

但是，涂鸦也存在一些潜在的风险。涂鸦作品的内容如果违反了法律和公序良俗，可能会对城市空间产生不良的影响。此类涂鸦出现之处会被视为不整洁和不文明，会受到管理部门的严厉打击。在政府相关部门的合作管理之下，将涂鸦艺术与城市的文化特色相结合，有助于人们认识和理解涂鸦在塑造城市视觉特征，优化居民的生活和工作体验感，建设城市公共空间中的积极作用。

3. 提供文化交流的多元途径

涂鸦作为一种交流手段，在人类社会历史上有着悠久的历史。涂鸦最早可以追溯到史前时期，当时的人们通过在岩石、动物骨骼等物体上绘画来表达自己的想法。随着社会文明的发展，涂鸦从一种绘画艺术转变为一种交流手段。在现代城市街道上，涂鸦成为表达城市文化和社会诉求的重要途径。

现代涂鸦艺术于20世纪60年代开始在美国出现，最初的涂鸦创作者大多是美国社会的底层人物，他们通过涂鸦作品来表达自己的不满情绪，反抗社会的不公平。因此，最初的涂鸦艺术是一种街头艺术，属于地下文化，经常受到政府的管制与清理。涂鸦文化是在20世纪90年代中后期进入中国的，作为街头文化的一种艺术创作形式，受到青年群体的热烈追捧。但是，传入中国的涂鸦文化并不像美国那样充满着反抗情绪，也没有文化的冲突，成为地下青年表达自我的一种新方式。因此，在城市建设发展后期，在城市公共空间建设的过程中，涂鸦艺术家与城市管理与建设部门合作，将涂鸦创作与城市文化特色相结合，使涂鸦成为一种交流城市文化历史、人们的思想和政府管理的手段。

首先，城市公共空间建设中与涂鸦艺术家进行合作，赋予历史文化新的生命。在城市公共空间建设的过程中，那些拥有深厚历史底蕴的城墙建筑藏在小巷的深处，如何让更多的人关注到老旧外表之下的文化内核是一直存在的问题。涂鸦艺术在各个城市的发展展现了一种新的解决方案，政府管理部门可以通过"投标"的方式，来筛选符合城市公共空间建设的涂鸦作品。而且，涂鸦艺术家所创作出来的作品亦是作者自身与该城市文化交流的结果，具有极强的表现力与在地性。对于艺术创作者来说，在具有历史厚重感的城墙建筑上绘制自己的作品亦是他们所追求的创作机遇，在城市公共空间建设管理部门所期望的效果和涂鸦创作者对历史文化思考的碰撞交流中，创作出独特的城市公共艺术。

其次，城市公共空间建设中涂鸦作品的效果如何，是由欣赏它们的城市居民所决定的。居住在城市中的每一个居民对于城市历史文化都有自己的思考，涂鸦作品体现出共同的思想，受到了人们的喜爱与推崇，是涂鸦创作者和城市居民思想交流的结果。例如，西安的老城墙涂鸦展示了西安作为唐朝的都城，曾经繁荣的生活景象。涂鸦作品内容与西安居民对西安历史文化的看法达成共振，所以被城市居民们所接受并受到越来越多人的欢迎。即使城市公共空间的涂鸦作品没有被城市居民所接受，作为欣赏者的城市居民也会把意见反馈给相关部门，从而促进城市公共空间建设的改善。

此外，城市空间建设中的涂鸦文化体现了历史文明与现代精神的交流。英国学者贝拉·迪克斯认为："文化含义被逐字刻入风景、宽街和窄巷、建筑、街道设施、公共座椅、墙壁、屏幕、物件以及艺术作品中。"[1]这就是说文化这种精神产品在当代更多是以一种具体的、有实感的物质为载体展示出来，文化成为一种"可参观的"物质。因此，我们说一座城市的历史文化可以由其中的物质载体所表达，人们尤其可以通过城市公共空间的物质载体来展现这座城市的性格、文化与历史。对于具有历史底蕴的城市，在城市公共空间建设中融合涂鸦这一艺术形式，首先要做到的便是将历史文化嵌入涂鸦作品之中。通过将当下的角度所看到的历史和过去已然存在的历史，这两种角度碰撞出来的文化内涵融合在一幅涂鸦作品之中，让历史文化散落在城市公共空间的每一个角落。涂鸦艺术应用到城市公共空间需要充分考虑地方特色，必须将一个城市的地理属性、文化属性和历史属性，通过涂鸦这一艺术形式表现出来，从而将城市的文化历史以艺术的形式保存下来。

总之，城市公共空间建设要始终坚持以人为本，以满足市民的精神文化需要为目标。反观我国在城市建设过程中，盲目发展、急功近利、毫无节制，

---

[1] 贝拉·迪克斯. 被展示的文化：当代"可参观性"的生产 [M]. 冯悦，译. 北京：北京大学出版社，2012：19.

甚至在高额回报的诱导下过度引入商业，占用了本来就十分有限的公共空间，城市公共空间脱离了人民的需求意愿，城市文化发展畸形。如果对民众的需求漠不关心，只关注所谓的标准和形象，民众无法从公共空间中享受到愉悦，城市公共空间的存在也就变得毫无意义了。[1] 因此，我们不应再以物质为导向建设城市公共空间，而可以通过高品质的涂鸦艺术作品深入城市文化历史的角落之中，使得城市文化繁荣的花朵盛开在涂鸦艺术作品之上。

五、结　语

城市的形象不仅仅包括生活在城市中的人的精神面貌，同样还包括存在于城市空间中的物的面貌。将公共空间的涂鸦壁画作为城市形象的宣传名片，这对城市的文化形象而言，所产生的效应是巨大的，在赋予城市活力的同时也凸显着城市的个性特征。近年来在国内，诸如西安建国门、顺城巷涂鸦的作品层出不穷，政府的因势利导也使涂鸦这门艺术在城市公共空间中能够充分发挥其优势。城市公共空间为涂鸦艺术提供了表达的"场所"与"载体"。当代的涂鸦艺术在公共空间中虽然有了更多参与权，但或多或少都有其他因素的约束。在中国，具有公共性的涂鸦艺术多数都有政府、经济、商业等因素的介入，如黄桷坪涂鸦街、北京涂鸦墙、人大校园涂鸦墙等，其创作内容并不完全自主。涂鸦者只是在这些因素的"监督"下完成了涂画工作，而不是纯粹自主的艺术创作。对涂鸦艺术创作的场所和内容进行适当"释放"，让涂鸦者自主进行公共空间管理，可能会有意想不到的收获。然而，作为一种新生的视觉艺术形式，涂鸦壁画在城市公共空间中的存在价值及视觉效应还存在

---

[1] 李熠煜，刘迅. 城市文化视角下城市公共空间建设探究——以印度城市公共空间涂鸦为例 [J]. 武陵学刊，2017，42（02）：120-124.

着很多问题。在未来，如何使涂鸦文化在城市公共空间构建中发挥更大作用，是研究者和创作者需要关注的问题。中国传统的墙绘涂鸦之所以经久不衰，是因为作者会根据不同的地域文化与场景特征去量身打造涂鸦作品，使作品不仅强化区域文化特征，更加深了大众的视觉印象与文化认同。对于涂鸦艺术来说，如何融合不同区域的特质，达到文化上的传播，是近年来全世界涂鸦研究者与创作者共同尝试与追求的目标。不可否认的是，未来随着科技的不断发展，涂鸦艺术还会在公共空间中展示出无限可能，带给我们更多惊喜。

第十三章　文化 "越轨"：
涂鸦艺术的空间建构与符号演绎

涂鸦是城市发展的一面镜子，广泛分布于街头巷尾，贴近个体化的涂鸦者或市民的生活行为，是典型的城市文化生活的微景观，代表着城市日常生活层面的社会场景，但总体而言属于相对非主流的越轨文化。[①] 当然，任何文化都是对社会现实的反映，涂鸦文化也一样，在城市发展中不断演变，已经成为城市综合发展意义上的常见符号，同时也是涂鸦创作者掌控话语资源、行使话语权力、独享艺术空间、建构自身话语体系的重要媒介。西安的涂鸦艺术虽然不像西方大城市那样张扬，也不像柏林墙那样著名，更没有北上广那样多元，但这里厚重的历史文化底蕴和多元的工业化遗存成就了独特的涂鸦艺术形式，其本身也具有一定的研究价值。本章以西安 "大华·1935" 这个集历史空间、现实空间、商业空间于一身的公共空间中的涂鸦艺术为研究对象，探析涂鸦文化的艺术表现形式及其重构认同、演绎现代功能的实现路径。

---

① 刘润，杨永春，任晓蕾，等. 国外城市涂鸦研究进展与启示 [J]. 人文地理，2018，33 (05)：19-28.

一、城市涂鸦艺术演进过程及其多元认知

"涂鸦"来自希腊文"Graffitisti",该词原意是"书写",20世纪70年代开始被广泛译为"涂鸦"。"涂鸦"在词典中的解释是:在公共墙壁上涂写的图画或文字,通常含幽默、青年个性或政治内容。① 至于"涂鸦"何时发展成街头艺术,截至目前依旧没有一个准确的定论,很多学者把街头涂鸦的起源放在了20世纪60年代的美国。至于街头涂鸦到底因何而起,也是众说纷纭。结合街头涂鸦起源地美国当时的时代特征,有学者将其归结于美国愤青对社会现实不满的宣泄手段。因为那个时期的美国正处于动荡喧嚣的时代背景下,充满了各种可能性,民间的民权运动、新左派运动、反战运动等各种社会运动此起彼伏,社会价值体系与道德标准不断受到冲击。在民众展开轰轰烈烈的政治批判与政治反抗的同时,一些艺术青年采取与传统方式大为不同的社会批判形式,通过街头涂鸦这种富有艺术气息的新颖形式表达自己的情绪和不满。

街头涂鸦虽然起源于美国,但是真正把涂鸦艺术发挥得淋漓尽致的是柏林墙涂鸦。第二次世界大战后,德国战败,一道柏林墙将德国分为了东德与西德。对此怀有不满情绪的年轻人将一腔怒火发泄在墙上,他们拿起画笔讽刺着战后的虚假主义,把渴望和平的心愿画在墙上。例如最著名的作品"兄弟之吻"描绘苏联领导人勃列日涅夫亲吻民主德国领导人埃里希·昂纳克的情景,涂鸦下方写着:"上帝啊,拯救我,在这死亡之爱中生存。"当然,柏林墙所要表达的远远不止艺术本身,这些作者们将历史伤疤画进故事,希冀世人能

---

① 李永超. 城市中的涂鸦文化:一种空间社会学的解读 [J]. 美与时代(城市版),2015 (07): 109-110.

够刻骨铭记。

至于当代涂鸦艺术，学界普遍认为始于20世纪末。作为当代艺术的大本营——纽约，涌现出无数才华横溢的草根艺术家，其中最具代表性的是德米特里，他原本是一个送货员，却以一种最简单的方式达到了表现自己的目的——随处涂写自己的绰号"Taki183"。这个举动不仅使自己登上了1971年的《纽约时报》，也使街头涂鸦开始进入老百姓的生活，涂鸦自此迅速在世界多个主要城市涌现。除了本身的艺术呈现，涂鸦已经与政治、社会、经济、艺术等诸多领域密切联系，成为一种世界性的城市文化现象。目前涂鸦已高度融入城市的产业经济、品牌形象和艺术设计之中。

涂鸦就其本身而言是一种艺术表达方式，其内涵是变化莫测的社会现实，即涂鸦艺术随着城市整体环境的变化而变化，随着社会历史文化的更迭而更迭。自其诞生以来，涂鸦在概念、类型、表现形式、空间分布、参与主体等方面均出现了极为显著的改变。利益主体对涂鸦的态度也呈现出重大转变，逐渐从"传染病"的负面认知转变为文创元素，对涂鸦的相关政策也逐渐从绝对禁止转变为区别对待，甚至精心引导。涂鸦之所以引起学者的关注，不仅在于其显著的视觉化特征和多元的美学艺术，更因其隐含着利益关系、矛盾冲突、权力表达、价值认同、社会变迁等多方面的社会文化意义。

刘润、杨永春、任晓蕾等人的研究认为：在国外，对涂鸦的研究已经相对成熟，在认知与理解上主要表现出以下几个方面：文本揭示、沟通交流、社会认同、身份建构和权利表达等多种功能。文本揭示方面，涂鸦包含深刻的社会、心理、文化与政治经济等信息，为我们洞悉社会的隐藏面提供了一个生动且直白的视角。沟通交流方面，涂鸦创建了一种有价值的交流模式，反映了诸多被排斥在主流社会、政治、文化之外的人的观点、希望、恐惧和需求，因此也是对霸权话语与权威的一种挑战。社会认同方面，涂鸦尤其是帮派涂鸦作为内部成员间的秘密语言，可体现种群身份，表达特定时期、区域的种群生活与文化，因此涂鸦属于一种典型的亚文化。身份建构方面，涂鸦是一种重要的自我文本叙述，是自我身份的宣言和匿名形式的自我存在证明，有助于边缘群体宣泄其察觉的不公正感，可构建男子气概，也有助于市民自由表达观点、思想的身份实践发展。权力表达方面，涂鸦是城市居民以一种逃脱霸权话语的方式想象他们日常生活与城市的权利和民主参与的新机制，为此涂鸦也被称为"权力代理"。[1]

当然，涂鸦作为一种街头文化，在街头层面具有特定的表达模式，主要体现在涂鸦的主体，即涂鸦创作者；涂鸦的类型，即表现形式；涂鸦的时空特征，即外部环境等。这些表达模式最终形成了独特的物理空间、公共空间和文化空间。首先，物理空间是承载其他文化符号和艺术符号的物质载体，作为符号的涂鸦本身就有构建空间的本性，同时涂鸦还被视为一种城市设计手段，在装扮城市街景、地景的同时，创造共享的、公共的、民主的视觉空间；其次，涂鸦作为一种艺术形式，带来的创造性图景还会加剧城市化进程，间接改变了城市的公共空间结构，形成了特殊的表达空间；第三个层级是涂鸦对文化空间建构的影响，涂鸦如同文化艺术般可唤醒城市所忘记或忽略的空间，重塑公共生活的视觉景观和象征性编码，还可凭借其独特性与不可复制性成为一种地方垄断形式，为城市区域增添价值。有研究者直指涂鸦即便作为非法的、未经授权的艺术形式，也仍是吸引而非排斥投资者的符号，仍然可将冷漠的、麻木的地方变为活泼的充满差异的空间。因此，涂鸦重新发掘了被遗忘的城市空间，并重塑空间意义，实现了对地方的意义构建。

---

[1] 刘润，杨永春，任晓蕾，等. 国外城市涂鸦研究进展与启示 [J]. 人文地理，2018，33（05）：19-28.

二、城市涂鸦本土化与个性化诉求

20世纪90年代，涂鸦文化进入中国。它首先在广州、北京等大城市出现后开始逐渐在全国流行。在中国，涂鸦文化活动褪去原始意义上的反文化意涵，不再是一种反文化形式，而是一种时尚的象征。尤其对于崇尚新事物、新观念的"80后"这一代人来说，他们惊愕于涂鸦艺术的独特魅力、夸张的表现形式和特有的艺术表达手段。新一代年轻人很喜欢这种艺术类型，并与之形成一种契合关系，由此，这些人也成为涂鸦文化实践活动的一股核心力量。

在国内，涂鸦作品首先是由各种图案以及字母组成，后来逐渐演化成具有中国特色的汉字，并开始结合地域文化特色。因此，涂鸦研究也与文化研究密切相关，学者们将涂鸦与嘻哈文化联系在一起，用青年亚文化的视角来分析涂鸦艺术中的文化表达。以文化研究为主导，也有学者对某一地区的涂鸦进行地域性分析，用民族志的方法对涂鸦团队进行亚文化的分析，也有从空间社会学角度将涂鸦当作一种城市公共空间的构建，并对涂鸦街区进行分析。[1]但总体来说，由于国内涂鸦常常处于文化的边缘地带，或被认为是一种越轨文化，以至于它作为一种亚文化的形式存在，没有得到更广阔受众群体的认可和良好发展。当然，从受众的角度讲，中国大众对待涂鸦普遍缺少鉴赏能力，认为涂鸦是一种杂乱无序的视觉污染。因此，作为管理者的政府对公共场所的涂鸦艺术也采取消极反对的态度，这也极大限制了涂鸦在国内的本土化和体现其在地性。即便有所发展，也是不平衡、不充分的发展。由于国内与国外文化传统不同，涂鸦进入我国之后并没有像西方那样展现出更多的创造力，且这种涂

---

[1] 李杜风．浅析涂鸦壁画在现代中国城市环境中的存在[J]．学理论，2010(10)：172-174．

鸦文化往往聚集在北上广这类经济发达的大都市，没有下沉到更广阔的小城市空间中。

总体而言，涂鸦艺术因为在国内没有形成特有的气候，所以国内针对涂鸦的研究还相对较少，且视角较为单一。本章研究内容基于以上对涂鸦文化及涂鸦研究的认识，对西安"大华·1935"以及其中的涂鸦墙和涂鸦绘画进行研究。

西安的涂鸦虽然不如北上广等大都市的涂鸦艺术个性张扬且影响力大，但受陕西深厚的历史文化底蕴背景的影响，西安的涂鸦风格也呈现出强烈的地域性。"大华·1935"老工业厂房改造后所形成的文化商业街区，本身的废旧属性与涂鸦文化关系相当亲密，因此，这个空间中的涂鸦艺术也表现出独具特色的文化特征。

三、"大华·1935"的空间建构与"在地性"实践

西安"大华·1935"项目位于陕西省西安市太华南路251号，是国家工业遗产，前身是始建于1935年的纱厂，该厂是西北地区建立最早、规模最大的民族机器纺织企业。20世纪80年代，大华纱厂开始亏损，最终在2008年因为经营不善申请政策性破产。作为陕西省极具代表性的工业遗产，其旧址如今被"改造"为西安第一个工业遗产博物馆——"大华·1935"。老南门、厂房、库房、锅炉房、纺织设备、发电设备、蒸汽管道、公馆、老院子等工业遗存和依附在这些工业遗存上的涂鸦符号把人们带入了一个独特的空间里。

大华纱厂记录了西安这座古都近现代发展的历史段落，逐渐成为当地重要的城市记忆。而在近年的城市改造中，作为工业遗产得到了整体保留的"大华·1935"项目的更新历程展现了其独特的个性——通过与大明宫区域的协同

整体性规划，以保护性利用为出发点，项目分两个阶段更新，逐步激活了工业遗产的文化及商业价值，从而最终实现了工业遗产的物质性更新及商业与文化活动的内容性更新。"大华·1935"工业遗产的价值内涵经历了 76 年的风雨，是西北民族工业艰难创业的见证，同时也是新中国纺织工业的典型代表，体现了当时高水平的棉纺织技术，它经历了国有企业的改革、改制，也见证了不同时期居民、工人的生活印记。同时，"大华·1935"具有浓重的历史文化性，例如，工业厂房建筑设计与门窗构筑、装饰等形态也体现出了年代特征，具有一定的艺术欣赏性。"大华·1935"从 2008 年宣布破产至今，经历了连续两次的旅游开发过程，并于 2018 年入选第一批"中国工业遗产保护名录"。

"大华·1935"的改造主要是通过保留旧有厂房和烟囱等构筑物，通过产业置换，植入现代化产业，改造后的主要功能为博物展示和休闲娱乐。在功能分区上，大体划分为：餐饮区、商业区、艺术中心、博物馆和各类广场等。除了将老旧工业厂房进行更新改建以外，"大华·1935"的开发还对部分工业管道等构筑物进行再利用，使其形成特色雕塑，而这些建筑物就成为涂鸦艺术的主要物质载体。"大华·1935"工业遗产的原有功能虽然已经不再存在，但厂址及厂房遗迹仍然被保存了下来，长期以来在人们的记忆中已成为深刻的城市意象。因此，对于"大华·1935"这样的历史工业建筑的更新改造类项目，既要保护，又要活化利用；既要展现其曾经所处时代的特色，又不能拘泥于复古，使其丧失实用价值，要从"此地、此时、此人、此境"四个角度将所需要考虑的因素具体化，作为"在地性"设计策略的理论依据。

此地，即场地的既有建筑。"大华·1935"园区位于西安市新城区，在老城区的北侧，西侧紧邻大明宫国家遗址公园，南侧有西安火车站，与西安古城墙遥遥相望。作为西安纺织业先驱的大华纺织厂，在历史的长河中遗留下了大小不等且相互独立的工业厂房。这些厂房轮廓方正，厂房之间由道路相连。整体布局就像一个大的矩形被整齐均匀地切割，空间联系较弱。

此时，即现代的建构模式。不论是材料、技术、结构的发展，还是设计理念、建构理念的变化，都与曾经那个工业时代的情况有很大不同。这种不同最终体现在创作中有了更多的选择。考虑到建筑的"在地性"并非把创作局限于某个过去的时代，当下的时代特征也是"在地性"的一种体现，重点是要把握古今两个时代的对话模式，完成预期的建筑表达。

此人，即当下的使用需求。历史工业建筑的更新改造是内部功能的置换，也是服务对象的转换，即从生产性的空间场景变为消费性的空间场景，从服务生产者变为服务消费者。对于消费者而言，消费的不只是吃的、喝的、玩的这些实体化的东西，也包括对消费空间的体验。所以，使用需求就分为两部分：一部分是打造流线顺畅、丰富舒适的商业消费场景，另一部分是打造不可复制的空间体验。

此境，即呈现的特色场景。历史工业建筑的更新改造项目有其特殊性。从历史文脉的角度，无论是城市文明还是乡村文明，都需要保留关于这些遗迹的记忆，而建筑是承载这种记忆最具象化的载体。

以"在地性"设计策略为指引，设计师团队根据场地内工业建筑的空间形式设置了四种相适应的商业空间模式：集中式、街区式、博物馆＋零售模式和剧场模式。N1、N2这两个大体量的二层厂房，围绕中庭空间设置散布的商业区块，形成集中式的商业布局；N3、N4这两个单层建筑，在建筑中心区域设置自由的业态，在边缘临街的店铺形成内外开放的零售餐饮区域，形成既灵活又丰富的街区式商业布局（见图13－1）；厂房E2在既有的工业博物馆基础上，配备小零售的"内街式"空间，布局书店、文创等艺术类业态，打造博物馆＋零售模式的商业布局；厂房E1结合已有的"壹""玖"

"叁""伍"四个剧场，增加博悦汇影院，形成影剧院的集中设置。

图 13-1　由老旧厂房改造的商铺

四、"大华·1935"涂鸦墙越轨文化的符号表达

在"大华·1935"的厂区规划中，涂鸦墙及涂鸦首先主要是一种商业艺术手段。在 2016 年至 2021 年间，"大华·1935"主办方策划了许多涂鸦绘画大赛，借此来吸引涂鸦绘画师，将"大华·1935"向青年文化街区靠拢。从涂鸦大赛的线上宣发与线下进行的活动中可以得知，"大华·1935"就是一个亚文化聚集地。在这里，除了有商业街区，还有剧场和 live house 这类文艺表演的场地。涂鸦墙是商业与青年亚文化合谋的产物。当涂鸦墙变成青年网红打卡地后，涂鸦中的抵抗符号就"可售卖了"，从而背离了涂鸦的反抗与戏谑的属性。因此，从"大华·1935"涂鸦墙的生产过程来看，这类属于商业中心的涂鸦墙从来不是涂鸦起源的那种纯粹的反抗社会或者基于自身遭遇的艺术表达。为商业中心绘画的涂鸦师大多受限于题材和主题，这些涂鸦师也并

非"有志青年""社会屌丝",而是被商业或城市管理者"收编"的职业涂鸦师。在商业化的涂鸦艺术中,我们可以看到很多主体对涂鸦符号的限制,因此,"大华·1935"的涂鸦只是一种较为温和的青年亚文化。

换而言之,"大华·1935"里的涂鸦艺术更像一种文化"越轨"行为。这种"越轨"的功能表现在商业性和艺术性两个层面。就商业层面而言,这里的涂鸦文化违背了其本来应该有的社会属性,毕竟它起源于底层群体和边缘性群体的文化表达方式,边缘性群体通过底层的"狂欢化"文化实践,对固化的社会绝对话语权说"不"。但是在商业化的驱使下,其原有的社会属性已经被商业属性所侵蚀,导致其呈现形式也从重视社会性向重视商业性转变,虽然这种转变是主观的,但就其转变本身而言也算是一种"越轨"行为。就艺术场域层面而言,涂鸦艺术天生以一种先锋性的姿态出现,从最开始的小众艺术不被人认可,到一度因为其破坏性被认定为非法。涂鸦艺术一直积极参与到艺术场域话语权的争夺中,打破既定的话语权力规制,挑战原有的艺术标准,使得艺术场域的边界发生变化。但是"大华·1935"里的涂鸦文化并不是先锋艺术,也无需争夺空间、权力与认同,更没有必要张扬艺术价值,仅仅作为一种媒介空间符号而存在。它的文化艺术场域界限的变化与商业层面的"越轨"实践是紧密联系在一起的。

但是无论如何,涂鸦的文化含义表现了涂鸦者的个性特点。具体分析"大华·1935"的涂鸦墙,有以下两个文化特点:一是具备西安本土文化元素。在几面涂鸦墙上,人们可以看到唐朝侍女形象(见图13-2)、玄奘图(见图13-3)以及裤带面等西安本土的文化符号。这种极具地方特色的文化符号与旧厂房旧工业街区的空间环境相呼应,在回归涂鸦"地下文化"的基础上,增添了"涂鸦在西安"的新的文化表现形式,这展现了涂鸦文化在进行时空旅行之后的新文化内涵。二是具备波普艺术风格的青年文化。"大华·

1935"的剧场门口的墙上绘制了波点艺术以及安迪·沃霍尔的经典作品(见图13-4、图13-5),结合这种商业艺术的复制性特点,这面涂鸦墙展现的就是以后现代艺术为主导的文化风格。

图13-2 唐朝侍女形象

图13-3 富有现代气息的玄奘图

图13-4 波点艺术绘画作品

图13-5 安迪·沃霍尔的经典作品

五、结 语

"大华·1935"在西安的地理空间位置以及历史空间意义都很重要,里面的涂鸦墙正是把有历史底蕴的老工业区与现在的青年联系起来。本章从涂鸦艺术的历史以及研究的脉络讲起，结合了 "大华·1935" 老纺织厂中的空间分析以及涂鸦艺术分析，对城市涂鸦进行了理论分析和阐释性描述。至于涂鸦墙将如何更进一步进入西安的城市规划和城市生活，值得我们更深入地关注、探讨与研究。

第十四章 共绘"红"图：
特殊场域中公共媒介的文化意义与多重效用

　　涂鸦作为一种公共空间的艺术表达方式，是集图文、色彩、框架等视觉符号于一体的传播载体。随着符号语言在地性的解码、延伸和扩展，涂鸦逐渐进入校园，成为学校的文化名片。本章通过研究西安培华学院的校园涂鸦艺术，分析其作为公共媒介的文化意义与媒介效用，研究发现作为"舶来品"的墙体绘画艺术，在大学校园这一特殊场域中实现了内容上的一致性与形式上复杂性的有机统一。

一、大学生表达自我与关切社会的共同载体

　　"涂鸦"作为一种记录与表达方式，早在原始时期就初现端倪，原始人通过在洞穴的岩壁上刻画来记录发生的一切。从原始时期到古希腊时期，再到现代，涂鸦文化一直在演进，其内涵也逐渐从帮派图腾与个性宣扬转向具有公共媒介属性的文化载体。20世纪八九十年代，涂鸦这种具有青年亚文化性质的艺术形式被带入中国，激发了大批高校青年群体的创作热潮，创造出具有强烈中国特色的涂鸦风格与文化表征。时至今日，青年群体们依旧通过涂鸦形

式来寻找认同与意义，但相比较而言，有关中国校园涂鸦研究的相关文献甚少。

1. 校园涂鸦的认知现状

在中国知网和国外文献库中输入"涂鸦"或"graffiti"，会发现国内外研究者的绝大部分研究集中在涂鸦的艺术形式与表征上。国内比较有代表性的研究是李琳琳的《涂鸦艺术研究》，她在研究中梳理了街头涂鸦的发展进程以及涂鸦文化形成的历史、人文背景。她认为街头涂鸦出现于20世纪60年代处于经济衰退和社会动荡时期的纽约，饱受贫困侵扰的社会底层群众开始通过涂鸦来发泄心中的不满，表达内心的诉求。因此，纽约的街头出现了以夸张、立体文字涂鸦为主的喷涂形式。①

抛开涂鸦的艺术性，我们将关注的视野转向涂鸦的意义空间，李炜在《涂鸦艺术与公共空间》一文中表示，涂鸦在一定程度上成为公民参与公共事务与意见表达的特殊形式，这种底层化的发声和当时美国社会盛行的精英化立场形成鲜明的对比。② Onuigbo 结合本国校园涂鸦的现状提出，涂鸦通常被视为纯粹的青春活力的表达，是一种破坏行为的表现。然而，当我们仔细研究大学校园墙上的文字就会发现，这些涂鸦是少数群体表达被压抑的社会和政治关切的渠道。Onuigbo 认为当代学生普遍缺乏表达意见的适当渠道。因此，涂鸦就成为表达意见的手段之一，他们诉诸涂鸦，在世界各地的大学校园里，厕所墙壁和其他公共场所表达意见。③ 北京大学的吕虹在《"涂鸦"：公共空

---

① 李琳琳. 涂鸦艺术研究 [D]. 苏州大学, 2009.
② 李炜. 涂鸦艺术与公共空间 [D]. 中央美术学院, 2007.
③ Onuigbo G. Nwoye. Social Issues on Walls: Graffiti in University Lavatories [J]. Discourse & Society, 1993, 4 (4): 419-420.

间的私人表达》中,将涂鸦艺术与哈贝马斯的"公共领域"理论相结合,阐释了涂鸦"私人表达"的特点和定义,将公共空间中出现的涂鸦视为载体,形成了具有审美功能的"建筑表情",具有商业广告利益的同时也能调节大众情绪。①

不仅是美学,对于涂鸦的研究已渗入各个学科,例如犯罪学研究已经将涂鸦视为破坏行为。② 人类学、社会学和文化研究学者对涂鸦能为帮派文化、青年亚文化和身份表征提供何种中介作用很感兴趣。③ 地理学家已经考虑到涂鸦的空间模式和作用,提出了涂鸦塑造性格和城市空间的论点。④ 在"校园涂鸦"的治理方面,杨华在《关于高校校园亚文化建设的理性思考》中提到涂鸦包含亚文化特征,因此学校应该积极引导健康的校园涂鸦活动,合理引导校园亚文化的发展,加强学生的自我管理。⑤

本章以西安培华学院涂鸦墙及相关艺术活动为研究对象,着重探讨作为公共媒介的"校园涂鸦"在中国的叙事背景下呈现出何种显性特征,具有中国特色的"校园涂鸦"在内容创作上表现出哪些特点,以及高校青年群体狂欢背后的渴求。

2. 校园涂鸦形成的契机

在人类历史的早期,人们用墙上的文字来记录和保存人类的活动,随着书

---

① 吕虹."涂鸦":公共空间的私人表达 [D]. 北京大学, 2008.
② Wilson, P. 1987. Graffiti and Vandalism on Public. Transport No. 6 Research Brief. Canberra: AustralianInstitute of Criminology.
③ Reed, K. 2019. The Prison, by God, Where I Have Found Myself: Graffiti at Ellis Island, New York. 1900 – 1923. Journal of American Ethnic History 38 (3): 5 – 35.
④ Cresswell, T. 1992. "The Crucial 'Where' of Graffiti: A Geographical Analysis of Reactions to Graffiti in New York." Environment and Planning D: Society and Space 10 (3): 329 – 344.
⑤ 杨华. 关于高校校园亚文化建设的理性思考 [J]. 教育探索, 2012 (09): 26 – 28.

写的发明和印刷术的出现，墙上书写不再是主流社会公认的记录方法。但随着社会的发展，被禁止或剥夺公共表达渠道的群体开始寻求自我书写途径，于是在公共场所的墙上进行涂鸦逐渐成为一种受欢迎的选择。世界上大部分地区的学生选择用这种方式表达自我，其中，厦门大学芙蓉隧道涂鸦墙堪称经典案例。

芙蓉隧道位于厦门大学的思明校区，其前身是当地的人防工程。2005年，学校将防空洞改建为隧道以方便学生在校内通勤，并对隧道进行了全面粉刷。当时涂鸦作为舶来品传入中国不过几年，由于厦门大学校风开明，学生对新鲜事物的接受程度高，两边的白墙突然出现了色彩斑斓、风格各异的涂鸦，而学校对于学生的这一行为也并没有进行阻止，于是芙蓉隧道便成为厦门大学独有的风景。为了更好地管理学生的创作行为与涂鸦作品整体的和谐美观，很多学校对涂鸦创作制定了一系列的规章制度，个体、社团或学院单位想要在校内进行涂鸦创作，首先必须在校方规定的许可范围内进行创作。其次，创作前要向学生会报备，等待审核通过，只有符合规定的内容才可被创作。

图 14-1　厦门大学芙蓉隧道的一处涂鸦

与西方的街头涂鸦及学术研究有所不同的是，中国的校园涂鸦无论从创作方式还是创作内容上都蕴含着一种美好、希望与纯洁的表达。在创作方式上除了学院派的一些抽象符号、字母的表达，中国的校园涂鸦大多以具象的风景、人物为主。在内容上具有在地性与时代性，学生用涂鸦的方式寄托着内心深厚的情感与美好的向往。西方的街头涂鸦极具个人色彩，是一种非常私人化的艺术表现形式，而校园涂鸦往往承载着一个组织、班级甚至学院的美好回忆与集体记忆，更成为一种公共媒介，传达着某种情绪或记忆。

3. 西安培华学院校园涂鸦的概况

《共绘"红"图丨学校多角度挖掘党史学习教育新途径》[1]《厉害！西安17名大学生4天完成800多平方米墙体绘画》[2]《西安培华学院"爱心奉献，天使之行"三下乡暑期社会实践队：爱心奉献，天使之行》[3]。打开西安培华学院的官网，搜索关键词"涂鸦"，会发现其作为一种艺术形式已经在西安培华学院中深深扎根。不仅是学校内部拥有涂鸦墙，学校和各学院也经常组织艺术实践活动，在锻炼专业能力的同时也增加了生活阅历，架起了一座大学生对外交流与沟通的桥梁。

随着时代的变化与艺术观念的革新，涂鸦艺术独特的表达形式开始被更多人所接受，开始频繁出现在我们的生活中，井盖涂鸦就是其中的一种。井盖

---

[1] 西安培华学院会计与金融学院、建筑与艺术设计学院. 共绘"红"图丨学校多角度挖掘党史学习教育新途径. (2021-05-19) [2023-2-19]. [EB/OL]. https://www.peihua.cn/info/1062/3059.htm.

[2] 王桢. 厉害! 西安17名大学生4天完成800多平方米墙体绘画. (2021-05-13) [2023-2-13]. [EB/OL]. https://c.m.163.com/news/a/G9T3KGOU051495SS.html?spss=newsapp.

[3] 王思媛. 西安培华学院"爱心奉献，天使之行"三下乡暑期社会实践队：爱心奉献，天使之行. (2021-08-01) [2023-04-17]. [EB/OL]. https://szzx.sust.edu.cn/info/1080/1794.htm.

涂鸦大量保留了涂鸦艺术的主要元素：文学元素、图形元素、颜色元素。[1] 井盖是一种常见的事物，因其图样单调且缺乏美感，吸引了众多涂鸦爱好者的注意。在井盖上涂鸦不仅能够吸引更多的注意力，也为生活增添了乐趣与美感。20世纪末，井盖涂鸦开始大量出现在公共场所，以其丰富的创作形式、色彩鲜明的绘画特点吸引着大批高校青年群体。这种特殊的表达方式符合青年宣扬个性的特点，有利于激发学生的创造力、想象力与团队协作能力。西安培华学院献礼中国共产党成立100周年，共绘"红"图，多角度挖掘党史，探寻教育新途径。为进一步加强学生的思想文化建设，学校开展了各式各样的主题教育活动，会计与金融学院举办了井盖绘画比赛，用涂鸦艺术表达对祖国和学校的热爱。涂鸦艺术比赛促进了校园文化的建设与系部专业文化的推进，营造良好的校园与互联网氛围。实践活动加强了学生的专业能力发展，促进了理论与实践的结合。此外还美化了校园环境，为校园增添了艺术气息与乐趣。

图 14 - 2 西安培华学院共绘 "红" 图井盖涂鸦

在培华学院的西门两侧，有长达400米的涂鸦墙，时不时就能看到一群朝气蓬勃的青年搭着脚手架在墙边进行艺术创作。如今这里成为新的网红打卡地，每天参观的人络绎不绝。虽然涂鸦墙的内容形式多样，色彩丰富，不过

---

[1] 张钰东. 论街头涂鸦中的图形创意设计 [J]. 现代交际, 2017 (02): 72 - 73.

第十四章 共绘"红"图：特殊场域中公共媒介的文化意义与多重效用 283

经过系统梳理会发现其主要分为以下几个维度：一是献礼类，这一类涂鸦内容具有强烈的中国特色，以献礼建国、建党周年为主，其中也包括纪念日、怀念重要人物等；二是时政类，这类涂鸦紧密结合时事政治，具有在地性和迭代性，在抗疫期间创作的内容具有鲜明的当下感；三是写意类，这一类涂鸦以其特殊的绘画环境和意义空间使其创作内容具有活泼开朗、朝气蓬勃的特质，其创作内容常常捕捉集体想象力，并以创造统一的故事和具有共同的归属感为特点；四是艺术类，该类涂鸦常常是作者随心所欲、天马行空的创作，部分作品可以和观者进行视觉上的互动。

图 14-3 献礼中国共产党成立 100 周年的墙绘

284 城市公共艺术： 在地性实践与媒介化拓展

图 14-4 展示抗疫场景的墙绘

图 14-5 青春气息很浓的艺术涂鸦　　　图 14-6 和受众产生互动的涂鸦

无论是井盖涂鸦还是墙面涂鸦，通过内容分析可以从具体的案例中窥见涂鸦在中国校园本土化的演变与发展。首先从形式上说，二者都采用具象的绘画方式，在井盖、墙面等平面进行创作，以积极向上的正能量为主要叙事内容；从内容上讲，学生们用斑斓的色彩勾勒出心中美好的画面，井盖上绚丽的颜料不仅装饰了校园，更温暖了来往师生们的心。

二、校园涂鸦的"在地性"实践与"创新性"发展

"在地性"是建筑领域必须考量的因素，追求建筑的空间组织、建构、材料等的因地制宜，量才适用。以中国传统文化为例，传统文化中自然天成、天人合一、因地制宜即为在地性的表达。若在电影领域，在地性可以理解为某一地区所在的地理位置、人文风貌、社会发展情况、经济发展，以及文化等多方面因素影响下所形成的特点。自从涂鸦这一艺术形式在中国出现之后，已基本摒弃美国街头涂鸦的亚文化特质，形成了符合中国人审美且具有中国特色的文化艺术形式。当这种艺术形式从街头走进校园，尤其是高校后，又增添了符合年轻人审美，能够让年轻人产生情感共鸣的特质，无论是内容上还是形式上，都彰显着校园文化的气息。

1. 校园涂鸦与校园文化相得益彰

培华学院的涂鸦墙创作是一种希望、美好、纯洁的表达。在遵守校规校纪的前提下，学生们根据校园生活实际并结合社会议题创作出一系列涂鸦作品。这些作品承载着个人、班级甚至是更大的组织团体的美好愿望，是一种群体意识的表征。校园涂鸦艺术在内容解读上会有很多或显性或隐性的限制，创作者不可能通过墙绘畅所欲言，创作要始终适宜学校这个大的场景。考虑学生这个特殊的受众群体，还要考虑相关管理部门的接受程度，因此内容要尽可能地摒弃涂鸦所蕴含的亚文化特质，不能像西方街头涂鸦那样引起争议。此外，校园涂鸦艺术也要与社会接轨，向社会开放，但是这种接轨是有选择性的，这里的开放是有一定限制的。因此，涂鸦内容即便承担了一定的社会责任，也是在特定的校园环境下形成的独特艺术形式，内容一定是积极向上的。

虽然涂鸦在内容上有各种各样的约束，但是校园墙绘在创作内涵上都呈现出了理想化风格。涂鸦最初就是美国的边缘群体表达自己的不满情绪和质疑资本主义的一种手段，这种艺术形式就是想要引起注意，引起社会、媒体及上层阶级的关注，同时也是阶层间对抗的一种体现。但培华学院校园涂鸦的创作主体是学生，心中充满着诗和远方，而且大学校园本身就是象牙塔，是青春、理想、信念、美好的代名词。所以校园涂鸦的创作者都在描绘内心的乌托邦，内容里充满着学生内心对美好世界的期望，每一幅作品都寄托着学子们最美好、最单纯、最真挚的理想。从这一层面上来说，涂鸦是学生们对未来寄予美好生活期望的载体，是书写自己内心的画卷，是表达自我期许的符号。

此外，校园墙绘的创作观念离不开这种艺术形式的中国化流变。对标现代涂鸦的起源，它包含美国帮派组织的成分，但其发展则纯属个人行为。也正因如此，现代涂鸦有亚文化这一特质，对于权威的反抗是其独特标识。在中国人的语境中，谦虚、内敛才是为人处世之道，而一味追求开放自由的现代涂鸦在中国公共空间的创作过程中，会出现两种文化观念碰撞的情况。每当遇到这种情况，涂鸦者不得不探索涂鸦的更多可能性。首先是要在法律规定的地方创作，既不能对公共场所造成破坏，又要让涂鸦作品呈现出更好的效果。也就是说许多涂鸦作品更像是命题作文，这里命题者或许是外在的，也有可能是自己内心的自我审查，但最终呈现出来的艺术作品要符合时代特征。西安培华学院的400米涂鸦墙就是一个命题作文：是受校园文化影响，内容积极向上，内涵充满理想，饱含学生对社会的美好期望，观念上取精去糟，同时借助优秀传统文化进行的涂鸦创作。

2. 校园涂鸦在迭代中推陈出新

中国大学的校园涂鸦是对现代涂鸦的传承，但与此同时也在不断创新。随着创作者身份的更替，前任所创作的图像会影响校园里的后继者，而后继者们也会留下自己的印记，创作出丰富多彩的校园涂鸦景观。校园内创作出的各式各样的涂鸦，也在见证校园历史的更替。校园可供绘画的墙面是有限的，不可能承载一批又一批学生进行绘画。因此，先前毕业生的涂鸦作品就会被覆盖，他们那一批人的印记就会消失，不过新一批学生的涂鸦又会留下新的印记，这些涂鸦作品又会成为校园文化新的组成部分。

当然，随着时间的推移和代际的出现，新的又会变成旧的，这些印记也将不断被覆盖。但是作为某个特定时期校园内的艺术形式，它在迭代的过程中依旧会保持可变与不变的统一，可变的是新的创作者通过新的形式表达了新的内容，不变的是这里面蕴含的校园文化、校园气质以及校园精神。换句话说，校园涂鸦是一届又一届学生共同创作的成果。培华学院的涂鸦墙以及散布在校园里的各式涂鸦，都是人与社会的变化折射在校园特定墙面上的产物。例如抗击新冠肺炎疫情时期，学生们创作了一系列致敬医护工作者的涂鸦作品，他们希望用自己的作品表达对社会的关注，希望通过自己的作品记录社会的发展。

3. 校园涂鸦在创作中宣扬真善美

现代涂鸦从进入中国开始，慢慢成为公共艺术，这一艺术创作工具简单随意，如喷漆、画笔、刷子、丙烯颜料等，绘制手法多变、主题明确、具有鲜明的个性色彩。正是因为具有以上特点，涂鸦艺术已经成为现当代壁画发展的新热点，也是高校大学生所热衷的一种艺术形式。高校校园文化建设应充分利用好涂鸦这一公共艺术形式，结合年轻人所关注的热点话题，丰富学生的校园生活。但是校园内的每一处涂鸦作品都不是孤立存在的，它们都是校园整体环境的一部分，涂鸦创作必须融合校园环境，注重涂鸦的构图、色彩与区域功能的协调性,从而为校园环境增加相应的文化艺术内涵。

纵观培华学院的校园涂鸦,其形式内容多样,有文字穿插,也有图文结合,颜料的使用让涂鸦整体更为绚丽,产生了更丰富的视觉效果,图画整体的直观性和表现力都能为参观者提供美的享受。例如,校园"抗击疫情"主题的涂鸦作品,是由二级学院及学生社团自主创作,不仅能够提高学生的防疫意识,激励学生的爱国情怀,也能让学生感受到疫情防控期间人性所体现出的真善美。

三、校园涂鸦的艺术特征与符号表征

哈贝马斯认为,人的表达有一种被他人认同的期待,并希望通过将私人意见上升为公共意见而获得权力①。对于涂鸦来说,校园是乌托邦式的存在,最初由美国大学生发起的涂鸦联盟让涂鸦这一艺术形式走向合法。涂鸦的中西方境遇虽然有所不同,但都离不开大学生在其中所起到的关键作用,涂鸦被接纳的初始地即为大学校园。

1. 校园涂鸦艺术的显性表现与隐性表达

大学校园内大多是年纪相仿的同龄人,对涂鸦的接受程度也更高,并且大学校园环境相对单纯,学术氛围浓厚,校园内的涂鸦内容基本都是对现实生活的反映。现如今许多高校内都存在各种形式的涂鸦,诸如西安培华学院的涂鸦墙、水泥墩涂鸦、井盖涂鸦、路面涂鸦。这些艺术作品已经与校园文化融为一体,为校园带来更多活力。学生们可以将自己的想法借助涂鸦表现出来,

---

① 刘敏,路冠军. 校园涂鸦文化的结构功能分析 [J]. 内蒙古农业大学学报(社会科学版),2014,16(4): 149-152.

使得校园这一实体空间呈现出更开放、包容又富有艺术气息的氛围，为学生们营造和谐有序的学习气氛。虽然每个人都有表达的意愿，但表达欲望强度不同，表达内容也会受到一定程度的限制。而涂鸦具有抽象性，能够让创作者在一定程度上敢于大胆表达自己的想法。深处校园文化特有的艺术氛围中，涂鸦创作者不仅仅是在创作艺术，还在表达对社会的关切。培华学院的一系列主题墙绘作品就是显性表现与隐性表达的统一体。

2. 校园涂鸦与创作主体的彼此认同

青年群体为了引人注意而获得自我满足感，西方街头的涂鸦源起是处在边缘人群的居民在墙上发泄自己的不满和表达自己的态度。同时涂鸦本身作为一种暴露在公共空间的形式，就是要引起关注与寻求认同，如果没有关注，那么创作者的创作行为就失去了部分意义。很显然，无论是西方街头涂鸦，还是中国的校园涂鸦，都是吸引注意力的一种方式。虽然二者存在诸多不同，但都有共同的目的：寻求关注，通过涂鸦的形式向外界表达自我。

在中国的大学校园里，学生在学校允许范围内开展涂鸦活动。校园内的涂鸦引人注目，再加上进入大数据时代，信息的传播不再受时空限制，"引起关注"的实现路径非常多元。厦门大学的"涂鸦隧道"、四川大学的"网红教学楼"都通过互联网为人所熟知。培华学院的校内涂鸦墙也同样借助互联网"走向"全国各地。

虽然都是为了"引起关注""成为网红"，但是校园涂鸦不同于街头以往的涂鸦形式。大学校园内的涂鸦大多是理想化的、校园化的、中国式的创作，学生们用亮丽的色彩书写着自己的青春，同时也为校园涂鸦的发展提供范本，让涂鸦与校园本身的特质相互促进，成为校园的一张名片。

3. 校园涂鸦的符号表征与意义流动

涂鸦作为精神文化的物质载体，包含建筑、图画、字符等多种元素。西安培华学院的校园涂鸦既是各种元素建构出的物质实体，也是意义表达的符号载体。斯图亚特·霍尔在《表征：文化表象与意指实践》一书中，将表征解释为"某一文化的众成员间意义产生和交换过程中的一个必要组成成分，包括语言的、各种记号的及代表和表达事物的诸形象的使用"，表征又是通过语言对各种概念的意义的产生，是将概念与语言联系在一起。① 从霍尔的角度出发去理解涂鸦，就是人们通过涂鸦艺术理解事物的一种意义生产，思考与判断的一种手段，这种意义不是固定的、统一的，是伴随个体的变化而变化。意义不存在于事物中，而是被创作者构造出来的，是一种产生意义且使意义具有意义的实践的产物。培华学院中各种具象的涂鸦作品即符号的"能指"，而师生借涂鸦所要表达的主题便是符号的"所指"，它是无形的、抽象的。

校园涂鸦中的符号越多样，所表达的所指也就越复杂，传播的意义也就越丰富。② 只有身处校园这个系统中，才能真正理解其所要表达或表征的内容。正如霍尔所说，涂鸦本身不具有意义，正是我们创造涂鸦才使它具备意义。涂鸦是一个承载着意义的媒介，是创作者用来交流与表达的工具，这也使得涂鸦成为物质世界的一部分，构成物质的意义空间。培华学院校园涂鸦是时代热点及校园生活在实体空间的精神反映，每一幅绘画作品作为符号的作用在于表意，其所指是传播意象的内涵，当然这里的内涵比较多元，而且因为大多是主题绘画，"所指"内涵也比较明显。但是不管内涵与意象表征的程度如

---

① 斯图亚特·霍尔. 表征：文化表象与意指实践 [M]. 周宪, 译. 北京：商务印书馆, 2003：17.
② 艾文婧, 许加彪. 城市历史空间的景观塑造与可沟通性——城市文化地标传播意象的建构策略探究 [J]. 陕西师范大学学报（哲学社会科学版）, 2021, 50 (4)：125 – 132.

何，校园涂鸦作为所指的物质载体都体现着校园的主流文化和意识形态，进一步形成了物质空间和精神空间的融合和联结。在这个多重要素建构的共同空间里，在政治稳定、社会和谐的环境下成长起来的大学生，希望通过涂鸦这一新型文化形式，寻求属于自己的身份认同，以及现代涂鸦带给他们的精神满足。[1]

四、结　语

西安培华学院涂鸦墙作为校园这一公共空间中极具视觉特色的艺术表达形式，除视觉效果外，涂鸦本身作为公共空间的客观存在，自身又具有公共媒介的效用。当受众欣赏一幅墙绘艺术作品时，会潜移默化地接受其教化的作用，会受到艺术作品本身的熏陶。由于校园环境的特殊性和学生生活的单调性，受众接触这些墙绘艺术作品的频次绝对高于接触街头巷尾的墙绘艺术，观看心理也不同于那些专门去墙绘艺术网红打卡地拍照的受众心理。校园墙绘艺术的受众以学生为主，接触作品的频次更高，同时有很多人或者其身边人也可能是某件墙绘艺术作品的参与者，因此对艺术作品的认知和理解会更加深刻。此外，生活在同一个校园里的大学生受众有着很多共同的经历、共同的话题、共同的交往，天然存在某种身份上的认同感，自然对"身边人"创作的墙绘艺术更能感同身受。总之，校园涂鸦艺术的媒介效能在校园这个特定的环境中，对于学生这个特定的群体来说更加凸显。

1. **校园涂鸦的教化作用**

对大学生而言，艺术是感性的，能够产生美并创造出美的享受，学生会

---

[1] 黄瑛. 以"涂"表"意"：现代涂鸦在中国大学校园的身份转换 [D]. 兰州大学，2020.

无意识地发出共情体验。在这一主动、主观的感悟过程中，学生们乐在其中、心情舒畅。他们能恣意联想，发挥主观能动性，使情感体验获得满足。大学生在观看自己喜爱的绘画艺术作品的过程中，内心所产生的强烈波动都是有感而发，而这种情绪的表达就是主客观相结合而引起的一种共鸣。校园涂鸦作为一种艺术形式，在一定程度上能够帮助高校青年形成正确的自我认知，在艺术的体验、认知中产生新的理解与体会。

有了良好的受众基础，校园墙体手绘的传播价值自然不容小觑。但不同于校外墙体彩绘的多重表达，学校首先是一个教书育人的地方，无论是书本还是墙体彩绘都必须承担某种教化作用。因此，每一个创作者都希望能通过墙绘向观者传递一种美好、积极向上的人生观与价值观，他们通过自己的艺术作品来引导学生，提高学生们的审美、道德、政治及生活的感悟与理解。此外，由于大学生本身的知识性和理解能力不同于一般受众，因此大学校园往往会对墙绘艺术的教化作用提出更高的要求。于创作者而言，要尽量避免创作中的种种怪诞现象和快餐式理念，这些创作手法过于激进，虽然夸张的技巧以及炫目的色彩能够引起学生一时的注意，但无法产生持续的传播效果，反而更像是一种哗众取宠的行为。所以创作者要尽可能避免创作形式与内容上的浮躁与浮夸，尽可能地寓教于乐，实现艺术性与思想性的完美统一。就这一点而言，培华学院的墙体手绘作品中就有很多需要改进的地方。

2. 校园涂鸦的宣传推介作用

教化作用的目标受众主要是校园内的大学生。而担负推介作用的载体是墙绘艺术本身，再延伸一点，成就了墙绘艺术的就是大学校园以及开放多元的校园文化。当然，校园文化形成于大学长期的办学实践过程，是历代师生员工创造和积累传承下来的理想信念、价值取向、思维方式等行为规范之和。校园文化是高校的灵魂与精神，是高校知识创新的源泉，是高校各项事业发展中最具深刻影响力的软实力。面对新时代高校发展带来的新需求、新挑战，强化高校文化建设、提升大学生文化自信已势在必行。无论是前文中提到的厦门大学的"芙蓉隧道"涂鸦走廊，还是四川大学的"网红教学楼"，抑或是西安培华学院的涂鸦墙。作为公共媒介的涂鸦在学校长期的办学过程中形成了一种艺术规范与理念，创造新艺术的思维厚植在高校的文化中。不是每个有墙绘艺术的校园都能够形成"厦大现象"，但是每个校园墙绘艺术都会作为推介学校的一种方式和手段。而善于玩自媒体的大学生就是最好的宣传者，他们充分利用优势，发挥他们的长项，通过线上线下宣传，尤其是在小红书、抖音、视频号等自媒体平台上呈现校园及墙绘艺术，为培华学院墙绘艺术走向大众提供有力支持。同时还要善用高校官方微信、微博、校报、校刊和电子屏、宣传栏及其他宣传媒介，把握时间节点，实时策划文化选题。尽可能让墙体手绘辐射更多学子，包括庞大的校友群体，激起他们的集体记忆，刺激他们产生共同情感，从而愿意主动点赞、转发和评论，通过学生和校友的辐射带动全媒体传播，起到事半功倍的效果。

3. 校园涂鸦文化研究的可能性

在全球化、城市化和多元的社会发展进程中，无论是西方的研究还是本土化的研究，都提到高校青年群体希望通过涂鸦的方式来进行情感表达，寻找身份认同，以及构建符号的隐性渴求。本文通过梳理和总结前人的研究发现：涂鸦在校园这个特殊场域中具有在地性、迭代性、审美性的显性特征，具有情感表达、身份认同与符号构建的隐性渴求。此外，作为一种公共媒介，校园涂鸦还具有教化与推介效用。当然，本研究中还有很多需要提升与拓展的地方。如今越来越多人开始接触现代涂鸦，无论是路旁五彩缤纷的石墩子，还是彩绘的垃圾桶、变电箱，抑或是美丽乡村的墙体涂鸦，这些都让我们看到了墙绘艺术在中国未来的发展中所具有的无限可能。大环境影响小环境，校园墙绘艺术也在与时俱进中寻求突破，在新时代大学生的守正创新中不断呈现出不一样的可能性。作为长期关注校园墙绘文化的研究者，坚信这种艺术形式在中国青年群体中会拥有更多可能性，产生更大的影响力，也期待相关研究能够呈现出更多的可能性。

后　记

在完成了《公共空间的媒介表达》和《文化街区媒介意义研究》之后，我们的研究团队又将媒介文化研究的视角转移到了城市公共艺术的在地性实践与媒介化拓展方面。对我们而言，这是一个崭新的课题，也是一种研究新领域的探索。令人欣慰的是，团队成员发挥集体智慧，经过持续不懈的努力，终于完成了既定任务。

本项目研究小组成员有：张雅茹、董博雅、颜彤、张育恒、曹溶健、蒲钰如、刘汶萱、杜佳宝、刘雨欣、施梓娴、宁杨舒婕、吕鑫、贺挺钧、董悦然、王静、陈晓雨、施玉蓉、陈嫣、张雨荷、张贝贝、张旭鹏、吴嘉宁、冉童姣、同昕玥、曹颖、孙欣、王子阳、杨薇、陈心怡、屈晓亮、曹璎珞、徐瑞杰、赵恰、杨坎兰、王玲、孙倩妮、李静、刘元帅、陈阳东、周蓉、桂慧雪、刘淏淼、王麓乔、张瑞杰、张燕、李明。每一位团队成员都是从选题策划、实地调研、资料收集、完善提纲、文稿撰写，乃至课题成果的数易其稿中一路走来，也在充满乐趣与挑战的研究过程中不断提升着研究能力。

感谢陕西师范大学美术学院任晓东副教授的专业指导。感谢世界图书出版西安有限公司赵亚强和符鑫的精心编辑与审校。正是得益于他们严谨认真的专业态度和细致扎实的工作作风，使得本书能以现在的面貌呈现在读者面前，谨在此致以我们最真诚的敬意和谢意！

作者

2023 年 7 月